正誤表

무엇이든 물어보세요 6권
194페이지 표아래 첫번째 줄 문장입니다.

申子辰은 天殺그룹, 亡身그룹이잖아요.

↓

申子辰은 亥를 보면 天殺그룹, 亡身그룹을 만나는거잖아요.

박청화의 실전 명리 강의 시리즈

무엇이든 물어보세요

박청화 강의

6

서 문

　방금 상담 테이블에 앉은 고객의 운명을 한 순간에 알아차리고 나아가 미래를 추리, 예언하여 주는 일은 쉽지 않은 일이다. 물론 오랜 세월 역업(易業)에 종사하다보면 관상학을 깊이 궁리하지 않아도 그 사람이 풍기는 이미지, 기골, 인상, 표정, 걸어오는 자세, 첫 음성 등에 따른 경험치로 대략의 라이프 스타일, 그릇 등을 파악할 수 있는데 필자만의 경험은 아닐 것이다. 가까운 과거나 현재의 컨디션은 비교적 쉽게 파악할 수 있다고 치더라도 정작 미래를 정교하게 예측하는 일은 쉽지 않은 일이다.
　천체 운동과 인력 작용, 사시(四時)의 변화 기준에 따른 분석법인 사주는 참으로 많은 운명적 작용을 해석, 예측하는 도구로 손색이 없다. 하지만 무릇 한 개인의 운명을 섬세하고 정밀하게 논할 때에는 사주를 위주로 한 천시(天時) 요소, 태어난 지역·국가와 국가 운영체제·문화·경제적 환경 등을 포괄하는 지리(地理) 요소, 어떤 직업이나 활동을 가지는 가에 따른 인위(人爲) 요소 등의 조합에 따른 종합적 접근법이 필요하다. 이는 여러 가지 연결 고리와 비중 차이를 고려한 운명 감정의 필요성을 밝혀주는 것이다.

많은 사람들이 다양한 미래 예측에 관련된 많은 학술 체계나 방법을 접하면서도 원리 이해, 원리의 적용에 한계성을 느끼는 것이 일반이다. 대동소이의 속성이 있더라도 현장의 수많은 케이스를 각각 잘 대응하고 고객의 선택을 도와주려면 조금 더 큰 시각과 섬세한 기법들이 필요한 것이 현실이다. 아무리 좋은 칼을 손에 쥐어도 칼의 상대가 어떤 것인지에 따라 칼을 쓰는 방식과 내용이 달라지듯이 수많은 응용이 필요한 것이다. 누구나 직업적으로 활동하는 사람이라면 공감하리라 생각된다.

제법 긴 세월 현장에 같은 일을 하는 분들을 만났을 때 받는 질문들이 모이다 보니 언젠가 자주 많이 듣는 질문에 대한 답이나 정리 성격의 강의를 계획하게 되었다. 이에 강의를 통해서 상당 부분 연구자나 직업적 프로들에게 나름의 답을 정리하여 전달하려고 하였다. 내친 김에 강의를 글로 정리하여 책까지 만들게 되었으니 감회가 새롭다.

현장에서 가장 경계를 쉽게 나누기 어려운 주제들을 중심으로 집중했기 때문에 초심자나 과정에 있는 분들은 읽기가 불편할 수 있겠지만 일정 기간 현장의 내공을 다진 분들은 유용성이 적지 않을 것이라 생각된다. 단순히 길흉론 중심으로 운의 해석을 하기보다 운의 속성(작용)이 주는 범주와 종류, 만사형통(萬事亨通)이 없는 원리, 대운과 세운의 조합, 운의 음양론, 주기에 따른 운의 분석 등 다양한 시각을 제시하여 운을 좀 더 입체적으로 해석하도록 정리하였다. 신살론의 도식적(圖式的) 이해, 배우자 인연법의 특수·변용 케이스 정리, 인연의 만남과 이별 시기에 관한 논리 기준, 직업 형성의 주기와 변동, 부동산 변동, 지장간의 별도 해석, 사주와 풍수 관계, 건강과 수명, 개운법 등 다양한 주제를 이론과 실제 모두 다루었다.

필자가 경험하였던 것이 원리의 전부라 말하기 힘들고, 아직 완전한 경지와 거리가 많지만 이론과 현장 경험에서 어김이 없었던 것들을 최대한 밝히려고 하였다. 현장에서 실제 고객을 많이 상담하는 분에게는 상당한 도움이 될 것이라 생각되는데, 설사 독자의 생각과 다른 부분이 있더라도 꼭 일독(一讀)은 하시기를 추천한다.

누구라도 이 분야의 학문적 발전에 관심을 두고 나름의 정보를 제공하는 것은 이 업계 전체에 유익할 일이 될 것이라 생각해왔다. 수많은 선배들과 동시대 연구자들의 혁혁한 노력이 쌓여 오늘과 내일이 되는 것이라 다함께 애착과 관심을 가졌으면 하는 바람이다. 필자가 34년간 직업적 무대를 달리면서 느낀 점들이 적지 않지만 만고천추(萬古千秋)의 학문을 제대로 그 위상을 찾아주는 것이 우선이라 생각한다. 이런 측면에서 이 책의 내용을 활용하고 역술가의 위상을 조금이라도 더 드높였으면 하는 바람이다.

필자의 안일함 때문에 또 주변 분들의 도움을 통하여 책의 형태가 되었으니 송구한 마음 가득하다. 내용이나 원리의 설명에서 부족한 부분이 있거나 더 궁금한 부분이 있다면 주저 말고 연구 차원에서 숙제를 내어 주시길 바란다.

독자 여러분의 선택으로 다함께 업그레이드된 아카데미 세상을 만든다면 더없이 좋겠다. 독자제현께서 각 지역과 분야에서 세상의 빛이 되시기를 간절히 기원한다.

이 책이 나올 수 있도록 애를 써 주신 '박청현 대표님, 김원식 실장님, 장미경, 권수진, 유인재 그리고 도움을 주신 많은 분들께 거듭 감사의 말씀을 전한다.

2020. 1.

박 청 화 근배

목 차

제 6 권

서문 ... 2

12. 사주와 풍수와의 관계 ... 12

  1) 풍수의 일반 기준(음택, 양택, 도시) ... 14
    1-1. 龍 血 砂 水 向 ... 14
      ■ 지각(枝脚), 요도(橈掉) ... 20
      ■ 기복(起伏) ... 21
      ■ 위이(逶迤), 좌우 변동(化) ... 21
      ■ 개장(開帳) ... 21
      ■ 천심(淺深) ... 22
      ■ 박환(剝換), 탈살(脫殺) ... 22
      ■ 과협(過峽) ... 24
      ■ 입수(入首), 입수 곡직(曲直) ... 25
    1-2. 혈세(穴勢) ... 28
      ■ 와(窩), 겸(鉗), 유(乳), 돌(突) ... 28
      ■ 明堂의 大小, 廣狹 ... 34
      ■ 局勢의 大小 ... 34
    1-3. 사세(砂勢), 사신사(四神砂) ... 38
      ■ 主山과 朝山 ... 41
      ■ 주객지유정무정(主客之有情無情) ... 42
      ■ 관쇄(關鎖) ... 43

1-4. 水勢 … 44
  - 혈전(穴前) 수류(水流) … 44
  - 외수(外水), 내수(內水) … 46
  - 관쇄(關鎖) … 48
  - 수류(水流) 곡직(曲直) … 49
  - 水流 有情, 無情 … 50
  1-5. 향(向) … 70
  - 좌향(坐向) … 70

2) 사주와 풍수와의 관계 … 79
  2-1. 사주와 풍수 1 - 고정 … 79
  2-2. 사주와 풍수 2 - 변화 … 89
  - 유년(流年)과 풍수적 변화성 … 89
  2-3. 사주와 풍수 3 … 91
  - 개운술(開運術)의 적용 … 91
  - 地氣중심 … 91
  - 人氣중심 … 92

13. 명과 운의 총관(總觀) 및 세찰(細察)

1) 명의 細察

1-1. 개념 ·· 100
- 그릇
- 사업중심, 조직중심
- 다복(多福), 박복(薄福)
- 수요장단

1-2. 기준 ·· 102
- 干支구성
- 陰陽, 五行의 편중성
- 陰陽, 五行의 편중성
- 六親의 편중성
- 成格, 破格
- 남녀에 따른 기준 분류
- 干支 구성과 해석
- 調候, 陰陽의 해석
- 六親해석

2) 명의 細察

2-1. 개념 ·· 113
- 출생의 사연
- 부모, 형제, 배우자, 자식과의 관계성
- 바람직한 전공
- 그릇의 등급에 관한 세분
- 직업적 개성
- 운명적 특성
- 건강 및 질병에 관한 특성

2-2. 기준 — 115
- 年月日時의 干支 조합 요소
- 六親의 조합요소
- 成格이나 破格의 정도
- 각종 神殺의 조합
- 좌표에 따른 적용

2-3. 방법론 — 115
- 年月日時의 干支 조합 요소에 따른 해석
- 六親의 상호(복합적) 작용에 따른 운명적 특징 해석
- 成格 破格의 정도에 따른 해석
- 각종 神殺의 성립과 그 해석
- 좌표에 따른 의미 해석

3) 운의 總觀

3-1. 개념 — 118
- 계절적 환경
- 六親 간섭에 따른 환경과 제한
- 번영의 등급

3-2. 기준 — 119
- 운의 순역
- 남녀 陽 大運, 陰 大運
- 干支의 구성과 흐름
- 六親의 구성과 흐름
- 큰 단위의 神殺 적용
- 다양한 주기론 적용

4) 운의 細察
- **4-1. 개념** **123**
  - 세운, 월건, 일진에 따른 다양한 운명적 이벤트
  - 운의 인자와 命의 다과(多果) 현상
  - 운의 작용과 동반한 테마별 변동(변화)
  - 다인(多因) 일과(一果)의 시기
  - 운의 변화와 가족, 인간 관계론
  - 득실(得失) 혼재
- **4-2. 기준** **130**
  - 命과 運의 상호작용
  - 일운(一運) 변화와 명의 변화(변동) 작용
  - 세운, 월건, 일진, 시진의 변동과 범주
  - 대운과 세운의 조합
  - 주기론에 따른 적용
  - 세운, 월건, 일진, 시진에 따른 별도 神殺
- **4-3. 방법론** **131**
  - 命과 運의 상호작용해석
  - 一運 변화와 명의 변화(변동) 해석
  - 세운, 월건, 일진, 시진의 변동과 범주 해석
  - 多因一果의 시기해석
  - 주기론에 따른 적용해석
  - 세운, 월건, 일진, 시진에 따른 별도 神殺 해석
  - 문점(問占) 시간에 다른 분류원리(시 天干, 六爻)

질문과 답변 4(무엇이든 물어보세요)   154

    40. 점집   154
    41. 공무원시험   157
    42. 비명횡사나 자살!   159
    43. 日辰   162
    44. 애완용 동물 식물 곤충의 개념   167
    45. 天乙貴人띠하고의 처세 방법   170
    46. 복채란?   172
    47. 기부의 사주학적인 의미   177
    48. 전생의 인자   183
    49. 사람이 태어난 이유와 업의 청산 영적진화   186
    50. 수명을 늘리는 방법   188
    51. 적선지가 필유여경 [積善之家必有餘慶] 착하고 바르게 살자   192
    52. 戊戌年 신년운세와 띠별 皆花論   193
    53. 驛馬殺 개념   203
    54. 寅申巳亥생 子午卯酉생 辰戌丑未생   208
    55. 사주학적 효도의 의미   209
    56. 개업식 고사   213
    57. 저승사자 논리   220

14. 보너스 강좌
현대명리와 한국인의 삶   232

12 • 박청화의 무엇이든 물어보세요. ❻

12 사주와 풍수와의 관계

12. 사주와 풍수와의 관계

1) 풍수의 일반 기준(음택, 양택, 도시)

1-1. 龍 血 砂 水 向

명리와의 연관성을 체크하는 측면에서 풍수지리의 기본 개념이라든지 술어 그다음에 기능이나 의미 이런 것들을 정리 한번 해 보겠습니다.

풍수라고 하면 이것이 너무 큰 주제라서 다루기 어려운데 1988년~89년도에 명리를 위주로 해서 하다 보니 자연적으로 관상학 공부를 안 하면 안 되고, 자연히 여러분이 명리를 하다가 보면 풍수에 대한 수요와 공급에 의한 환경이 만들어지니까 하기 싫어도 하게 됩니다. 저는 하는 수 없이 몸으로 때운 풍수입니다.

89년도~90년도 이럴 때에 지금 생각해보면 미천한 실력인데 그때는 사주를 예리하게 봤는가 봐요. 지금 생각해보면 지금은 어찌 되었든 간에 다듬어서 조심조심해서 보는데 오늘도 "너 후처지?" 이렇게 하면 끝이 날 것을 "옛날 책에는 한 번 가정이 깨어진 사람에게 가라고 했는데," 이렇게 하고 말을 안 하는 것이죠.

그렇게 해놓고 한 참 다른 이야기를 하다가 보면 "아예, 맞습니다." 이런 과정으로 다듬어서 한다고 했는데 옛날에 칼질하는 즐거움이라고 하는 것이 그것이 할 것이 아닌데 원래 공부를 했을 때는 칼질을 하고 싶잖아요? 그래서 자꾸 칼질을 자꾸 하니까 결국은 자꾸 "관상도 좀 봐주세요." 이렇게 되는 것이죠.

지금 묘지를 어떻게 해야 되는데 해결 좀 해 달라고 하는데, 모르는 것은 아니라고 단정해서 생각하고 요구를 하는 것입니다. 그래서 '몇 날 며칠 날 산에 같이 가자.' 하는데 가기 전에 이 방대한 기준들을 어떻게 다 찾아서 해주나 해서 그때는 다른 분에게 오히려 소개를 해주기도 했는데 결국은 제가 하지 않고는 안 되더라는 것입니다.

그래서 그때부터 이쪽 분야에 있는 기준들이나 책들을 정리했는데 조금 간략화하면 목차에 1번 제목 달아 놓은 것 있죠? 풍수를 체계적으로 정리하려면 龍, 血, 砂, 水, 向 이 다섯 글자만 기억하면 됩니다.

풍수지리에서 범안(凡眼), 법안(法眼), 신안(神眼)이 있다고 표현을 하거든요. 누구라도 즉 평범한 사람도 '저기는 터가 좋아 보인다.' 이런 것을 나눌 수 있는 수준을 凡眼이 되고 그다음에 法眼이라고 하는 것은 풍수지리를 이론적으로 체계적으로 정리해서 어떠하기 때문에 어떤 구조와 요소를 가지고 있기 때문에 이 터는 좋은 터에 해당한다. 이런 것을 논리체계를 통해서 아는 것이 法眼입니다.

神眼이라고 하는 것은 말 그대로 논리를 안 통해도 풍수에 나오는 여러 가지 이론은 필요가 없고 "여기다 써라! 여기가 최고다."하는 것이죠. 그렇게 氣感이 완전히 열려야 되는 것이죠. 氣感이 완전히 열려서 이론이고 무엇이고 전혀 필요가 없는 것이죠.

비유를 들자면 이런 것이죠. 凡眼(범안)은 동요나 가요나 이론적인 악보를 안 배워도 따라 부르잖아요? 누구나 따라 부를 수 있는 그런 정도의 안목, 능력 그다음에 악보를 보고 정확하게 연주를 한다든지 또는 그것을 보고 부를 수 있는 그런 훈련에 의해서 할 수 있는 것이 法眼이죠.

神眼은 제도권에서 음악교실에 가본 적도 없는데 자기가 소리를 듣기만 하고 바로 연주를 하는 사람이 있잖아요. 그런 정도로 비유하면 될 것입니다. 이 바닥에 움직이는 분들 중에서 타고난 氣感을 가진 사람들이 있더라는 것이죠.

천재음악가들이 그렇잖아요. 슈베르트나 이런 사람들 보면 어려서부터 4~5살에 이미 음악을 듣자마자 피아노를 칠 수가 있잖아요. 그것이 神眼의 경지라고 하는데 공부가 깊어지면 法眼과 神眼의 경계를 왔다 갔다 하는 것 같기는 해요.

제가 神眼의 경지라고 말할 수 없기 때문에, 法眼의 기준 정도는 알고 있어야 된다는 것이죠. 이것이 '왜 좋다. 왜 나쁘다.' 이런 정도는 우리가 정리해 둘 필요는 있다는 것이죠.

"그것을 따져봐야 아나? 누워보면 아는 것이지." 이런 말을 하는 분들이 神眼이라고 보면 되죠.

논리 체계를 통한 정리 차원에서 풍수를 정리해 보는데 약간 비교를 해보는 차원에서 누가 처음에 '墓相'이라는 표현을 썼는지는 모르겠는데 墓가 가지는 영향력, 파급력, 힘 이런 것들을 나누는 것으로서 조금 비유를 해보면 이렇습니다.

墓相 : 永代 (發福)
家相 : 一代 (發福) 命相

名相 : 一人 (發福) 命相
印相 : 一事 (發福)

이 정도로 정리하면 저것이 줄 수 있는 영향력의 범위가 상당히 '크겠다. 작겠다.' 비교가 되죠.

墓相은 그 집안 대대로 오래오래 영향을 미치는 것이죠. 길永자죠. 대를 걸쳐서 영향을 주게 되고, 家相은 거기서 태어나거나 살았던 사람의 一代에 작용하는 것이고, 이름 모양은 그 사람에게 적용되는 기준으로서 영향을 미치고, 印相은 그 도장을 찍어서 진행한 비즈니스 일에 영향을 준다고 해서 한 가지 일에 영향을 준다고 했죠.

이 정도의 영향력을 여러분이 상대적으로 비교를 해봐서 이것에다가 '發福' 이것만 붙이면 되겠죠? 墓相은 永代 發福하고, 家相은 一代 發福하고, 名相은 一人 發福하고 印象은 一事 發福이라는 것이죠. 적용되는 범주를 여러분이 상대적으로 비교를 해보면 되겠다는 것입니다.

그러면 一代와 一人 사이에 놓아질 수 있는 것은 命相이 되겠죠? 이것을 우리가 상대적인 범주를 비교해서 붙인다면 팔자의 꼴이라고 하는 것은 一代나 一人의 지대한 영향력을 가지고 작용을 하는 것이라고 보면 되죠. 一代나 一人.

거기서 墓相이라고 하는 것이 사실은 얼마나 중요한 역할을 하는지 하는 것을 알 수가 있는 것이죠.

그래서 바꾸기 어려운 것은 무엇입니까? 개인의 선택으로 바꾸기 어려운 것은 墓相의 행위가 되고 나머지는 다 바꿀 수 있는 것이잖아요.

이름이 마음에 안 들면 바꾸면 되고 특히 印章에 관련된 연구는 일본 서적에 상당히 많이 있습니다. 저도 한때 그것에 심취해서 그것을 붙들고 있었는데 관심이 있으면 일본 책 번역을 해놓은 책들이 있거든요. 번역서들이 있으니까 구해보시면 됩니다. 종류가 많지는 않습니다.

아예 답답하면 일본에 가서 구하면 되는데 요즘은 해외 직구를 해서 구하면 됩니다.

家相이나 名相 印相이런 것들은 일본에서도 자료가 잘 정리된 책도 상당히 많이 있습니다.

龍 血 砂 水 向 이것만 기본적으로 보시면 됩니다.

용세(龍勢)

龍勢는 풍수 책을 보신 분들은 아시는 분은 아시니까 그냥 정리를 해보는 차원에서 해보시죠.

그림 159)

이런 그림 보신 적이 있습니까? 이렇게 생각을 하시면 됩니다. 이 그림을 거꾸로 뒤집으면 나무 둥지가 펼쳐져 올라가면서 끝 부분에 꽃이 피고 열매를 맺는 그런 작용이 일어나는 것과 같은데 뿌리와 밑동이 중요하듯이 밑동이 좋으냐? 하는 것이죠.

또 소위 명당이나 혈이라고 하는 곳까지 도달하는 면에서 이것이 生氣 중심으로 이루어져 있느냐? 이런 문제거든요. 풍수에서는 이렇게 흘러오는 줄기를 龍脈이라고 하는데 龍脈을 나누는 조건 이런 것이죠.

龍의 생사라고 하는 것은 소위 生氣가 있는 모양이냐 아니냐? 이런 것을 여러 가지 기준을 통해서 나눈다는 것이죠. 대체로 축 늘어진 모양이나 긴장감이 없는 모양 그다음에 좌우로 흔들면서 내려오느냐 하는 것을 보는데, 뱀보고 "앞으로 가" 하면 어떻게 갑니까? 좌우로 흔들면서 가죠. 그것이 대체로 생명력이 있는 모양이라고 보시면 되고 죽은 뱀은 앞으로 가지도 않으면서 죽 직선으로 늘어져 있죠.

그래서 그렇게 직선으로 늘어져 있는 것은 대체로 死氣로 보는 것이죠. 그러니까 완전한 기준은 아니지만, 曲形은 주로 生氣가 되고 그다음에 이것은 동양학 전반에 쓰이는 것이지만 직형(直形)은 死氣 즉 생명력이 있는 것은 직선이 거의 없다고 보시면 되죠.

인체도 자세하게 보면 직선이 있는 곳이 없습니다. 이것이 서 있으니까 직선으로 보이지만 체형이 라인을 그리면서 가죠. 그 라인이 멋있게 빠지면 무슨 라인입니까? S라인입니다. 무엇이 발랄합니까? S라인이 나오면 생기발랄하다는 것이죠.

용의 생사를 나누는 여러 가지 기준들도 많이 있는데 여러분이 용어나 기준으로서 새겨 두시라는 것이죠.

■ 지각(枝脚), 요도(撓掉)

枝脚은 가지가 벌어져서 있는 것이죠. 다리가 펼쳐져 있잖아요. 밖으로 벌어져 있는 모양을 가지고 있느냐?

그다음에 撓掉라고 하는 것에서 掉자가 노 저을 掉자거든요. 노를 저으면 어떻게 됩니까? 여러분이 해 보시지는 않았겠지만, 노를 좌우로 이렇게 젓잖아요. 그러면 그 물결이 좌우로 퍼지잖아요.

그림 160)

그림처럼 벌어지는 것이 중요하죠. 그래서 枝脚 撓掉의 형성은 그림과 같습니다.

물론 龍脈이 이어져 올 때도 마찬가지로 龍脈이 좌우로 흔들면서 와야 된다는 것이죠. 좌우로 흔들면서 넘어오고 있느냐?

기복(起伏)

起伏은 말 그대로 평지에서 온다면 좌우로만 흔드는 것이 아니고 위아래로 올랐다 앉았다 하는 것이죠. 인생에 기복이 많다고 하잖아요. 오르막 내리막 이런 것이 많이 생기는데 살아있는 놈은 오르막 내리막이 당연히 있다는 것이죠. 땅의 모양과 氣를 볼 때는 기복이 있어야 된다는 것이죠.

위이(逶迤), 좌우 변동(化)

逶迤도 결국은 좌우로 왔다 갔다 하느냐? 좌우변동이 있느냐 없느냐? 산 모양을 보고 化라 하기도 그렇고 動이라 하기도 그렇고 책 마다 다릅니다. 變化라고 표현을 해 놓은 것도 있고 변동이라고 하기도 하는데 化보다는 動이 더 맞는데 실제로는 산이 멈추어 있는 것이잖아요.
 그래서 이것이 움직일 動자를 쓰기도 그렇기는 한데 뜻은 무슨 뜻인지 아시겠죠? 逶迤라는 뜻 자체가 지그재그로 오는 이런 것을 의미하거든요.

개장(開帳)

開帳은 장막을 연다는 것이죠. 산맥이 좌우로 독수리가 날개를 펼치듯이 '장막을 열었다.' 하듯이 장막을 열었느냐 하는 것이죠.

🔲 천심(淺深)

그다음에 산과 산 사이에 골의 모양이 생기잖아요. 골이 깊어졌다가 얕아졌다가 하는 그런 과정이 있을 때에 이것은 대체로 生龍이 되고, 淺深이 별로 없으면 늘어지는 모양이 되니까 死龍이 다니는 길이 되는 것이죠.

🔲 박환(剝換), 탈살(脫殺)

剝換이라고 하는 것은 이렇습니다. 山과 岳을 우리가 구분하는데 岳이라고 하는 것이 '설악산' 이렇게 표현을 하지만 '월악', '설악' 이렇게 표현을 하지만 산을 막 암석으로 튀어 올라와 있는 이런 것을 岳이라고 합니다.

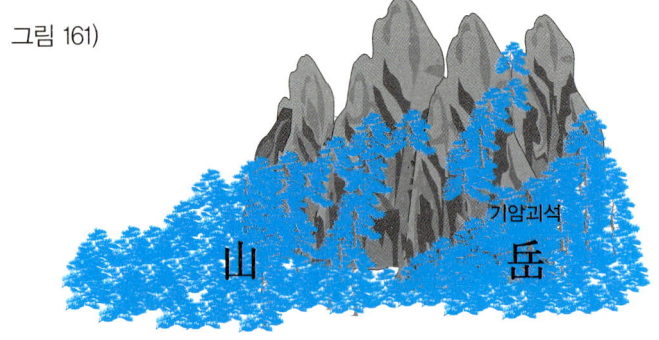

그림 161)

그림과 같이 岳과 山이 되죠. 岳이 山으로 강한 기세가 약화되고 순화되는 듯 과정이나 모양이 있느냐? 그것을 剝換이라고 표현을 했는데 개념적으로 따지면 脫殺이라고 봐도 될 것입니다.

殺氣가 튀는 것을 다시 순화시켜서 剝換하였느냐? 이렇게 표현을 하거든요. 글자부터 복잡하죠? 글자 뜻은 여러분이 시간이 날 때 字典을 한번 열어보시고 剝換이 되었느냐? 剝換이 되었다는 것이 이런 것입니다.

그림 162)

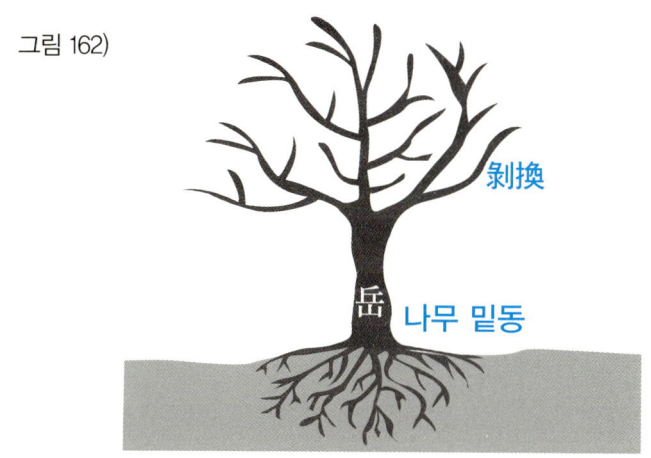

나무의 밑동은 산으로 치면 岳과 같은 것입니다. 사실은 나무 밑동이가 콘크리트보다 더 튼튼합니다. 아주 단단하게 기운이라고 해도 되지만 사물이나 모양에서 굳혀진 모양으로 있는 것이 岳이라고 하면 위로 올라갈 수로고 가지가 계속 단단합니까? 아니면 연한 가지가 나옵니까?

연한 가지가 빠져나오는 모양이 있는 것이 剝換이라는 것입니다. 부드러운 모양으로 기운이 바꾸어지는 것으로 해석하는데 이런 것들이 너무 전체적으로 너무 압도하고 있는 모양은 좋은 터가 별로 안 나온다는 것이죠.

태산준령에는 묘지로 쓰든 택지로 쓰든 좋은 자리가 많지 않다고 하는 것이죠. 풍수의 일반 기준 옆에 '음택, 양택, 도시' 세

가지를 다 적어 놓았죠? 여기에 다 보편적으로 적용할 수 있는 논리와 기준이라고 보면 됩니다.

과협(過峽)

過峽은 산 모양을 옆에서 그렸을 때 그림과 같습니다.

그림 163)

이런 모양을 경상도 말로 하면 '굴린다.' 위에서 기운을 한 번 떨어트려서 밀쳐서 굴려준다는 것 있지 않습니까? 峽이라고 하는 것이 이렇게 와야 그림처럼 지나야 ⓐ의 부위에 안정적인 힘이 조성된다고 보는 것이거든요.

그림 164)

물론 여기에 쓰지는 않았지만 그림에서 동그라미 친 부분이 끊어질 듯하다가 이어지는 구성을 過峽과 유사한 것으로 보는데 봉요(蜂腰) 즉 벌의 허리가 있지 않습니까? 벌의 허리가 되는데 벌보고 춤을 추라고 하면 춤을 잘 춥니다.

그 가느다란 곳을 통해서 기운이 통하는 것 그다음에 학슬(鶴膝) 즉 학의 무릎과 같은 중간에 한번 동그랗게 뭉쳤다가 내려오는 이런 것들도 있는데 여러분이 관심이 있으면 책을 한 번 열어보십시오.

■ 입수(入首), 입수 곡직(曲直)

入首라고 하는 것이 소위 기운을 제대로 내려주기 위한 머리 즉 그림이 횡 측 단면이기는 하지만 그림 163의 ⓑ정도가 되는 것입니다.

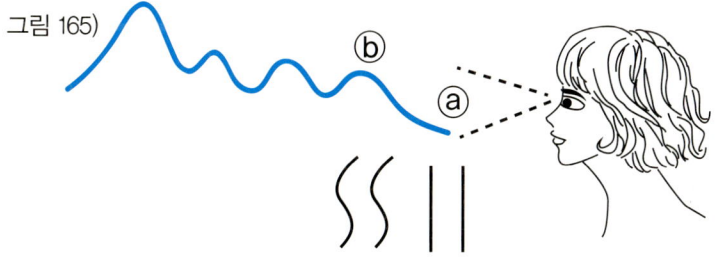

그림 165)

입수 曲直이 그림 163번의 그림에서 산이 내려오는 것을 정면에서 바로 쳐다보았을 때 ⓐ처럼 바로 내려오고 있느냐 아니면 ⓑ처럼 곡을 그리면서 오고 있느냐? 하는 것이 입수 曲直인데 入首는 曲直은 그렇게 중요하게 많이 따지지는 않는데 入首

가 있느냐 없느냐가 중요한 것이죠.

꽃이 피기 전에 꽃대가 꽃과 죽 이어져 있느냐 이것이 상당히 중요하죠. 이것이 入首와 같은 것이라고 보면 됩니다.

요즘은 정말로 좋아진 것이 구글 지도를 펼치면 위성보기를 때리면 그것이 아주 잘 보입니다.

옛날에는 어떻게 했느냐 하면, 선산이 있어서 터를 좀 잡아달라고 하면 미리 지도 센터에 등고선 지도를 신청하면 한 3일에서 1주일 뒤 정도에 지번과 지번 주변의 것을 등고선 지도를 신청해서 지도 센터에서 사왔습니다.

지도를 사 와서 거기에 龍脈이 흘러가는 곳 그다음에 사신사(四神砂)가 어떻게 갖추어져 있느냐? 이런 것들을 미리 지도를 보고 충분히 미리 검토한 다음에 올라가서 당일 어느 자리 정도에 당판(堂板)이 만들어지고 결혈(結穴)이 되겠다고 잡아주고 했는데 요즘은 구글 지도를 가지고 보면 거의 해결이 다 됩니다.

옛날에는 자리를 하나 찾으려고 하면 여름처럼 숲이 우거질 때 이럴 때에는 반대의 산에 가서 그 산을 쳐다보는데 그것을 관산점이라고 하죠. 관산점에 가서 보통 4~5군데 정도 반대편이나 좌우편에 가서 그 자리를 쳐다보고 만들어지는 국세(局勢) 이런 것들을 따져서 '좋겠다. 안 좋겠다.' 했으니까 그것이 잡기가 얼마나 어렵겠어요?

장법(葬法)에 보면 풍장(風葬)을 해서, 風葬이 무엇인지 아십니까? 바람 風자에 장사지낼 葬자인데 風葬이 시신을 부패하고 손상이 되니까 어떻게 하느냐 하면 천으로 싸서 묶어서 높은 나무에 매달아 놨습니다. 높은 나무에 매달아 놓고 한 달이나 한 달 보름씩 그렇게 두는 것이죠.

학생 – 말리는 것입니까?

선생님 – 일단은 시체의 부패를 막고 손상을 막는 것이죠. 물론 조선 시대에 보면 임금님은 임금님 전용 얼음이 있었습니다. 그래서 나온 것이 氷庫잖아요. 서쪽에 있던 氷庫가 西氷庫, 동쪽에 있던 氷庫가 東氷庫입니다. 그다음에 경주에 있었던 것이 石氷庫이지 않습니까? 아이스크림도 나와 있잖아요.

氷庫에서 얼음을 꺼내서 시신을 저장해놓고 장래를 시신의 손상이 없이 했는데 보통 사람들은 그렇게 할 수가 없잖아요.

그래서 나무에 매달아서 風葬을 해두고 한 달 보름 또는 두 달 심지어는 4개월씩도 그렇게 했는데 그렇게 한 이유가 나라에 유닝한 멍품 지판들을 모셔서 그 양빈들이 여기까지 도달을 하는 것이 한 달 보름이나 걸렸다고 하는 가세를 보여주는 그런 측면도 있었습니다.

"우리는 교수님이 뉴욕에서 온다. 너희는 서울에서 오지?" 이러는 것 있지 않습니까?

그렇게 風葬을 해두고 오랜 시간 동안 사실은 검토해서 장지(葬地)를 정했고 그래서 그런 폐단을 피하기 위해서 본인이 어느 정도 일정한 나이가 들면 죽기 전에 신후지지(身後之地)라고 해서 미리 유택을 가묘로 만들어 놓고 "내가 죽거든 조선의 유명한 지관을 부를 필요도 없다. 여기다가 묻어라!" 이렇게 함으로써 그것이 굉장히 매너가 있는 처신이었죠.

간룡법(看龍法)이라고 하거든요. 看龍을 하려면 얼마나 많은 산을 넘어가야 하느냐 하겠습니까? 옛날처럼 교통이 안 좋을 때 태조산(太祖山), 소조산(小祖山) 등 어쩌고저쩌고하다가 뒷산까지 다 체크를 해야 되죠. 青龍, 白虎 다 챙기고 朱雀 챙기고 그 뒷산을 다 따라가 봐야 되는 것이죠.

그래서 나온 것이 그 당시에도 아예 太祖山을 찾는 불편함을 없애기 위해서 만들어 놓은 산의 족보가 있었습니다. 산족보가 산경표(山經表)입니다.

여러분이 보면 우리 집 뒤에 있는 뒷산은 어느 산을 太祖山, 中祖山, 小祖山으로 해서 그 산맥을 타고 결국은 이 당판이나 터가 만들어졌다는 것입니다.

그래서 대한민국의 교가는 전부 다 무엇으로 시작합니까? 대한민국 교가는 전부 '산'으로 시작을 하죠. 그만큼 龍이 중요하다는 것입니다. 看龍法이라고 하는데 龍脈의 형성, 龍脈의 등급 이런 것들을 나누는 것이 기본이었다.

물론 여기에 또 기준이 더 세세한 것이 있지만 그래도 제일 표준적이고 많이 활용되는 기준들을 정리한 것이라고 생각을 하시면 됩니다.

1-2. 혈세(穴勢)

 와(窩), 겸(鉗), 유(乳), 돌(突)

그다음에 穴勢입니다.

그림 165)

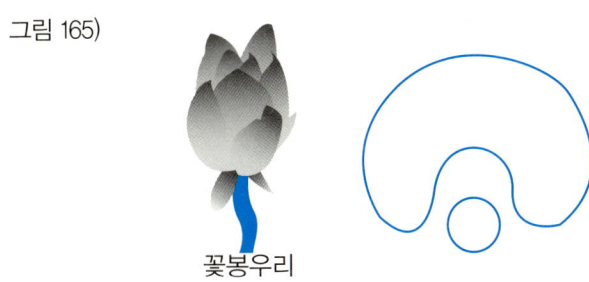

꽃봉우리

穴勢는 기운이 뭉쳐있는 곳인데 그림처럼 꽃봉오리가 닫혀있는 자리가 되겠죠. 가까운 모양에서 그림처럼 움푹한데 이것이 평지가 나와 있는 것이죠. 와(窩)가 움푹한 곳 이런 뜻입니다.

그림 166)

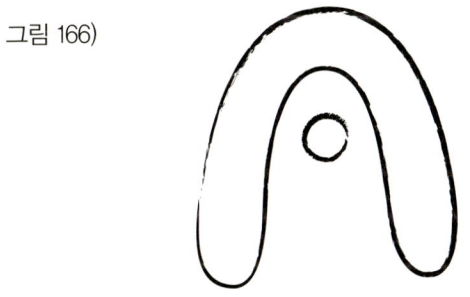

청룡이나 白虎가 그림처럼 긴 모양을 가지고 있으면서 그림처럼 자리가 있는 모양입니다. 평지입니다.

그림 167)

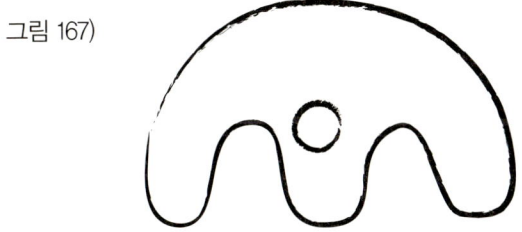

그다음에 乳는 말 그대로 젖 乳자이죠. 이것은 말 그대로 여

인의 유방처럼 상기 그림과 같이 되어 있는데, 그림들의 동그라미 위치를 잘 보세요. 동그라미 위치는 평지고 주변을 싸는 것은 산으로 보시라는 것입니다.

그림 167번은 산 위에 올라와 있는 것이죠. 여인의 유방처럼 봉긋한 곳에 결혈(結穴)이 되어 있는 그런 곳을 乳라고 합니다.

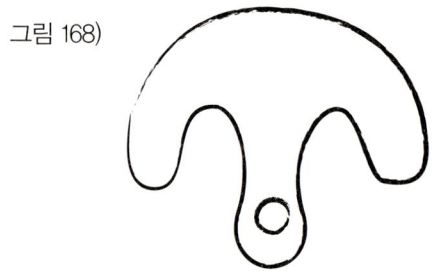

그림 168)

돌혈(突穴)은 靑龍 白虎와 상관이 없이 그림과 같이 정상자리가 됩니다. 올라온 자리가 되는 것이죠.

학생 – 그림이 위에서 본 것입니까?

선생님 – 그렇죠. 위에서 찍은 것입니다. 그림으로 싸고 있는 것은 산이라는 말이고 동그라미가 벗어나 있는 것은 라인 밖이라는 것이죠. 라인을 벗어난 것은 평지에 준하는 그런 땅이라는 것입니다.

突은 말 그대로 돌출해 있는 것이거든요. 돌출해 있는 것이니까 거의 그림처럼 중간에 약간 낮아지고 좁아졌다가 다시 돌출해 올라온 자리 위쪽에 있는 이런 것들이 突穴이 되는 것입니다.

그림 166번처럼 길게 갇혀있으면서 평지에 들어가느냐? 아니면 그림 165번처럼 약간 움푹한 곳에 들어가 있느냐? 아니면 그림 167번처럼 살짝 올라온 자리에 결혈(結穴)이냐? 아니면 168번 그림처럼 정상 가까운 자리에 돌출해 있느냐? 이런 것이 穴勢를 판단하는 기준 중에 하나가 된다는 것입니다.

이런 것도 사실은 찾아보면 상당히 드뭅니다. 이렇게 풍수적인 표준에 맞는 것을 돌아다니면서 찾아보면 그 수가 그렇게 많지는 않다는 것이죠. 이렇게 보면 되거든요. 정리가 되십니까?

사실은 이것 하나 가지고 적어도 5개월은 수업을 할 것을 지금 콤팩트하게 정리를 해 보는 것이죠.

학생 – 走馬看山이네요.

선생님 – 그렇죠. 사실은 走馬看山인데 적어도 이런 기준이 되는 용어나 기준을 알고 있다는 것이 어느 날 그것이 보입니다. '저것을 보고 鉗穴이라고 했구나!', '저것을 보고 突穴이라고 했구나!' 이런 것을 알게 되는 것이죠.

아무 기준이 없이 산천을 바라보면 "와! 경치 좋다." 그러죠. "대략 터가 좋다." 이런 정도잖아요.

그런데 전문가가 보면 저것은 이런 단점과 이런 장점이 부각이 되어 있다는 것을 나눌 수 있는 것처럼 여러분이 용어나 술어나 기준이 있어야 하는 것이죠.

관상학도 깊이 연구해 보면 언제든지 풍수지리하고 개념을 80% 정도 공유한다고 보면 됩니다. 그런데 "잘 생겼다. 못생겼다. 이쁘다. 안 이쁘다." 이것 하나로 끝을 내잖아요. 그런데 관상학적인 기준을 하면 "하, 저 아이는 천정(天庭)이 어떻구나! 중정(中庭)이 어떻구나! 인정(人庭)이 어떻구나!" 하면서 그 해석을 위한 기준점들이 있음으로써 보이는 해석이 또 의미가 새로 새겨지잖아요.

그런 것처럼 기준이 있나 없나 하는 것이 굉장히 중요한 것이죠.

이런 것입니다. 우리가 터를 봐주러 가면 이분들 중에도 꼭 어중간하게 책을 읽은 분들이 꼭 따라옵니다. 본인이냐고 물으면 친한 친구라고 합니다. 친한 친구가 사람을 패 죽이거든요.

이 양반이 문자를 쓰면서 入水가 어떻다. 저것이 어떻다. 합니다. "풍수 선생님, 入水는 어떻게 봅니까?" 이렇게 물어보거든요. 그러면 진짜 참 난감하죠. 그런데 이 양반이 심사위원인 것이죠. 자기가 잘 모르는 것을 학술적으로 설명을 해주면 친구에게 가서 "저 사람 진짜로 실력이 있다." 하는데 그 소리가 또 들려요.

그런 측면에서 용어라든지 술어, 그 사람이 하는 말 정도는 소통되어야 한다는 것이죠.

기본적으로 풍수적으로 앞부분에서 대전제로 하는 것이 有情 無情이거든요. 有情 無情은 껴안고 있다는 것입니다. 껴안고 있으면 有情, 등지고 있으면 無情 이렇게 보는 것이죠.

그림 169)

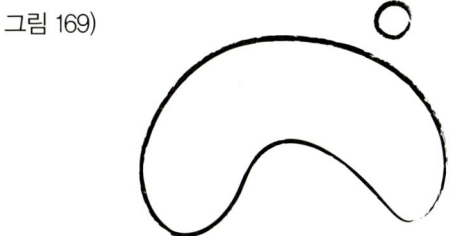

　이런 모양은 완전히 無情이 되는 것이죠. 등을 돌려버렸잖아요. 배반을 하고 있는 모양이 되는 것이니까 기본적으로 有情의 일정 조건을 갖출 필요가 있는데 일정한 조건에서 이렇게 평지 뒤에 사신사(四神砂) 같은 것을 다루겠지만 에워싸고 있는 것이 움푹한 정도가 산과 이격되어 있는 것이죠. 그래서 논두렁, 밭두렁에 산이라고 하는 것보다는 평지에 준하여 있는 것이 窩가 됩니다.
　그다음에 그림 166과 같이 길게 빠져나와 있는데 안쪽에 들어가 있는 것이 鉗이 됩니다. 乳가 대체로 중턱인데 정상에 가까울 수도 있습니다. 그다음에 突은 확실하게 정상권에 들어와 있는 것.

　학생 – 성묘 한번 가려고 하면 힘이 들겠네요.

　선생님 – 그렇죠. 突穴 이런 것들이 그렇기는 한데 굉장히 높은 산에 突을 쓰는 것이 아니고 보통 나지막한 야산에 突穴이 형성되죠. 그것이 박환(剝換)이라고 하는 단계가 필요하거든요.
　剝換이라고 하는 것이 엄청난 절벽 낭떠러지 같은 암석류가 확 쏟아져 나와도 어느 순간부터는 암석이 보이지 않고 산만 보이는 단계가 있죠? 암석류가 튀어나오지 않고 산만 보이는 이런 단계에 이르러서 이것을 剝換이라고 하거든요. 그래서 그런 단계의 위치에서 높은 산이 그렇게 많지가 않다는 것이죠.

明堂의 大小, 廣狹

그림 170)

穴의 모양을 관찰할 때 明堂의 大小, 廣狹 이것에서 꽃봉오리 이것이 크냐? 大小라는 표현도 맞고 廣狹 즉 넓으냐 좁으냐? 이런 개념으로 봐도 됩니다. 소위 당판이라고 하죠.

局勢의 大小

局勢의 大小는 局勢라고 하는 것은 전체의 局勢가 있고 당판의 局勢가 있고 국세가 전체적으로 크게 형성이 되어 있느냐? 작게 형성이 되어 있느냐?

그림 171)

나무도 여러 종류가 아닙니까? 자그마한 줄기에서 올라와서 작은 떡잎에 잎이 몇 개 나오자 말자 꽃피우고 열매 맺는 이런 것이 있고, 큰 나무처럼 밑동에서 크게 가서 큰 가지 속에서 크는 것이 있죠. 이것이 局勢가 되는 것이죠.

局勢의 크고 작음에 따라서 구분하는데 局勢는 주로 陰宅이 아니라 陽宅에 조금 더 활용해서 보는 것이죠.

그림 159에서 설명했던 것처럼 開帳 즉 날개를 펼쳤다고 했죠. 開帳자체가 크게 나가고 있느냐? 아니냐? 이런 것을 보고 정말로 에너지와 기운이 많이 '큰 단위로 이루어진다. 작은 단위로 이루어진다.' 이런 것을 따지게 되는 기준이 되는 局勢의 大小가 됩니다.

학생 – 요즘은 명당으로 쓸 곳은 별로 없죠?

선생님 – 앞부분에서 워닉 풍수에서 대진제가 많은데 明堂은 천장비지(天藏秘地)라고 했거든요. 天藏秘地는 하늘이 감추어 놓고 땅도 비밀스럽게 감추어 놓는다는 것입니다. 거기에는 또 카르마 논리가 나오는데 명당에 주인이 있더라는 것입니다.

아무리 구글 GPS라고 해도 큰 龍脈의 흐름 정도는 볼 수 있어도 정말로 명당이라고 할 만한 것은 진정한 에너지의 이끌림이 있어야 그것이 天藏秘地의 자리와 매칭이 되는 것이거든요. 결국은 天藏秘地의 명당을 차지하려고 하는 비결은 뭐냐? 조폭들 팔뚝에 적어 놓았습니다. 착하게 살면 됩니다.

최근에 제가 공원 묘지 안에 자리를 잡아 드렸는데 이미 풍수점검을 마치고 이미 조성을 다 해놓은 것이에요. 그런데 이 양반 형편이나 여건이 안 되어서 저에게 구해달라고 해서 "선산이 있느냐?" 해서 "없다."

선산이 있기는 한데 너무 멀다. 가까운 공원묘지에 해 달라고 해서 제가 찾아가서 부탁했죠. 관리하는 관리인들이 아는 분들이고 하니까 좋은 자리 나면 연락을 해달라고 해서 공원묘지에 땅을 판 것이죠. 결점이 없는 것은 없지만, 장점이 너무나 많은 자리를 잡아 주어서 이 분이 바로 계약을 해서 샀는데 뒤에 이분이 기분이 좋은 것이죠.

며칠 뒤에 이분이 소주를 한잔 하자고 해서 원래 아버지가 스스로 화장을 하라고 한 분이랍니다. 이런저런 정보를 저하고 교환하더니 화장을 하면 안 되겠다고 해서 그 자리를 정하게 되었는데 아버지가 평소에 어떻게 사셨느냐고 물어보니까 "살아있는 부처가 있으면 아마도 우리 아버지가 살아있는 부처일 것입니다." 이렇게 생각한다는 것입니다.

자식이 고생을 많이 했죠. 본인이 청주 한 씨의 후손으로서 평소에 수많은 사람들이 아버지 등에 칼을 꼽는 것을 봤다는 것입니다. 오만 사람이 등을 처먹는 것이죠.

그렇게 등을 처먹어도 한 번도 그 사람들을 법적으로, 현실적으로 보복을 한 적이 없다는 것입니다. 그렇게 해서 살아오신 분이니까 보통 사람 같으면 그렇게 살 수는 없잖아요. 그런데 그 아들도 사업으로 크게 성공을 하더라는 것입니다.

사업적으로 크게 성공을 해서 아버지의 소신이 그냥 화장을 하라고 했는데 그 자리를 얻게 된 뒤에 아버지 보고 "한번 가봅시다." 하니까 아버지가 입이 귀에 걸리더라는 것입니다. 아버지가 너무 좋아서 "너희가 잘된다는 말이제!" 하는 것이죠.

그것도 어떻게 보면 복입니다. 그래서 좋은 터를 차지하려고 하면 역시 좋은 카르마가 있더라는 것입니다.

이것을 태(胎), 식(息), 잉(孕), 육(育) 이렇게 해서 더 세분을 해서 胎, 息, 孕, 育 이렇게 해서 구간을 나누어서 보는 원리도 있는데 그것까지 하면 여러분이 어떻게 다 지금 익히겠습니까?
뒤에 여러분이 胎 息 孕 育 이렇게 용어를 써드릴까 말까 하다가 일단 제일 크게 이 정도만 정리하셔도 되겠다고 해서 정리를 한 것입니다.
胎라고 하는 것이 기운이 잉태한다. 그다음에 息은 기운이 멈추어주는 것 그리고 孕이 잉태하다고 할 때 孕입니다. 그다음에 기를 育자입니다. 孕과 育이 와서 당판이 만들어지는 것이죠.
그래서 그것이 미세하게 탯줄처럼 얼기설기한 것이 보이는 것이죠. 그러니까 사람의 몸이 길든, 넓든, 좁든지 여인이 수태를 하면 어디에 합니까? 배에 하잖아요.
배에 탯줄을 통해서 결국은 잉태가 되고 아이가 자라나잖아요. 그래서 잉태가 되고 자라나는 그런 것들을 기준으로 당판의 모양을 해석하는 것들도 있습니다.
좋은 당판의 모양을 증거하기 위해서 보는 것이, 꽃을 떠받치고 있는 파란 부분이 있죠? 그런 것을 선익(蟬翼)이라고 하는데 蟬翼이 매미 蟬자에 날개 翼자입니다. 그래서 매미 날개처럼 작은 것을 蟬翼이라고 하고 조금 큰 것을 연익(燕翼)이라고 하는데 제비 날개 있죠? 큰 날개를 일컫는 말이 있는데 생각이 안 나네요.

그림 172)

꽃잎 위에 혓바닥처럼 내밀고 있는 모양을 전순(纏脣)이라고 하는데 纏脣이라고 하는 것이 혓바닥을 의미하기도 하고 요를 펼쳐놓은 모양 같기도 하고 그런 것이 있을 때 이 자리가 정말로 生氣가 결연(結緣)된 그런 자리로서 해석해 주거든요.

일단 여러분이 그렇게 세세하고 복잡한 것은 따로 여러분이 공부를 통해서 따로 정리를 죽 한번 해 보십시오. 어느 날 그 용어를 아는 순간에 좋은 묘터를 구경하러 가면, "아! 이것을 보고 전순(纏脣)이라고 했구나! 이것을 보고 선익(蟬翼)이라고 했구나!" 이것이 눈에 보일 것이라는 겁니다.

그렇게 세세한 부분도 있지만, 일단은 제일 크게 어디에 앉았느냐? 그다음에 이것이 넓으냐? 좁으냐? 이런 것들을 일단 큰 기준으로 한 번 보시라는 것이죠.

1-3. 사세(砂勢), 사신사(四神砂)

四神砂라고 하는 것이 용어는 다 들어보셨지 않습니까?

- 현무(玄武)
- 靑龍과 白虎
- 朱雀, 案山

그림 173)

玄武는 後玄武 즉 좋은 터가 있는 곳의 마지막으로 내려오게 되는 산봉우리다. 물론 그전의 뒤에부터 玄武 작용은 당연히 있죠.

위에서 에워싸고 있는 산 이런 것들이 玄武가 되고 左靑龍 右白虎는 여러분이 워낙 많이 들어서 아실 것이고, 그 장소를 기준으로 해서 뒤쪽 편에 해당하는 산봉우리가 玄武가 되고 앞에 보이는 산봉우리가 朱雀 또는 案山이 되는 것이므로 四神砂가 잘 갖추어져 있느냐를 체크해 보는 것이죠.

기본적으로 四神砂는 주로 어떤 작용을 많이 하느냐 하면 이렇습니다. 소위 풍수라고 하는 것이 藏風 得水라는 것이 藏風을 만들기 위한 조건이 되죠. 氣라고 하는 것이 바람이 불면 흩어지는 것이죠. 바람이 바로 와서 부딪히는 것을 매우 꺼린다고 하는 것이죠.

물을 만나면 氣는 멈추고 즉 계수즉지(界水則止)가 되죠. 즉 물을 만나면 멈추고 바람을 만나면 흩어진다는 것이죠. 그래서 바람을 만나서 흩어지지 않는 조건이 기본적으로 藏風이 되는데 藏風이 되려고 하면 터를 두고 靑龍 白虎 玄武 朱雀이 모양을 갖추고 있을 때에 藏風을 이룬다고 하는 것이죠.

주로 四神砂는 藏風을 만들어주는 기본이 되고 藏風이 잘되면 得水도 쉬워집니다. 물의 흐름도 아주 유리하게 갖추게 되는 것인데 靑龍을 대체로 남자에 배속해서 후손도 주로 남자 후손에게 영향을 많이 주는 인자 이런 것으로 많이 해석합니다.

白虎는 딸, 여자 후손이 영향을 많이 받는 것으로 봐서 그 모양을 보고 후손들에게 일어나는 여러 가지 일들을, 운명적인 기준들을 해석도 많이 합니다.

태크닉한 부분은 그 기준을 가지고 해석을 하시면 되는데 책들을 찾아보시면 여러 가지 사례라든지 이런 것들을 볼 수 있을 것입니다. 靑龍이 빈약하면 대체로 장자 또는 남녀로 치면 남자가 사회적인 번영 이런 것들이 잘 되지 않는 것이죠.

그래서 서울도 마찬가지죠. 경복궁을 중심으로 나오면 左靑龍쪽이 대체로 동대문 쪽이 되잖아요. 조선왕조를 보면 동대문 쪽이 허결함으로써 장자 계승이 잘 되지 않는 것이죠. 그래서 일부러 풍수비보 차원에서 동대문을 흥인지문(興仁之門)이라고 해서 글자 수라도 늘려서 동쪽을, 靑龍을 더 보완하려고 했던 그런 것들이 있는 것이죠.

좌측이 장자 또는 남자 그다음에 오른쪽이 여자 후손 이런 것을 기준으로 나눈다는 것입니다.

主山과 朝山

主山과 朝山은 여러 가지 비교할 것이 있지만, 朝山은 마주 보는 산 있죠? 가까이 있는 것을 案山으로 보지만 앞에 펼쳐져 있는 이런 산들의 모양을 보고, 거느려야 할 대상으로도 보고 그 다음에 손님으로도 보기 때문에 主山과 朝山의 높낮이 즉 높고 낮음, 이런 것들을 해석의 기준으로 많이 삼습니다.

물론 모양을 해석하는 것은 기본이 되는 것이죠. 그래서 主山이 낮고 案山이 너무 높으면 어떻게 되겠습니까? 손님들을 내가 감당을 못하고 내가 거꾸로 손님들을 모셔야 되는 그런 모양이 되겠죠.

主山의 높이와 案山의 높이와의 적당한 조화도가 필요합니다. 그래서 前朱雀이 적당히 높이 되어 있으면 朝山에서 陰宅을 정하는 자리에서 위로 끌어 올려서 하는 것이 표준이고 기준이 되어 있는 것이죠.

주객지유정무정(主客之有情無情)

그림 175)

| 껴안은 모양 | 빠져나간 모양(청룡무정) |

    174번 그림에서 입지를 선정하는 곳에서 산들이 나를 잘 껴안느냐? 아니면 바깥으로 빠져나가 버리느냐? 하는 것에서 빠져나가는 것이 좋을 것 같습니까? 에워싸는 것이 좋을 것 같습니까?

    이렇게 되는 것이 無情입니다. 그러니까 靑龍 無情이 되어 버리니까 대체로 남자 후손이 어디로 가 버립니까? 나와 有情을 잘 유지하지 못하게 되는데 그 四神砂에서 마찬가지로 나를 에워싼 놈이 無情이 되어 버리면 것이 세대가 내려가며 갈수록 그 정도가 심하게 만들어지는 그런 것으로 해석하거든요.

    학생 – 모든 것이 잘 갖추어져 있는데 無情이 되면 안 써야 됩니까?

    선생님 – 다 좋을 수가 없으니까 그것이 환장하는 것이죠.

명당은 가장 이상적인 것을 말하는 것이고 저렇게 有情 無情, 주객이 無情이 되어 버리면 점수가 확 깎여버리는 효과가 생기는 것이죠.

학생 – 좌우를 정할 때 그러면 무덤에서 봐서 좌우를 정하는 것입니까?

선생님 – 그렇죠. 무덤에서 봐서 '청기 올려! 백기 올려!' 그러면 그렇죠? 왼쪽은 靑龍 오른쪽은 白虎 그렇죠. 무덤에서 향을 볼 때 玄武를 등지고 앞을 향해서 볼 때 左靑龍 右白虎 이렇게 보면 되죠.

관쇄(關鎖)

관쇄(關鎖)의 유무인데 關鎖는 이렇게 입구를 닫아주는 모양이냐? 꼭 닫아주는 모양이냐? 關鎖를 얼마나 잘 껴안았느냐? 닫았느냐? 이렇게 보면 되죠. 關鎖가 잘 되어 있는 것이 일단은 기본적으로 좋겠죠. 사실은 四神砂 이것 하나만 가지고도 몇 달 공부를 해야 되거든요. 그래도 개념은 파악하시겠죠?

용혈사수(龍穴砂水) 向이 있죠. 山을 넘어서 水로 갑니다.

1-4. 水勢

혈전(穴前) 수류(水流)

그림 176)

水勢에서 穴前, 穴 앞에 있는 水流가 요렇게(그림참조) 만들어지느냐? 이 앞부분에 물이 흘러가는 것을 말합니다. 혈전수류(龍穴砂水)도 터를 에워싸고 있는 듯한 모양으로 흐르는 것을 기본적으로 좋게 친다는 것입니다.

그림 177)

그다음에 수구(水口)라고 하는 것은 동그라미 친 부분이 水口가 되는 것이죠. 물이 빠져나가는 곳이 되죠.

關鎖가 일차적으로 이루어진 곳에서 빠져나가고 있는 구멍을 水口라고 합니다. 水口砂 이렇게도 표현을 하는데 水口를 간섭하는 砂가 있는데 이것을 水口砂라고 표현을 하는데 水口砂도 종류가 굉장히 많습니다.

그림 178)

鬼山

그것도 귀산(鬼山)이라고 해서 산도 아닌데 그림처럼 옆에 붙어 있는 것들이 있습니다. 저런 것을 일종의 귀산(鬼山)이라고도 하고 水口에 붙어 있는 砂를 水口砂 이렇게 표현을 하기도 합니다.

그래서 水口를 바로 보지 않는 것, 水口不見 또는 破口不見 이렇게 물이 빠져나가는 것을 破口라고 하는데 破口라고 하는 것이 기운이 구멍이 있어야 빠져나갈 것 아닙니까?

그래서 '기운을 깨트리고 가는 구멍' 이런 뜻으로서 破口라고 표현을 하는데 破口를 보지 않는 것, 破口不見의 조건 이런 것들을 좋은 조건으로 치고 빤히 물이 떠나가는 것을 보는 것을 매우 꺼린다고 보면 되죠.

외수(外水), 내수(內水)

外水의 모양과 內水의 모양.

그림 179)

밖에는 그림과 같이 물이 또 흘러가고 있더라는 것이죠. 안에 있는 것이 內水, 밖에 있는 것이 外水가 되거든요. 그래서 대체로 內水, 外水가 대체로 逆勢 즉 거꾸로 만나는 것을 대체로 더 좋게 친다고 보면 됩니다. 內外水流가 逆勢하는 것을 더 좋은 것으로 친다는 것입니다.

그림 180)

12. 사주와 풍수와의 관계 • 47

이렇게 부딪혀서 逆勢가 되는 그 안쪽의 부위를 더 좋은 지역으로 터로 해석한다는 것이죠.

그림 181)

이렇게 되면 逆勢가 아니라 順勢가 되어 버리는 것이죠. 이런 것은 오히려 점수가 깎여 버리는 것이죠. 內水와 外水의 흐름, 방향 이런 것들도 해석의 기준으로 삼는다 하는 것이죠.

학생 – 바라보는 물길이 바다로 되어 있는 경우도 있잖이요. 그렇게 바다를 빤히 바라보고 있는 것은?

선생님 – 기본적으로 藏風局이 잘 안 되어 있는 것으로 보는 것이죠. 물에 의해서 에워싸여져 있는 것이니까 바다를 빤히 바라보는 것은 得水는 되어 있겠죠?
물이라고 하는 것은 기가 빠져나가지 않게 하는 경계가 된다고 했기 때문에 기가 빠져나가지 않는 측면에서는 좋은데 바로 바다를 바라보면 바람이 멈추지를 않잖아요. 그러면 바람에 의해서 기가 흩어지는 것이니까 그래서 빤히 바다를 바라보는 자리 중에서 좋은 터가 그렇게 많지 않다고 보시면 됩니다.

관쇄(關鎖)

그림 182)

　이렇게 되는 것도 물에 의한 關鎖가 되는 것이죠. 물로 에워싸버리니까 水勢에 의한 關鎖가 되는 것이죠. 저것이 일반적으로 陰宅이나 陽宅을 정할 때뿐만이 아니고 상가라든지 이런 입지를 정할 때 도로에서 물이 흘러가는 것 있지 않습니까?
　도로에서 물이 흘러가는 모양을 보고서 "아 이것이 물에 의한 關鎖가 되었구나! 안 되었구나!" 이런 것들도 따져 볼 수 있는 중요한 기준인데 사실은 장사 집에 제일 중요한 것은 水流입니다.
　개운법에서도 끝없이 물의 흐름을 강조했지만, 물이라고 하는 것은 결국은 재물의 흐름이거든요. 재물의 흐름이 결국은 빠져나갈 것이 없이 에워 싸주고 있는 것, 그런 모양을 하고 있는 것이 소위 좋다는 것입니다.
　별로 밥도 맛이 없는데 손님이 번호표 뽑고 기다리고 있는 것 있지 않습니까? 10 케이스 중에서 사실은 8~9케이스는 전부 사실은 터가 좋습니다.
　밥장사 잘되는 집이 있죠? 그런 곳에 가보면 맛은 고만고만

한데 어차피 마법의 가루가 있기 때문에 맛은 걱정할 필요가 없습니다. 마법 가루의 비율과 소스 가루의 비율 이런 것인데 결국은 터 빨이더라는 것입니다. 터 빨이 그만큼 중요하더라는 것입니다.

■ 수류(水流) 곡직(曲直)

도시 환경에서는 水流 曲直이 많지는 않지만, 直流보다는 曲流가 좋다는 뜻이고 터널도 개통하면 직선으로 갈 수 있는 구조가 제일 경제성이 좋지 않습니까? 그럼에도 불구하고 터널도 약간 휘어놓았잖아요.

이것이 교통안전 측면에서 입구가 보이면 죽어라 밟거든요. 입구가 안 보이면 빨리 못 가거든요.

曲流라고 하는 것이 적당히 기운의 소통을 제어해주면서 생기를 몰고 나니는 모양으로 본다는 것이죠. 그래서 터널도 약간씩은 휘어지게 만들어서 하는 것이죠.

水流에서도 마찬가지로 水流曲直에서 약간씩 휘어진 그런 모양으로 가는 것을 좋게 친다는 것입니다. 그것은 평면상으로 봤을 때 曲直이고 경사지 같은 경우에는 물이 빨리 흐르잖아요. 물이 빨리 흐르는 것도 완만하게 흐르는 것 보다는 수류의 흐름이 유리하지 못하다고 보는 것입니다. 완만하게 흘러가는 것이 더 좋다는 것이죠.

水流 有情, 無情

水流의 有情 無情은 도로를 전부 무엇으로 보시면 되느냐 하면 물길로 보면 됩니다.

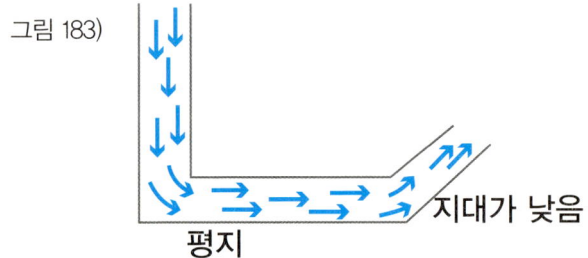

그림 183)

빗물이 흐르면 그림과 같이 흐르는 구조로 흘러서 터를 에워 싸는 구조 그다음에 완전히 껴안듯이 가는 구조는 굉장히 좋은 조건, 유리한 조건 이런 것들을 얻는 것이라고 보면 되죠.

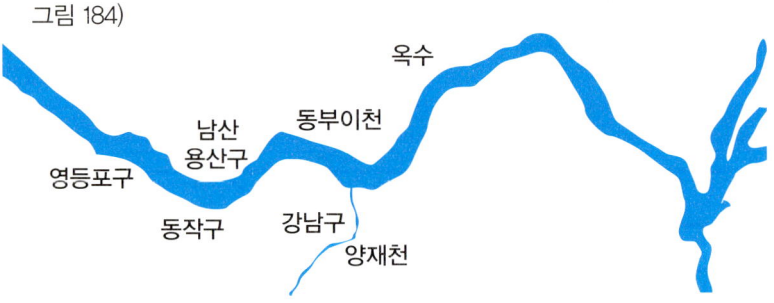

그림 184)

여러분이 서울시 지도를 놓고 강남구를 보세요. 양수리의 물이 모여서 도곡동 그쪽부터 옥수동의 맞은편부터 해서 들어오잖아요.

영등포 위의 지역이 강서지역도 되고 목동이죠. 영등포와 옥수동 맞은 편부터 사이에 여의도 그리고 더 와서 남산지역에 용산이 있고 동부 이촌, 강남, 금호, 옥수가 되죠.

물이 양재천에서 빠져나와서 남한강 북한강 양수(兩水)가 모이잖아요. 양수가 와서 그림과 같이 우수(右水, 右手)로 나를 껴안고 가잖아요. 기왕이면 껴안아도 왼손으로 껴안는 것보다 오른손으로 껴안는 것이 좋습니다. 전기가 잘 옵니다.

공부가 되실 것 같아 설명해 드리는 것인데 좌수보다는 우수를 더 좋게 친다는 것입니다.

아까 左靑龍 右白虎에서 남성 여성으로 치면 좌청룡이 남성, 右白虎가 여성으로 치고 좌청룡은 대체로 명예나 인덕, 白虎는 재물 그러면 左手는 주로 명예, 右手는 주로 재물이 되니까 강남은 右手가 껴안고 가잖아요. 이렇게 먼 곳에서 합쳐진 물이 껴안고 가는 이런 모양이 되죠.

학생 – 강북보다는 강남이 더 돈에 관련해서는 유리한가요?

선생님 – 한남에서 보면 左手잖아요. 그러니까 좌측에서 껴안는 것하고 강남에서처럼 우측에서 껴안는 것과 다르잖아요.

이것은 큰 그림이고 작은 그림으로 여러분이 상가 같은 것을 보실 때 물이 앞 통수가 보이느냐? 뒤통수가 보이느냐? 그 이야기 기억이 나시죠?

사실 여기에 있는 龍은 이미 대도시에 龍은 이미 형성이 되어 있다고 보시면 되고 사세도 일정수준 이루어져 있다고 보죠. 우리가 일할 때 제일 많이 쓰이는 것은 水流입니다. 水流는 도로의 흐름인데 도로의 흐름에서 물을 사람으로 생각하셔야 됩니다.

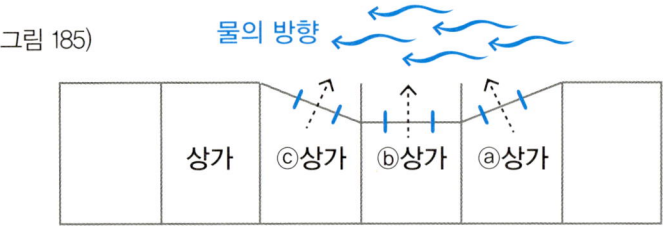

그림 185)

상가들이 이렇게 있다고 하면 물이 사람이라고 친다면 그림의 물의 방향처럼 걸어가겠죠. 그림은 위에서 본 것입니다. 상가 내에서 바로 볼 때 ⓐ상가처럼 생긴 상가가 있고 ⓑ같은 상가와 ⓒ같은 상가가 있다고 하면 가운데 문이 있다고 친다면 ⓐ상가에서는 문밖으로 보면 지나가는 사람의 어디를 주로 많이 보게 됩니까? 뒷면을 많이 보게 되겠죠?

아까 水口 破口 하는 부분이 있나요? 破口를 보는 것과 같은 효과가 생긴다는 것입니다. 그대로 돈이 살살 빠져나가서 다 빠져나가서 빈손을 털고 나온다고 보면 되죠.

ⓑ상가는 옆면만 주로 보는 것이니까 득실이 시기에 따라서 왔다 갔다 한다는 것입니다. ⓒ상가는 항상 앞을 보게 되는 것이죠. 앞 통수를 보게 되고 사람이 바로 가게의 정면에 서 있을 때는 뒤쪽을 바라볼 수가 없잖아요. 그러니까 뒤통수를 볼 일이 없다는 것입니다.

그래서 어느 집에 돈이 들어오느냐 하면 ⓒ상가의 집에 돈이 들어온다는 것입니다. ⓐ상가는 망할 집이 되는 것이고 ⓑ상가는 망할지 흥할지 그 가부가 명확하지 않은 집이다.

학생 – 저 ⓐ상가를 버리고 옮길 수 없지 않습니까? 그것을 바꿀 수 있는 형태는?

선생님 – 그림과 같이 우에서 좌로 물길이 흘러가는 것이라면 ⓒ의 형태로 ⓐ를 바꾸어야 되는 것이죠. 바로 이 동네 위 사직동 상가들 가서 보세요.
 장사가 되는 집, 안 되는 집 한눈에 보면 손님 쪽수 많은 집이 있고 없는 집이 있잖아요. 그것을 서서 입구에서 보면 물은 저쪽에서 이쪽으로 향해 흐른다. 그런데 내가 물이 오는 쪽을 바라보고 있는지 뒤통수를 바라보고 있는지 이것만 가지고 여러분이 나누어 보시라는 것이죠.

학생 – 문을 열어 나오는 방향으로 봐야 됩니까?

선생님 – 기본적 가게의 구조의 형태인데 이것을 인테리어로 어느 정도 커버가 가능하기는 합니다. 각을 주어서 ⓒ상가처럼 바라볼 수 있도록 하는 것이죠. ⓒ는 항상 오는 물만 바라보잖아요.

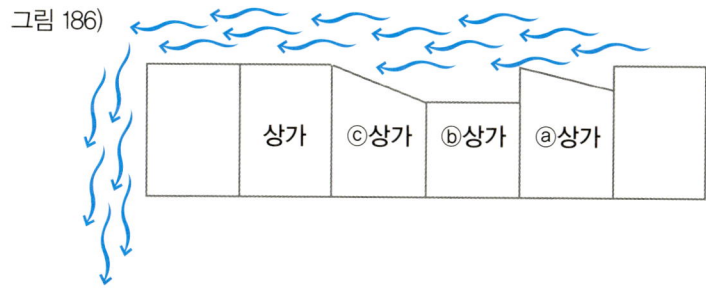

그림 186)

그런데 그 동네 상권이 그림과 같이 물길이 되어 있더라면, 물이 전체를 감고 도니까 어바리도 대충 돈을 버는 것이죠. 그러면 이 동네가 상권이 수유정(水幽亭)이라는 것입니다.

학생 - 그런데 지대가 저쪽이 높지만, 상가들이 예를 들어서 벽 밑에 있을 때 위에 그려놓은 곳은 지대가 높고 뒤쪽이 지대가 낮으면 그때는 어떻게 씁니까?

선생님 - 뒤쪽에 있는 상가들이 낮아도 어차피 도로가 있을 것 아닙니까?

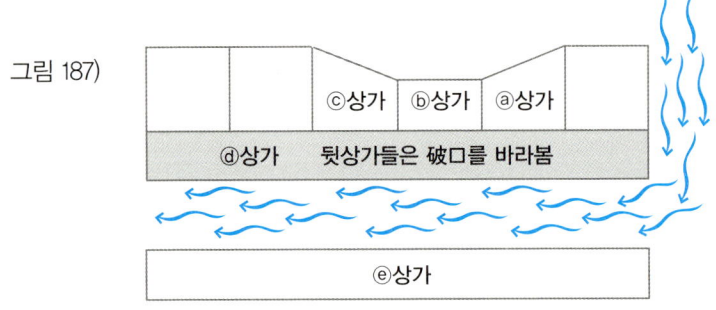

그림 187)

물길이 그림과 같이 될 것 아닙니까? 뒷집을 이야기하는 것이잖아요. 이것이 破口모양이 되기 쉬운 것이죠. 뒤 라인은 물이 자꾸 떠나잖아요.

학생 - 그리고 그다음 라인은 보는 쪽이 되는 것이고?

선생님 - 그렇죠. ⓔ라인은 보는 쪽이 되는 것이죠. 이것이 보입니까?

학생 – 이차선이 있으면 차가 가는 방향이 있고, 오는 방향이 있는데요?

선생님 – 그것은 상관하지 마세요. 도로 위의 오토바이든 탱크든 무엇이 다니든 상관이 없고 비가 왔을 때 빗물이 어디서 어디로 흐르느냐가 水流가 되고 그것을 모르겠으면 물이 흘러가는 구멍이 있습니다. 구멍을 향해 물이 흐를 때 보면 기본도로의 높낮이가 만들어져 있으니까 어느 쪽으로 흐르는지 보인다니까요.

이것이 완전히 수평이 될 수가 없거든요. 그러니까 빗물이 빠지는 것이죠. 물이 빠지지 않는 땅은 있을 수가 없잖아요. 안 빠지면 거기가 다 저수지가 될 것 아닙니까?

학생 – 상가뿐만이 아니라 집도 마찬가지입니까?

선생님 – 마찬가지입니다. 집도 마찬가지입니다. 돈 되는 집, 안 되는 집 그래서 적어도 여러분이 일반 풍수에서 중요한 어떤 논리로서 水流의 흐름은 정말로 중요하게 봐야 된다는 것이죠.

학생 – 六害殺 출입구하고는 또 전혀 다르네요?

선생님 – 개념은 전혀 다르죠. 六害殺 개운법은 주로 이것은 人氣중심이잖아요. 앞의 水流는 物理的財物 기운이 됩니다.

오래 머무르는 것을 전제한다면 物理的 財氣가 깔리는 곳에 가서 지내야 되는 것이고 동일한 조건이라고 하면 人氣를 끌어올릴 수 있는 방향으로 가는 것이 정답이라는 것입니다. 여러분이 이렇게 안목을 얻는다는 것 자체가 중요합니다.

명절 전후에 딸과 함께 밥을 먹으러 갔는데, 딸이라도 1년에 밥을 3~5번밖에는 못 먹습니다. "가자, 밥 사줄게." 해서 인터넷에 맛집 검색을 해서 어디 맛있다고 해서 가보니까 정말로 손님이 많은 것이에요. 추석 다음 날인가 갔는데 표를 뽑고 한 40분을 기다렸다니까요.

"이 집에 왜 손님이 많은 줄 아나?"

"왜요?"

"봐봐라. 산에서부터 물이 내려와 이 집을 향해서 오제?"

그림 188)

이렇게 생긴 곳에 있는 것입니다. 그리고 뒤에 가게에 샵 shop이 하나 있는데 거기에는 그림과 같이 입구가 나 있는 것입니다. 이곳은 레스토랑 비슷한 곳이고 가게는 한식집인데 여러 군데의 것을 하는 것이고 그래서 원리를 가르쳐주었더니 금방 물리를 깨우쳐 버리더라는 것이죠.

"그럼 아빠, 저 집은 장사가 안 되겠네?"

"큰일 났다. 경쟁자가 생기겠네!"

결국, 물의 흐름을 재물의 흐름으로 인해서 제일 먼저 보는 것인데 정통 풍수개념에서 훈련이나 공부를 조금 하면 훨씬 더 미세하게 보는 기준들을 가지게 된다는 것이죠. 실제로 현장에서 써먹는 것은 저런 부분에서 거의 절반 이상이라고 보면 됩니다.

학생 – 도로가 일단 왼쪽에서 껴안아도 일단 껴안아야 되는 것이네요.

선생님 – 무조건 껴안아야죠. 남자가 여인을 왼손으로 껴안든 오른손으로 껴안든 껴안아 주면 조화가 일어난다는 것이죠. 대신에 이것이 오른손으로 껴안으면 재물을 조금 많이 주는 남자가 되는 것이고, 왼손으로 껴안아주면 사랑을 많이 주는 남자가 되는 것입니다.

양손으로 껴안아주면 돈도 주고 사랑도 주고 그것이(그림 182번 풍수그림) 이것 아닙니까? 左右手가 다 안아주고 묘 앞에서 한 번 合水를 한 다음에 그림과 같이 빠져나가고 外水는 逆勢를 해서 거꾸로 다시 한 번 껴안아주고 이런 것은 이상적 컨디션을 의미하는 것이고 여러분들은 이것을 통해서 "무엇이 기준이구나! 무엇을 봐야 되겠구나!" 하는 것을 파악하시라는 것이죠.

학생 – 그러면 예를 들어서 길거리를 걸어갈 때 사람들을 관찰하면 남자들이 오른손으로 여자를 안고 가는 사람이 있고 왼손으로 안고 가는 사람이 있는데 그것이 다릅니까?

선생님 – 연애 중에는 의미가 다르겠죠. 결혼 이후에는 항상 남자의 좌측에 배치해서 합장할 때도 남자의 좌측에 관을 두거든요. 연애 중에는 오른손으로 여인을 껴안아주는 것은 주로 현실, 재물, 현금 박치기가 되고 왼손으로 껴안아주는 것은 "내 마음 알제?" 하는 것이죠.

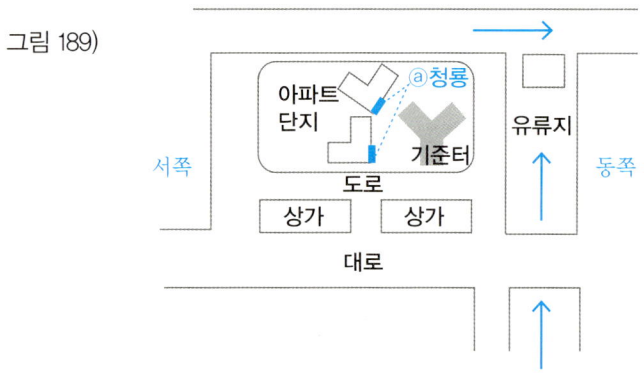

그림 189)

학생 – 화살표 방향은 물이 흐르는 방향인데 위쪽이 북쪽이고 그림 오른쪽이 동쪽입니다. 아파트 단지에 삼각형 모양으로 되어 있는 것이 제가 사는 아파트인데 1호, 2호, 3호가 그렇게 되어 있습니다. 그것을 제가 약간 삐딱하게 그렸는데 실제로 보면 攀鞍殺 방향으로 정 방향으로 되어 있고 창문으로 보면 天殺 쪽으로 유리창을 쏘면 뚫고 나갈 정도로 되어 있는 상태입니다.

아파트 단지에 위치하고 저의 집의 방향하고 저렇게 되어 있으면 안 좋다고 하셨거든요.

선생님 – Y자 저런 구조 자체가 일자형 구조에 비해서는 점수가 떨어지는 것은 맞죠. 요즘은 투베이도 있고 쓰리베이도 있기는 한데 맞바람 치는 구조를 떠나서 이런 구조들이 약간 약점은 있습니다.

저런 구조물에 살면서도 이제 길흉의 뒤섞임이 유별나게 유의성을 띄지 않는 이유는 여러 사람들이 모여서 거기서 밥 먹고 싸고 함으로써 어느 정도 극복이 되는데, 풍수의 1대 원칙이 무엇인지 아십니까?

비좁은 곳에 가솔이나 인구가 많으면 반드시 그것은 凶地로서의 기운을 벗어나 좋은 터로서 활용이 된다는 것입니다. 그렇게 수많은 사람이 오줌 누고 뭐를 싸고 하면서 그 氣를 커버를 하고 있다고 보면 됩니다.

전체 형국으로 본다면 동서수라고 하거든요. 서래동류(西來東流)라고 하거든요. 그리고 남쪽에서 물이 흘러와서 북쪽으로 흘러가는데 대체로 재물의 유리함은 주로 터 자체로서는 東西水를 조금 더 좋게 해석을 하는 것이죠.

물론 주변의 산이라든지 건물 이런 것이 조금 가깝게 있든지 아니면 먼 곳이라도 당연히 산이 있겠죠. 아니면 먼 곳에 물이 빠지는 곳이 있겠죠. '물 빠지는 곳이 어디가 높고 어디가 낮다.' 이런 것을 기본적으로 참작해서 水流를 파악해야 되겠지만 이 정도의 조건 같으면 비교적 단점이 몇 군데 있기는 하지만 그래도 평균적인 수준보다는 나은 모양이라고 보면 됩니다.

학생 – 지금 표시되어 있는 아파트 단지를 중심으로 보는 것입니까?

선생님 – 아파트 단지 내에 비슷한 단지들이 있을 것인데 이런 것들이 질문자 집터를 기준으로 건물로서 靑龍 白虎가 되느냐? 안 되느냐? 따지기는 합니다.

예를 들어서 서쪽이 높다고 합시다. 서쪽에 산이 있으면 서쪽이 높겠죠? 그렇다면 ⓐ의 지역을 玄武로 봐서 빨간 부분을 靑龍으로 봐서 해석을 해주기도 합니다. 그 단지 안에서도 조금 더 위치가 좋은 자리 이런 것들을 기본적으로 분류를 하죠.

앞동 뒷동이 중요한 것이 아니고 앞동 뒷동은 당연히 있을 것인데 높은 곳을 중심으로 해서 배산(背山) 그렇죠? 산을 등지고 임수(臨水)를 해서 제일 큰 표준 이것에 의해서 뒤에 있는 건물을 玄武, 좌우에 있는 것을 靑龍 白虎, 앞에 있는 것을 朱雀 案山 이렇게 기준을 두어서 보는 것이고 그다음에 여기에는 제목을 달아 놓지 않았지만, 사실은 四神砂 부분에서 다루어야 되는 것이 鬼山 같은 것이 있습니다.

그다음에 岩石의 해석을 일반 풍수에서 陰宅을 잡을 때는 岩石의 모양을 상당히 관찰합니다.

岩石의 모양이 삐죽삐죽 솟아있는 이런 모양들이 가까우냐? 멀리 있느냐? 하는 것이죠. 遠近이죠. 그래서 靑龍과 白虎에 있는 저런 암석류가 이렇게 삐죽한 것이 가까이 있으면 일종의 殺星으로 봅니다.

殺星으로 보기 때문에 가까이 있어도 약간 둥그스름한 이런 바위가 나와 있다고 하든지 또 바위가 단단한 것이 아니고 사람들이 밟고 올라서면 약간씩 벗겨지는 그런 암석류일 경우에 대체로 조금 더 좋은 쪽으로 해석을 해주고 그것이 아니고 뚜렷하게 기암괴석이 바로 가까이 있는 것을 꺼리는데 현대의 구조물에서 아파트도 사실 옆에 있는 건물들이 암석류 효과가 발생한 다는 것입니다.

모양 중에서 꺼리는 것이 무엇이냐 하면 건물의 끝이 모가 지죠. 모가 진 부분이 바로 찌르는 모양 이런 것들이 일반 풍수 이론에서 암석류가 솟아서 殺星을 주는 이런 것으로도 보거든 요.

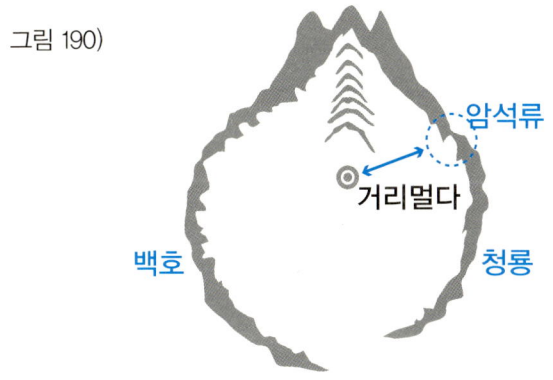

그림 190)

靑龍 白虎가 있어서 명당이 있다고 친다면 오른쪽에 岩石이 있는데 이것이 거리가 멀다면 이런 것이 도리어 어깨에 거는 견 장으로 봅니다. 어깨에 거는 견장으로 봐서 靑龍이 있다든지 아 니면 白虎에 있다든지 하거나 靑龍에 있는 암석은 권세가 되기 도 합니다. 물론 거리가 멀 경우입니다.

상당히 기세가 있어 보이는 바위라도 그것이 거리가 있으면 즉 멀게 느껴지면 그것은 오히려 권세가 되는 것이죠. 일종의 총과 칼을 집을 수 있는 어떤 권리와 같은 것입니다.

학생 – 저 멀리 보이는 것 말씀이죠?

선생님 – 그렇죠. 그것은 청와대와 너무 가까이 있어서 단점이 있다고 보는 것입니다. 遠近이라고 하는 것이 그런 것입니다. 그래서 가까이 있으면 총과 칼을 집을 수 있는 권리로서 작용하지만, 그것이 거꾸로 되는 순간에 내가 당하는 것이 되잖아요.

그래서 그런 것들의 관찰을 통해서 일반 풍수에서는 해석하는데 이 아파트 그림처럼 여기에서도 마찬가지로 건물의 모서리 이런 것 있지 않습니까? 옆 건물의 모서리 이런 것이 우리 집 베란다를 찍고 있다면 이런 것들은 굉장히 조심해야 됩니다.

지구라고 하는 덩어리 자체가 미세하게 진동을 하면서 엄청난 공전 궤도를 가지고 엄청난 속도로 움직이고 있거든요. 그러니까 이것이 미세한 움직임이 있다는 것입니다.

그러면 그를 때에 악기를 켜면 악기에서 발생하는 공기의 공명처럼 건물도 미세하게 흔들리면서 아이들 만화를 보면 "레이저 발사!"하면서 '〉〉〉〉〉〉' 이런 것이 날아가잖아요.

그런 진동이 끝없이 조성해서 끝쪽의 건물에 와서 처박는데 주로 경험을 많이 해보면 교통사고 같은 것을 제일 많이 볼 수 있습니다. 모서리가 자기 베란다라든지 창을 통해서 그대로 찍고 있는 이런 구조가 그런 효과가 발생하는 것입니다.

그런 것만 없어도 워낙 여러 사람이 모여서 사니까 복합구조가 되어 있죠. 그런 것만 없어도 심한 단점은 또 피한 것으로 보는 것이죠. 옛날 전통적인 표준 이런 것을 보면 단점이 많기는 많습니다.

단점이 많기는 한데 그래도 우리가 최대한 꺼리거나 피해야 되는 정도는 없는 곳으로 주거나 입지로 정하는 것이 좋겠다고 하는 것입니다.

학생 – 그림에서 상가의 위치는 좋은 것이 아닌 것 같네요.

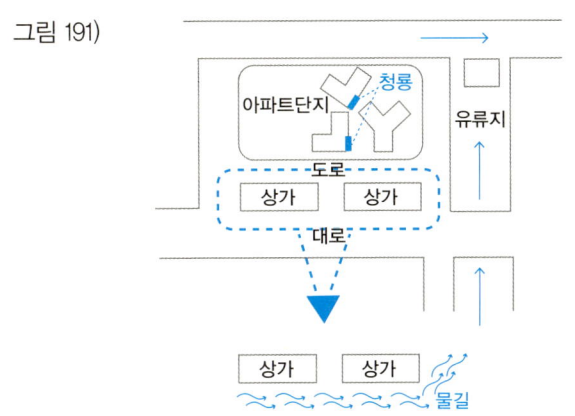

그림 191)

선생님 – 상가는 그림에서 사선이 그어진 이런 쪽이 점수가 더 잘 나오겠죠. 물론 물길이 그림처럼 흘러간다고 할 때 이런 모양이면 東西 水가 되잖아요.

南北 水, 東西 水 이렇게 크게 나누는데, 東西 水가 대체로 재물에 대해서 유리하죠. 물 기운이 그림과 같이 흘러가잖아요. 그러면 우수(右水)가 만들어짐으로써 水 有情이 되니까 오른쪽이 有情이 되지 않습니까?

저 정도로 모든 것을 평면도에서 판단하기에는 힘이 들고 현장에 가서 단점이 없는지 살펴볼 필요가 있죠.

학생 – 개운법 같은 것이 없습니까?

선생님 – 그래서 나온 것이 무엇이냐? 여인들이 관속에 들어갈 때까지 절대로 손에서 놓으면 안 되는 것이 있습니다. 거울입니다. 그래서 아이들이 '반사' 이러잖아요.

"너 너무 못생겼다." 그러면 "반사"하잖아요. 그래서 반사 속성을 많이 유도해 주는 것이 볼록거울이 됩니다. 기운이 오면 분산시켜 버리는 그런 작용을 한다고 봐서 예를 들어서 우리 집 베란다에 옆 건물의 모서리가 찍고 있는 모양이라고 하면 볼록거울을 하나나 두 개 정도를 둠으로써 거기서 발생하는 기운을 흩어버리는 그런 작용을 하죠.

학생 – 모서리가 보이는 각도에다가 볼록 거울을 두는 것인가요?

선생님 – 그렇죠. 不見처리하는 것이죠. 전통풍수에서는 주로 不見처리를 많이 하죠. 안 보도록 하는 것. 나무에는 수분이 있기 때문에 그런 기운이 계속 형성이 되어도 그것을 완충하는 작용이 발생하는 것이죠.

그런 경우에 나무 같은 것을 두거나 어항을 두어서 그런 진동을 완충시켜주는 방법도 있습니다.

학생 – 어항은 어느 쪽에 놓습니까?

선생님 – 어항은 실내풍수 이런 것에서 대만이나 홍콩에서 九星學的인 기준으로 하는 것 중에 현공풍수(玄空風水)라든지 九星學 이런 것에서 많이 다루기는 합니다.

학생 – 잘못 두면 오히려 안 좋을 수도 있다고 하던데요.

선생님 – 그렇죠. 대체로 좋고 유리한 곳에 두는 것을 풍수에서 좋은 방법으로 채택을 해주는 것이죠. 그래도 관리할 필요도 없고 일단은 '반사'가 시원찮아요. 나무는 물을 주어야 되고 그렇죠? 어항은 물을 갈아야 되고 귀찮죠.

水流의 有情 無情 이런 것들이 굉장히 중요한 기준이 되니까 여러분이 실제로 그런 부분에 대해서 팔자에 있는 운만 보지 말고 현장을 봐 달라고 했을 때 현장에서 제일 중점으로 볼 부분이 그런 水流라는 것입니다. 도로는 전부 다 물길로 보라는 것이죠.

평평한 땅도 다 물로 봅니다. 金海 平野라고 하잖아요. 평야가 길게 펼쳐져 있는 것도 바다로 본다는 것입니다.

학생 – 재물과 건강의 두 가지 측면을 봐야 되겠네요?

선생님 – 제일 영향을 많이 주고받는 것이 재물과 건강이죠. 그래서 여러분이 이런 기준점을 가지고 옛날 전통 풍수지리 책을 보든지 아니면 가상학 이런 것을 봤을 때 이런 것은 어떤 것을 기준으로 했구나 하는 것을 알고 책을 읽어야 여러분이 쉽게 습득할 수 있고 또 현장에서 써먹을 수 있다는 것이죠.

龍穴砂水는 대체로 形氣論的인 형태가 만들어내는 기운 중심의 논리가 되고 그다음에 向은 주로 坐向論이라고도 하고 이 形

氣論的인 것에 대비적으로 써서 理氣論 이라고 합니다.

풍수책을 보시면 두 가지를 다 언급하고 있는 책도 있지만 形氣論 중심으로 많이 다루는 책이 있고 理氣論중심으로 많이 다루고 있는 책이 있다고 보시면 됩니다.

形氣論은 이런 龍穴砂水라고 하는 것이 기본적으로 표준이라고 하면 形氣論에서 조금 더 龍穴砂水의 어떤 조건이 잘 안 갖추어진 것까지 해서 소위 에너지나 氣가 몰리는 곳, 파워포인트를 찾는 논리로서 形氣論속에서는 이런 龍穴砂水에 의한 소위 形勢論이죠.

그래서 '形勢가 어떠하다.' 하는 것이 있고, 그다음에 形局論이 있습니다. 形局이 사람, 동물, 여러 가지 사물 이런 것들에 비유해서 거기에서 에너지가 가장 많이 모인다고 생각되는 곳을 소위 명당으로 채택을 해주는 원리가 形局論입니다.

예를 들어서 옥녀단장형(玉女端粧形)이다. 그러면 玉女라고 하는 것은 形勢論에서는 이것이 소조(小祖)냐? 대조(大祖)냐? 중조(中祖)냐? 이런 기능적인 명칭을 표준화한 것이라고 하면 이것은 실제 생긴 모양을 그대로 부르는 것입니다.

그림 192)

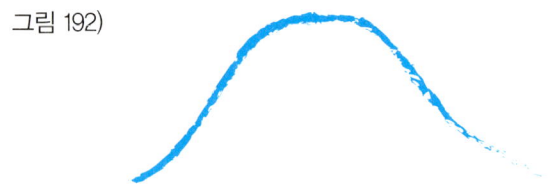

그래서 봉긋하고 예쁘게 생긴 모양의 산을 주로 玉女에 비유한다는 것입니다.

그림 193)

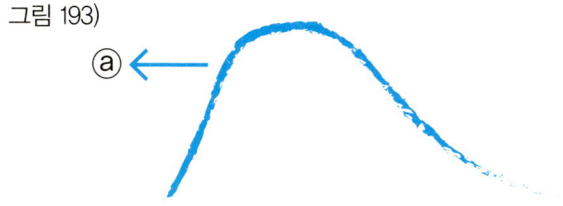

 玉女가 가만히 있지 않고 한쪽으로 살짝 기울어진 모양이라면 그림처럼 되어 있으면 ⓐ의 방향을 바라보고 있는 모양이 되죠?

그림 194)

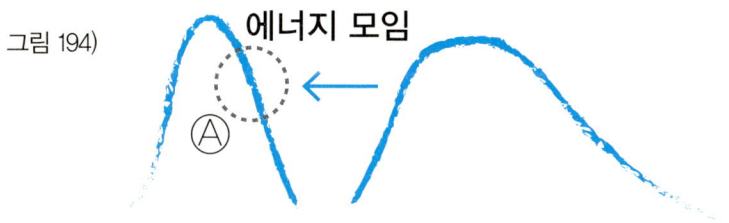

 그런데 맞은 편에 Ⓐ와 같은 산이 있다고 하면 이것은 거울이 되잖아요. 玉女가 거울을 바라보고 단장을 하는 모양이라는 것이죠. 그러면 玉女가 뚫어지게 쳐다보는 곳에 에너지가 모이겠죠?
 그림에서처럼 특정한 곳에 에너지가 모임으로서 갖추는 것을 채택하는 이런 것입니다. 앞에서 말한 표준적인 龍穴砂水가 잘 갖추어지지 않았지만 그림의 위치에 에너지가 모인다고 보고 채택을 하는 것이 보통 形局論的인 이해가 되는 것이죠. 그래서 거기에는 엄청나게 종류가 많습니다.

그림 195)

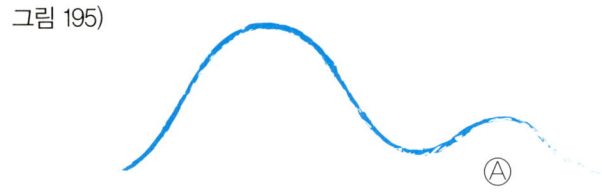

　옥녀탄금형(玉女彈琴形)은 玉女山에 Ⓐ와 같은 산이 붙어 있다. 玉女가 가야금을 뜯고 있는 것이죠. 그 당시에 인식의 기준이 거문고하고 가야금하고 있잖아요. 玉女彈琴을 하고 있는데 그 산 밑의 마을 이름은 美音洞 이라는 것이죠.
　그래서 玉女彈琴形 밑에 있는 그 마을은 아름다운 소리가 들린다고 해서 美音洞이라는 것이죠. 우리가 쓰고 있는 지명의 대부분이 10개 중의 8개는 거의 다 풍수 명칭입니다.
　釜山에서 釜가 무엇입니까? 가마를 걸어 놓는 산모양으로서 금정산, 황령산 그리고 동아대학교 뒤에 있는 승학산인데, 승학산에서 구봉산까지 내려와서 앞의 큰 세 개의 산이 솥을 걸어 놓는 역할을 하고 있는 것입니다. 그래서 가마를 받쳐놓는 그런 일을 하고 있어서 가마산이잖아요.
　승학도 탈 乘자에 학 鶴자 이거거든요. 신선이 학의 등을 타고 있는 모양입니다. 그래서 선인 승학형(仙人乘鶴形)에서 승학산이라고 하는 것이 나오는 것입니다.
　산 이름이 대부분 다 그렇습니다. 그래서 그런 것을 가지고 풍수를 설명하는 책들은 어떤 것입니까?
　形氣論에서 形勢가 아니고 形局論을 말하고 있는 것이라는 겁니다. 그것이 어디에 속해있는지 알면서 책을 읽으셔야 되는 것이죠.

形局論을 보면 표현들이 정말 희한한 것이 많이 있습니다. 금계포란형(金鷄抱卵形) 이런 것은 많이 들어보셨지 않습니까? 金鷄가 알을 품고 있는 자리 이런 것이죠. 그런 것이 전부 다 形局論的인 표현이거든요. 그러면 그 자리에 무엇이 핵심입니까? 알이 놓인 자리가 되는 것이죠. 그런데 사실은 알이 놓인 자리는 形勢論的인 입장에서는 그것이 와혈(窩穴)이라는 것이죠. 그림 165와 같이 되어 있는 와혈(窩穴)이라는 것입니다.

形勢論的으로 와혈(窩穴)이 되는 것이고 形局論的으로는 금계포란형(金鷄抱卵形)이 될 수도 있는 것이고 그렇죠? 여러 가지가 될 수 있는 것입니다.

그 차이점을 무엇을 기준으로 해서 논리가 전개되고 있다는 것을 여러분이 아시면, 形局論的인 파워포인트, 形勢論的인 표준에 따른 파워포인트 이런 것들을 구별해 낼 수 있다는 것입니다.

관심을 두고 **공부를** 하려고 하면 왜 수업을 하느냐 하면 이미 우리 앞의 수많은 풍수나 지관의 일을 했던 분들이 다 웬만한 자리에 써놨단 말입니다.

저것을 보고 왜 저것을 썼을까를 생각해 보면 '저것은 形勢論的으로 무엇이 빼어나기 때문에 채택했구나!', '저것은 形局論的으로 저런 끝자락에 썼구나!' 알 수 있는 것이죠.

그러니까 이런 것이죠. 갈마음수(渴馬飮水穴) 즉 목마른 말이 물을 마시러 왔으면 에너지가 다리에 와 있어요? 주둥이에와 있어요? 주둥이에다가 파워포인트로서 채택해준다는 것이죠.

그런데 四神砂가 뚜렷하지 않다는 것입니다. 靑龍 白虎 朱雀

이런 것들이 뚜렷하지 않은데 목마른 말이 목에 얼마나 갈증이 나겠느냐? 그 주둥이가 에너지가 모여 있는 곳이니까 그것을 채택해 주는 원리가 形局論的인 이해가 되는 것입니다.

1-5. 향(向)

좌향(坐向)

坐向論하고 理氣論하고 거의 비슷한 개념으로 보면 되지만, 엄격하게 따지면 사실은 차이가 있는데 비슷한 개념으로 봐도 좋고 결국은 坐에서 坐向이라는 것이죠.

坐는 내가 앉아 있는 것이고 向은 내가 바라보고 있는 것이거든요. 앉아 있는 곳과 바라보는 곳 이렇게 해서 坐하나만 정해도 向은 저절로 정해진다는 것이죠.

坐가 北坐라고 하면 向은 南向이 되는 것이죠. 그래서 보통 남향집, 서향집 이런 표현을 하지 않습니까? 向을 써도 坐는 저절로 나오는 것이고 반대가 坐가 되니까 알 수 있죠. 坐向論에 관련된 여러 가지 이론들이 있습니다.

학생 – 베란다 쪽이 向이 되겠네요?

선생님 – 현대의 주거환경과 과거와는 워낙 패턴이 다르니까 아직도 이론이 조금 분분한 부분이 있습니다.

그림 196)

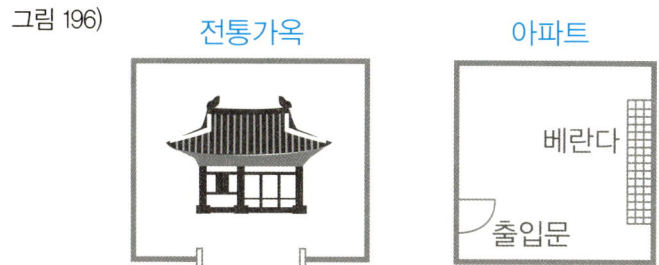

전통가옥은 이렇게 대문이 있음으로써 대문이 가리키는 방향이 向이 되는 것이니까 그것을 정하기 어렵지 않은데 현대에는 베란다가 이쪽에 있고 출입구는 다른 쪽에 있잖아요.

대체로 아시아권에서 풍수를 연구하시는 분들의 중론이 대체로 向을 조금 더 우선해서 '탁 트여서 공간이 비어서 바라본다고 할 만한 곳'을 우선하여 向으로 취하고 그다음에 坐를 잡는 이런 형태로 현대식 건축물을 기준을 잡고 해석을 많이 합니다.

또 공동현관문은 따로 있으니까 그렇죠? 각각의 대문은 다르고 그림으로써 向을 조금 더 중요시하는 경향이 있습니다. 이찌 되었든 앞이 툭 터져서 빈 공간이 있어서 바라본다고 할 만한 곳을 向을 우선하여 잡고 坐를 취하는 이런 것들이 이제 조금 더 중론이 됩니다.

베란다가 되는 것이죠. 전통가옥하고는 다르죠. 전통가옥하고는 차이가 나는 것이죠.

坐向論도 이론이 많은데 제일 많이 쓰이는 것이 사대국포태법(四大局胞胎法)이라고 해서 보통 水破口 즉 破口가 어디에 형성이 되어 있느냐? 봐서 거기에 여러분이 명리에서 나오는 鬼三合이 나옵니다.

辰巳午 방향으로 물이 빠져나가면 辰破口, 丑寅卯 방향으로 빠져나가면 丑破口가 되죠.

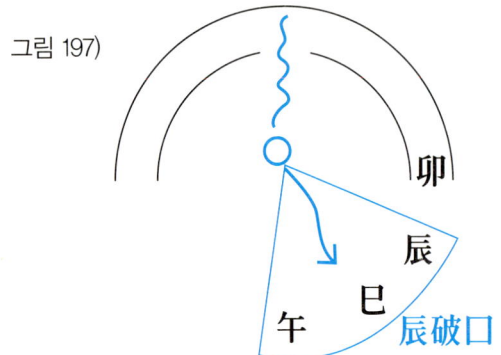

그림 197)

그림과 같은 형태를 辰破口라고 한다는 것입니다. 드디어 이것을 가지고 12운성이 또 나옵니다. 그래서 長生이나 祿地 이런 것들을 坐로 삼아서 이렇게 하는 방법이 있는데 乙丁辛癸 陰干을 기준으로해서 四大局을 나눕니다.

보통 辰破口 이렇게 표현을 하는데 辰破口 水局 이렇게 표현을 하거든요. 申子辰은 三合 水局이 되잖아요. 그다음에 未破口는 木局 이런 식으로 해서 이때 명리가 한 번 쓰이니까 "글자가 나오니까 조금 좋네" 하는 것이죠.

관심이 조금 있으면 실제로 어느 터에 가서 坐向을 잡아야 할 그런 일도 생기거든요. 제일 일반적으로 많이 쓰이고 있는 四大局胞胎法이 그래도 이론적으로 가장 많이 정리된 것입니다. 주로 물이 빠져나가는 것을 기준으로 한다고 보면 됩니다.

산줄기를 위주로 하는 것들도 옛날 전통사찰에 있기는 한데 그것은 구사세택팔용(求四勢澤八龍)이라고 산줄기 중심의 坐向論이 있거든요.

학생 - 辰巳午 같은 辰破口의 경우에는 어떤 영향을 미칩니까?

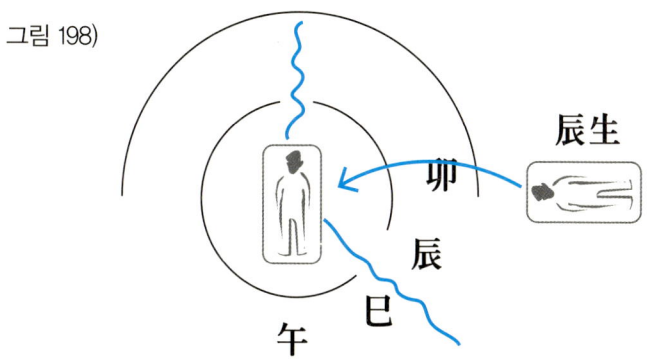

그림 198)

선생님 - 破口에 영향을 미치는 것이 아니고 관을 이렇게 놓을 것이냐? 저렇게 놓을 것이냐? 돌려놓을 것이냐? 할 때 申子辰 三合에서 癸水를 중심으로 癸水의 祿旺地가 어디에 됩니까? 子가 되잖아요. 그래서 子에서 그림처럼 이렇게 눕히라고 하는 것입니다.

엉덩이를 붙이고 있는 뒤로 坐가 되는 것이니까 누워 있는 것을 앉히면 坐가 되잖아요. 그렇게 정하는 원리를 말하는 것이죠. 그런데 이렇게 쓰기에 너무 애매하면 長生으로 눕히라고 하는 것이죠. 이런 식으로 방향을 잡아 주는 것이죠.

長生이 아니라 壬水를 기준으로 하면 長生地가 되고 癸水를 기준으로 하면 病死地가 되죠.

그렇게 정리를 해서 '관은 이렇게 놓으세요. 저렇게 놓으세요.' 하는 것이죠. 자리를 잡았는데 머리를 어디에 둘 것이냐? 그것이 坐向論이 되는 것이죠.

학생 – 시신의 일간을 중심으로?

선생님 – 아니죠. 시신의 일간이 아니고 이 터의 자체가 水局이라고 하는 것이죠. 申子辰 水局으로 보는 것입니다. 왜냐하면, 辰이 破口이기 때문에 그렇다는 것입니다. 巳로 나가든 午로 나가든 辰巳午가 하나의 局이라고 하는 것입니다. 그래서 辰으로 빠져나갈 때라는 것이죠.

未申酉가 같겠죠. 그리고 戌亥子, 丑寅卯 이것을 같은 놈으로 局으로 나눈다는 것입니다. 그래서 이때 戌亥子가 하나의 무리가 된다고 하는 것이죠. 亥로 빠져나가도 戌破口, 子도 마찬가지로 戌破口 寅午戌 火局이 되는 것입니다. 戌亥子로 물이 빠져나가면 그렇다는 것입니다. 물이 어디든지 빠져나가는 것은 있어야 할 것 아닙니까?

陰干을 기준으로 하면 祿 또는 病死地 또 陽干을 기준으로 하면 어차피 祿旺地는 바로 옆이니까 陰干을 중심으로 祿 病死地가 된다는 것입니다.

지금은 맛보기로 여러분이 저런 논리적인 연결성을 가지고 정하는구나! 그 정도로만 파악하시고 조금 깊이 공부를 하시려면 거기에 관련된 책을 펼쳐놓고 보면 기본적인 기준들을 알고 하는 것이니까 책을 보시기가 훨씬 편하죠.

요즘은 이제 전통적으로는 山중심, 水중심 또 山水를 다 채택해야 된다고 하는 원리가 있는 것이 지리신법(地理新法)입니다. 지리신법(地理新法)에 나와 있는 원리가 산맥이 주는 坐向과 水流가 가지는 坐向이 서로 조화성을 가질 때 그것을 채택한다는 것이 지리신법(地理新法)이라고 있습니다.

산이 너무 먼 곳에 있어서 모르겠고 물이 흘러가는 것은 알 겠는데 어디를 破口로 정해야 되는지? 이쪽에서 저쪽까지 다 보이는데 어떻게 할 것이냐? 坐向論은 이렇게 그것을 잡기가 애매할 때에 쓰는 88向 이런 논리도 있고 논리가 많습니다.

여러분이 10년을 공부할 것을 불과 2~3시간 만에 정리하고 있으니까 그런데 여러분이 개념 정도는 정리될 것이라고 보는 것이죠.

그다음에 理氣論에 시간론이 조금 더 들어가 있는 것이 玄空 風水라고 있습니다. 이야기는 들어보셨죠. 주로 아시아 쪽에서 홍콩, 대만 등에서 많이 채택해 쓰고 있는 玄空風水가 결국은 시간론이 들어가 있는 것이죠.

"그랬으면 늘 좋다는 말이냐?" 이것이 아니고 언제부터 언제 사이에는 즉 여러분이 九星學을 공부해 보셨죠? 九星學的 원리 에서 20년간 陽宅이든 陰宅이든 발복의 차서 즉 잘 풀리고 안 풀리고 그 지역의 잘 풀리고 안 풀리고 히는 시간론이 들어간다 는 것이죠. 그래서 이 지역은 앞으로 20년간 번성을 하게 된다 는 것이죠.

예를 들어서 서울은 강남이 떴다가 강북이 떴다가 또 어디가 떴다가 이런 식이 된다는 것이죠. 오늘은 위례쪽에서 오신 손님 이 왔다가 갔는데 위례가 떴다가 이런 식이라는 것이죠. 그런 식으로 그 지역이 발복하고 발달하는 것을 그 지역이 가지고 있 는 기본적인 산 그리고 水流 이런 것을 가지고 九星學的인 원리 에 의해서 中宮이 언제 놓일 때 발달을 한다. 이런 것을 따지는 것이 玄空風水가 되는 것이죠.

학생 — 아파트 단지의 남쪽에 5킬로 내에 산이 있습니다.

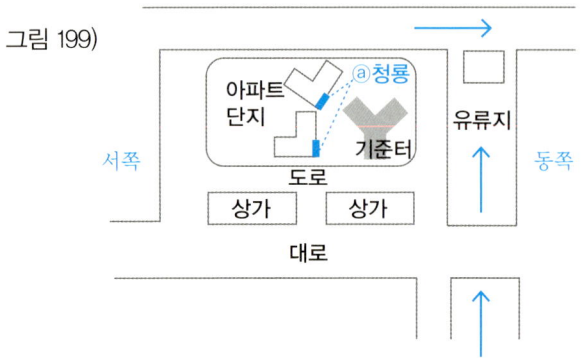

그림 199)

그쪽에 선생님 이야기는 2023년인가가 되면 九星學 방향이 바뀌어서 남쪽에 산이 있고 그쪽에 배산을 하면 괜찮다는 뜻으로 이야기를 들었습니다.

선생님 — 그것이 이 이론에서 나오는 것이죠. 玄空風水에서 나오는 이야기입니다.

산이나 도로 또는 물길이 그런 구성을 하고 있을 때에 어느 시기부터 발달한다는 시간 논리가 들어가 있는 것이 玄空風水라고 보면 됩니다.

대부분 앞에 설명한 논리들이 공간적 중심이라고 한다면 공간론이 風水地理에 들어와 있는 것이라고 이해를 하시면 되고 관심이 있으면 여러분이 조금씩 공부를 해 보십시오.

결국 '陽宅 陰宅이 원리가 하나도 다르지 않음'이거든요. 똑같습니다. 陰宅만 단단하게 공부를 해도 陽宅과 어떻게 서로 해석의 기준이 연결되어 있다는 기준만 알면 얼마든지 커버가 되는 것이죠.

학생 – 九星學的으로 기운이 바뀌면 우리나라의 트렌드가 바뀐다고 하더라고요.

선생님 – 더 큰 단위로 적용할 수도 있는 것이죠. 東高西低의 지형이잖아요.

학생 – 우리 아웃도어가 2000년도부터 컸는데 그것이 저물고 그때가 되면 인성, 화학 이런 것들이 발달한다고 지금 인성 공부 많이 해 놓으라고 하던데 혹시 선생님도 똑같은 방법인지 그것이 듣고 싶습니다.

선생님 – 그분이 그런 틀을 붙일 수 있는 것이 玄空입니다. 결국은 시간론이 보태어졌다고 보면 됩니다.

학생 – 선생님도 그렇게 보십니까?

선생님 – 그런데 워낙 검정을 하는데 시간이 많이 걸리지 않습니까? 20년을 3번은 검증을 해봐야 되는데 제가 이 일을 33년을 했는데 이제 20년 한 토막이 지났고 두 토막도 못 채워 봤잖아요.

학생 – 실험은 안 해 보셨지만, 앞에 지내왔던 경험치를 가지고 검증을 해보면?

선생님 – 그것이 사회과학적 기법이든 여러 가지 학술적 인

과론이든 그런 것을 정리를 해보기에는 너무 역사가 짧은 것이죠. 戰後 戰前 이렇게 나누면 戰前은 바로 거기거든요.

우리가 1970년대에 와서야 적어도 개발이라고 하는 것을 통해서 지역별 편차가 생기고 했는데 70년 더하기 50년 다 되어 가나요? 50년 동안에 두 토막 정도가 지나간 것이니까 '이것 때문에 전적으로 그렇다.' 말하기에는 아직은 논리가 좀 빈약하지 않으냐 하는 것입니다.

물론 기준으로 그것을 보고는 있는데 제가 머리가 하얗게 되고 팔십몇 살이 되었을 때 "야야! 그것이 맞더라!" 유언처럼 하고 갈 수는 있겠죠. 제가 확실하게 검증을 안 한 부분을 단정적으로 전달해 드리기는 무리가 있어서 강하게 표현을 안 하는 것입니다. 그러나 어차피 시간론이라고 하는 것이 풍수에서도 어느 정도 연구가 되고 또 시간론의 기준이 나오고 있다고 하는 것에서 그것은 학술적으로 대단히 바람직한 일이라고 보면 되죠.

여러분이 책을 읽으실 때 形勢論, 形局論, 理氣論 이런 세 가지 기준에서 책들이 다 분류되어 있으니까 그런 것을 기준을 잡고 책을 읽으시면 될 것입니다.

三胎에서 땅 地자 내지는 터 址자 址胎라고 하는 것에서 보면 인체를 구성하는 것 자체가 身土不二 아닙니까? 몸이 다 땅에 있는 것에서 비롯되어서 결국 유기체로 유기적 결합을 해서 생명으로 살아가는 것이니까 그 영향을 벗어나기 어렵다고 보는 것이죠.

지금 공부한 것이 走馬看山格이지만 일반 '風水地理이론은 이렇구나!' 그 정도로 정리하면 될 것 같고 아까 실제로 일을 하면서도 실무적으로 많이 써지는 것은 아까 水流 즉 물의 흐름 有情 無情 그다음에 물에 의해서 발생하는 도로의 흐름을 무조건 보시라는 것이죠.

2) 사주와 풍수와의 관계

2-1. 사주와 풍수 1 – 고정

時	日	月	年
癸	乙	己	庚
未	未	卯	申

坤命

이런 모양이 명조에서 파악을 하실 때 왈사에 소금 기물들이 뒤섞여 있죠?

申에 天乙貴人이 붙고 申卯 元嗔이 붙죠. 그다음에 月 祿에 卯未 三合 局을 이루고 있는 모양입니다. 학교를 어디로 갔느냐 하면 서울대학을 간 후 또 뒤에 뭐를 하나 더 했습니다.

庚申 正官이 정립이 되어 있는 모양으로도 우리가 '국립이다.' 이런 속성을 알 수 있지만, 이 패턴에서 유심히 볼 것은 무엇이냐 하면 貴人자리에 년이 놓여 있죠. 여기가 조상 자리입니다.

년의 庚과 일의 乙이 有情之象을 만들어 놓은 것이잖아요. 그런데 엄마 아버지 자리와 조상 자리와는 元嗔이 되어 있잖아요.

  이런 경우에 부모와 조상의 분리과정 그래서 엄마 아버지가 타향에서 온 사람이라는 것을 알 수 있는데 나도 젖병을 들고 엄마 아버지 따라왔다는 것이잖아요.

  그런데 공부를 조금만 해도 잘하고 좋은 성과를 내고 하는 여러 가지 이유가 있는데, 물론 운의 간섭이 강약차이를 두고 오겠지만 년에 貴人이 놓여 있다는 것이잖아요. 이런 모양들이 보통 조부나 증조부 대에 풍수적으로 좋은 명당의 에너지를 가지고 있다고 보면 됩니다.

  이런 패턴의 사람이 10명이 오면 어쩌다가 1~2명 정도는 한 번은 풍수점검을 해보자고 해서 가보는 일이 생기는데 가보면 거기에는 정말로 좋은 자리가 되어 있더라는 것이죠.

  예를 들어서 증조모 자리 이런 곳이 대단히 풍수적으로 좋은 조건을 가지고 있는 모양이 많습니다.

  년의 庚申인자가 죽을 때까지 일종의 風水 發蔭을 유도해 주게 되는 그런 작용을 하게 되는 것이죠. 그래서 대충대충 가더라도 좋은 직장에 인연이 잘 되고 지금은 실제로 좋은 조직에 가 있는데 좋은 직장에 있더라도 자기 사업을 하게 되는 계기도 이 天乙貴人과 正官의 작용에 의해서 또 유도되고 뒷날에 직장을 떠나서 자기 사업을 하게 되어 있는 것이죠.

  회계사입니다. 전공은 다른 것을 했다가 회계사가 되었습니다. 元嗔에 의해서 삭감, 분리 이런 것이 있었지만, 申이 글자가 끝없이 영향을 주는 것이죠. 이 申중에 있는 壬水가 시에 있는 癸水의 작용 이전에 風水發蔭으로서 항상 작용하고 있는 그런 팔자죠.

"선생님, 아직 돈도 없는데요."
"걱정하지 마라! 너는 명당 터의 氣를 받은 놈이다."
"진짜로 예? 잘되면 인사하겠습니다."
그런 것이 보입니까?

학생 – 貴人 때문에 그런 것입니까? 아니면 祖上에 貴人이라서 그런 것입니까?

선생님 – 貴人만 있어도 뼈대의 연결성이, 그러니까 한미한 집안의 후손이 아니라는 것입니다.

학생 – 六親에 상관이 없이?

선생님 – 그렇죠. 貴人만 있어도 그렇습니다. 조상 자리니까 그런 것이죠.

학생 – 만약에 庚申이라고 하는 저 글자가 格用法으로 봤을 때 忌神이 되면 조상 묘를 잘못 섰다고도 할 수 있나요?

선생님 – 喜忌同所이기 때문에 절대로 박청화 논리에는 그런 것이 없습니다. 출발은 무조건 貴格은 貴格이라는 것입니다. 이것 때문에 본인이 여러 가지를 감당할지라도 출발 자체가 貴格이라고 하는 것입니다.

학생 – 劫財가 되더라도 그렇습니까?

선생님 — 그렇죠. 劫財라도 조상 자리가 영향을 줍니다. 이것이 보통 曾祖父 이런 때에 가면 또는 曾祖母 이런 때에 반드시 명당들이 놓여 있습니다. 본래 엄마와 아버지가 경북 상주인데 琵瑟山에서 왕이 네 번 났잖아요.

그것도 문자로 설문해자(說文解字)를 하는 사람들 중에는 왕이 네 번 나온다고 하는데 비파 琵, 거문고 瑟자 해서 왕이 네 명이 나오는데 네 명이 나왔잖아요.

琵瑟山을 기준으로 해서 합천, 대구, 구미에서 나오지 않았습니까? 해서 박정희, 박근혜, 전두환, 노태우 그렇잖아요. 그러면 끝이 나느냐? 그것은 아니고 玄空風水에 따르면 앞으로 120년 정도 지나면 다시 돌아오는 것이죠. 그런 논리가 되는 것이죠.

앞의 명조가 오늘 온 샘플입니다. 샘플을 제가 따로 정리할 필요가 없는 것이 다른 샘플이 있습니다.

時	日	月	年	坤命
己	辛	丙	庚	
丑	未	戌	戌	

년과 월에 놓인 神殺이 무엇입니까? 羊刃 羊刃에 空亡이 놓이죠. 丑戌未 三刑은 三刑대로 재주나 재능이라고 보는데 年月에 놓인 자리가 戌 空亡, 戌 空亡이 되어 있잖아요.

년과 월에 空亡을 놓고 있으면 조상의 근거, 분묘의 존재 유무 그리고 분묘가 있다고 해도 그 분묘의 風水的 發蔭 이것이 나에게 있습니까? 없습니까? 없다는 것입니다. 그래서 엄마에

청화학술원 서적안내

The new study about destiny

www.shop99.co.kr

역학서적 전문 쇼핑몰
051-866-6216

청화비전 상·하
저자 박청화 | 150×225mm

정가 35,000원
각 31,500원 (10%)

경험한 모든 것을 다 정리하고 밝혀 이룩한 것은 아니지만 현장에서 필수적으로 체크하고 해석의 기준을 삼아야 하는 것들, 원리의 확장이나 응용에 필요한 기준점 등을 제시하여 강의와 정리를 채웠다. 명리학, 운명학 전반에 관한 주요 키워드들을 밝혀 두었으니 독자 제현(諸賢)의 연구에 상당한 도움이 될 것이라 확신한다.

자원오행으로 본 전국지명사전
저자 김종원 | 477쪽 | 190×260mm

정가 34,000원
30,600원 (10%)

자원오행으로 본 전국지명사전은 대한민국 전국의 지명을 부수에 의한 자원오행(木,火,土,金,水)으로 분석하여 제공하는 사전입니다. 지명의 자원오행은 운세를 분석하는데 사용되는 중요한 개념 중 하나로 지명 오행의 영향력을 파악하여 더 나은 선택과 계획을 할 수 있도록 도와주며 특히 부동산이나 사업, 여행 등 다양한 분야에서 지명의 자원오행을 참고합니다. 부록으로 감명에서 필요한 전국 대학의 자원오행을 제공하였습니다.

청화 PC만세력

정가 38,000원
34,200원 (10%)

수작업으로 사주명식을 뽑는 것을 컴퓨터로 쉽고, 빠르게 작성 출력하고 고객의 데이터를 관리할 수 있는 프로그램입니다.

홍익 TV ▶ YouTube   검색 박청화
동영상 상담 문의   051-863-8301

부산광역시 연제구 거제천로 89 이안빌딩 7층 701호 • TEL 051 863 8301 • FAX 051 863 8307

박청화
홍익TV
채널멤버십
가입 방법

유튜브에서 박청화 선생님
강의를 만나보세요.
더 빠르고 안정적이게
알뜰한 가격으로 만나보세요.

명리입문필수 및 교양과정
₩24,000/월

춘하추동신사주학시리즈
₩48,000/월

사주명리 심화학습
₩60,000/월

명리실전(프로의 길)시리즈
₩120,000/월

유튜브에서 **박청화 홍익TV**를 검색하세요.

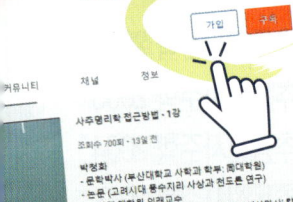

유튜브 로그인을 하신후
가입을 꾸욱 눌러주세요.

상담문의 051-863-8301

게 어느 정도 도움을 받고 살기는 살았는데, 戌 印綬라고 하는 기본적인 형태는 가지고 있지만, 항상 갈등과 그런 것 속에서 감당을 하면서 지내오고 있는 것이죠.

저 집에는 풍수가 적어도 '나에게 적어도 風水 發蔭을 주는 조상의 묘가 없구나!' 거기서 어떻게 살아야 됩니까? 그래서 열심히 일하고 열심히 살아라 하는 것이죠.

時	日	月	年
癸	乙	己	庚
未	未	卯	申

坤命

年 對 日에 해당하는 神殺을 봐서도 墓가 주는 정기 또 조상이 뿌려놓았던 여러 가지 카르마이든 실제적인 업적이든 년과 일의 상호관계 속에 未가 天殺이잖아요.

天殺이라고 하는 것은 조상이 구축한 여러 가지 카르마 체계이든 현실체계보다 더 우월한 것을 추구하게 되고 찾게 되고 하는 그런 작용이 발생한다는 것을 알 수가 있죠.

時	日	月	年
己	辛	丙	庚
丑	未	戌	戌

坤命

이 경우에는 오히려 未가 攀鞍이 되어 버리잖아요. 조상은 이렇거든요. 나보다 더 좋은 학교, 나보다 더 잘난 것 이런 것을 성취해 줄 수 있는 에너지가 후손의 자리에서 만들어졌으면 하는 것인데 攀鞍이라고 하는 것은 '그냥 편안하게 산다.', '기대보다는 덜하다.', '사회적인 지위 면에서 많은 것을 끌어 올려서 이루기에는 한계성이 있다.' 이럴 때 아이들에게 건강하라고 하잖아요. 다른 것은 다 필요 없다고 하잖아요. 몸만 건강해라고 하는 것이 잘못된 것은 아니죠.

학생 - 華蓋 그룹은요?

선생님 - 華蓋그룹은 비슷한 것이잖아요. 조상이 주는 에너지와 같은 레벨 수준의 성취, 복원, 회복 이런 것을 의미하는 것이죠.
戌戌 조상 터를 기준으로 하면 丑이 天殺이니까 조상의 기대 꿈 이런 것을 결국은 자식대에 가서야 성취가 된다고 이렇게 보는 것이죠.

학생 - 나중에 떨어져 살아야 됩니까?

선생님 - 그렇죠. 丑未 相冲 작용이 기본이니까 그렇죠.

時	日	月	年	命
丁	癸			
巳	卯			

그다음에 일에 天乙貴人같은 것이 들어와 있는 경우가 癸卯라든지 이럴 경우에 配星이 貴人의 에너지를 가지고 있다고 하는 것은 이런 것입니다.

貴人이라고 하는 것은 결국은 '뼈대'라는 뜻입니다. 뼈대 있는 가문의 후손. 뼈대 있는 가문의 후손은 무엇입니까?

시신을 태운다? 묻는다? 그다음에 거기에 貴星이 형성되어 있다는 것은 이런 것이죠. 짝은 풍수적으로 조상의 發蔭 인자를 가지고 있는 사람이라고 보는 것이죠. 그렇게 원리를 확장하시면 됩니다. 그다음에 시에 丁巳라고 하는 것이 있으면 자손이 貴人이 되는데 이것을 配星의 뿌리로도 보거든요. 짝의 뿌리로도 봐서 일과 시에 있는 것은 보통 짝과 자손에 관련하여 이런 貴人의 인자 그런 것을 '발휘하게 된다.', '가지게 된다.' 이렇게 보면 되는 것이죠.

저것을 왜 쓰느냐 하면 이런 것입니다. 성공하는데 즉 좋은 운이 왔는데 10원짜리 성공을 하겠느냐? 100원짜리 성공을 하겠느냐? 이럴 때 볼륨을 크게 끌어 올려주는 그런 작용을 한다는 것입니다.

똑같이 땅 100평이라고 해도 이 친구는 강남의 땅 100평이라는 것이죠. 그것이 중요합니다.

학생 – 그것이 연지에 天乙貴人의 작용이라는 것입니까?

선생님 – 그것이 좋은 흐름이 올 때 일반적으로 그래프가 아래 그림과 같다고 하면

그림 200)

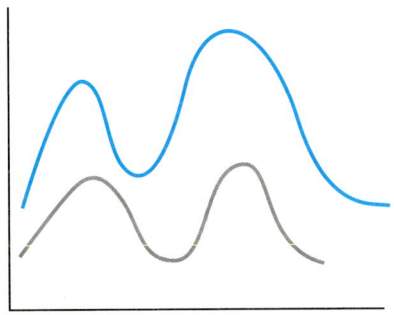

안 좋을 때도 약간의 프리미엄이 있습니다. 조금 더 높은 곳에서 시작해서 좋아질 때 한 번에 좋아지고 꺼질 때 덜 꺼지고 좋아질 때 다시 한 번에 좋아지고 이런 식으로 간다는 것입니다.

운이 좋다 나쁘다고 하는 것은 '오르막이다. 내리막이다.' 하는 방향성의 문제와 분기점 문제라고 합시다. 우리가 방향과 분기점을 많이 다루잖아요. 그런데 量的으로 크게 만들어주는 그런 효과가 바로 어디에서? 精氣를 받고 태어났다고 하잖아요.

학생 – 레벨의 차이가 있다고 하는 것입니까? 年月日時에 어디에 있느냐 따라서 차이가 있는가요?

선생님 – 년은 자기 조상이고 일시는 配星 그리고 또 配星과 짝을 지운 것을 의미하죠.

학생 – 일시에 있으면 그 볼륨이 자식으로부터 온다는 것입니까?

선생님 – 그렇죠. 그것이 자식으로부터 온다는 것이죠. 보통 풍수와 연결을 해서 이야기 할 때 보통 시에 있으면 配星의 뿌리로 보는 것이죠.

配星의 뿌리에서 결국은 좋은 근거, 에너지 이런 것을 가지고 온다고 보는 것이죠. 그래서 자식이 뭐가 됨으로써? 貴人이 됨으로써 결국은 자기가 말년에 貴人의 혜택을 입는다고 보는 것이죠.

癸卯일 丁巳일주 이것은 丁巳가 空亡이지만 이것을 말하는 것이 아니고 貴人을 설명하려고 하는 것입니다.

학생 – 癸卯일주가 여자라고 하면 저것이 배우자의 자리이지만 동시에 六親으로 보면 저것이 食神이잖아요.

선생님 – 사이는 얼마든지 안 좋을 수도 있죠.

학생 – 그것이 아니고 아들에게 혜택이 갈 수 있는 것입니까?

선생님 – 당연하죠.

학생 – 배우자 자리이니까 배우자도 되고 아들도 되는가요?

선생님 – 그렇죠. 우리가 집이라고 하는 공간 속에 같이 가족이라고 하는 단위로 밀접하게 사는 관계니까 '배우자와 자식' 이렇게 보면 되는 것이죠.

時	日	月	年	命
丁				
巳	卯			

일지卯의 자리와 시의 丁巳 이 자리가 그런 효과가 있는 것이죠. 그리고 이제 空亡이 된 샘플이기도 하지만

時	日	月	年	命
乙	癸			
卯	巳			

예를 들어서 癸巳일주에 乙卯시가 되면, 여기서 貴人의 중복은 여기서 논의하기에 큰 의미가 없고 시의 卯가 貴人이 되잖아요.

말년에 본인이 머무르는 곳, 정주(定住)하는 곳 이런 뜻이 되잖아요. 정주(定住)하는 곳이 貴人으로서 食神이라고 하는 것이죠. 이런 사람들은 자식들이 나를 태운다? 묻는다? 묻기는 묻는데 좋은 곳에 묻는다? 더러운 곳에 묻는다? 바로 그것이잖아요.

학생 – 내가 받는 혜택도 되잖아요?

선생님 – 당연하죠.

그런 것을 명조 내에서 여러분이 고정적인 요소로서 살필 필요가 있습니다.

2-2. 사주와 풍수2-변화

유년(流年)과 풍수적 변화성

그다음에 변화요소로서 유년과 풍수적 변화성인데 流年法에서 주로 다루는 인자입니다.

時	日	月	年	坤命
己	辛	丙	庚	
丑	未	戌	戌	

예를 들어서 辰年이 오면 조성이나 묘사(墓事)나 호직 이런 것들을 다시 재편하는 작용이 잘 발생을 한다. 이렇게 보면 됩니다.

학생 – 空亡이라서 그렇습니까? 아니면 그냥 冲이라서 그렇습니까?

선생님 – 冲이라서 그렇습니다. 상기의 명조를 辛卯일주라고 합시다. 그러면 戌이 空亡이 아니죠. 辰年이 왔을 때 年月 戌을 冲할 때인데 대체로 年은 墓地 역할을 하고, 월의 戌은 宅地 역할을 하는 것입니다. 오래 살던 집이 되는 것이죠.

학생 – 巳亥 冲이라도 그렇습니까?

선생님 – 隔角이라든지 喪門 弔客은 가볍게 다루는 것이 되죠. 관련성을 가지고 가볍게 변화를 주는 것으로 보시면 되고, 일을 冲하는 것은 자기 안방을 고치는 것도 되고 배우자와 관련이 된 것이죠. 배우자와 관련된 조상의 변동으로도 봅니다.
　시는 임대용 부동산이잖아요. 그다음에 배우자와 마찬가지로 관련된 풍수환경의 변화가 되죠.
　상기의 명조가 여자라고 하면 시집이 되겠죠. 시집 또는 媤家와 관련해서 부동산의 변동 아니면 부동산 속에는 결국 묘지 이런 것들이 일정 부분 포함이 되어서 변화성이 발생한다고 보는 것이죠.
　주로 刑같은 것이 발생해도 어느 정도 변화성이 드러납니다. 冲이 제일 활발하고 刑은 담보를 잡혀서 즉 시집이 집을 담보로 잡혀서 뭔가 변화를 하려고 하더라 또는 새로운 것을 도모하려고 하더라는 이런 것들이 冲 刑에서 제일 많이 발생하더라고 이렇게 보면 되죠.

학생 – 일지가 조상하고도 연결이 됩니까?

선생님 – 배우자와 배우자 조상 이렇게 묶어서 보면 되죠. 배우자는 시가 뿌리가 되고 일지가 자기 몸이 되잖아요. 몸을 건드리면 뿌리가 같이 흔들리잖아요. 樹木에서 가지를 흔들면 뿌리도 흔들리잖아요. 그렇게 생각을 하시면 됩니다.

학생 – 나는 年이 뿌리가 되고 時는 남편의 뿌리가 되는 것입니까?

선생님 – 그렇죠. 그것이 좌표법에 나오잖아요. 일지와 時를 外로 보는 것이죠.

他家	我家	
	他家	我家

이것을 기억하십니까? 他家는 짝이 되는 집을 말하는 것이니까 그렇게 보는 것이죠.

2-3. 사주와 풍수 3

개운술(開運術)의 적용

앞의 수업 중에 살짝 언급되었습니다. 하여간 무엇인가 잘 풀리지 않는다면 일단 墓를 둘러보라. 그다음에 집을 둘러보고 그렇죠.

地氣중심

地氣 중심에서는 풍수적인 요소가 주로 墓와 머무르는 집, 陽宅的인 요소 그다음에 자기가 머무르는 공간에서 그곳의 氣

를 받게 되어 있으니까 요즘은 오피스 공간도 거기에 포함이 되 겠죠.

그것을 대체로 결점이 적은 것으로 개선시키고 옮기는 것 그리고 정말 안 풀릴 때는 볼 것도 없이 일단 옮기면 됩니다. 왜냐하면, 있는 자리가 안 좋다는 말이니까 그렇죠?

人氣중심

人氣중심은 六害殺 방향이라고 하는 폐문 또는 폐벽(閉壁) 그다음에 문이 열리는 유리한 방향이 人氣중심으로서 사람들로부터 좋은 관계성과 혜택을 많이 볼 수 있는 그런 기운을 의미하니까 경험치이기는 하지만 이 양반이 六害殺 문 방향에 문이 열려 있어서 장사는 잘했습니다.

풍수적으로 돈이 들어오기는 들어오는데 몸이 무너지는 그런 터입니다. 돈을 실컷 벌어놓고 건강이 완전히 가 버리더라는 것입니다.

人氣가 좋으니까 손님은 많았고 人氣는 많이 얻었잖아요. 그리고 돈은 들어오는데 몸이 무너지는 자리가 있습니다.

그림 201)

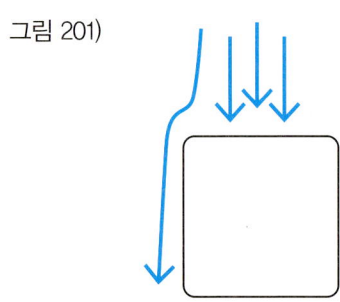

물길이 와서 그림처럼 깔끔하게 껴안지 못하고 물길이 바로 치는 경우가 있거든요. 치는 경우에 돈이 들어오는데 계속 목마르다고 호수에다가 입을 대고 있으면 결국은 무엇이 갑니까? 물은 한정 없이 들어오지만, 몸이 가 버리잖아요. 그런 모양들이 있습니다.

그림 202)

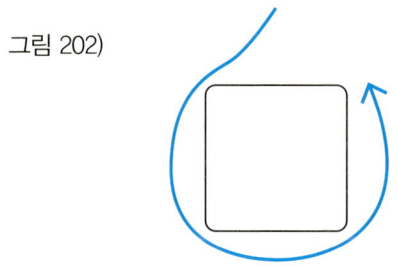

그다음에 물이 계속 회돌이를 쳐서 잘 안 빠지고 있는 그런 모양의 자리에 머무르는 사람들 그래서 흙이 무엇이 됩니까? 떡이 된다고 하죠.

곳곳에서 물이 몰려드는데 물이 에워싸서 빠져나가는 것이 아니고 물이 회돌이를 치듯이 주변에 물이 계속 잘 빠져나가지 않고 있는 그런 자리들이 있습니다. 거기에 돈은 잘 들어옵니다.

물이 모인다고 하는 것은 돈이 모인다고 봐도 되거든요. 돈이 되는데 水流가 유리하게 둘러주어야만 계속 소통이 되는 것이죠. 호흡이라고 하는 것이 산소를 획득하기 위한 것이기는 하지만 결국은 몸에 있는 이산화탄소를 또 뱉어내야 되잖아요. 그렇게 못하게 되는 그런 터들이 있습니다.

장사는 실컷 잘해놓고 돈을 벌어놓고 본인은 몸이 완전히 가

버리는 그런 것입니다. 늪과 비슷한 것입니다. 그래서 흙이 떡이 되는 곳. 결국은 물이 잘 빠지지 않아서 머물러 있는 그런 구조를 가지고 있으면 그런 모양이 되는 것이죠.

학생 – 사주가 그런 사주가 아닐까요? 내 사주에 돈을 감당할 수 없는 사주인데 돈이 들어오잖아요.

선생님 – 대부분 맞물려 있는 경우가 많습니다. 팔자에는 돈이 없는데 돈을 많이 쥐고 있는 그런 모양들이 있거든요.
그런 사람들이 대부분 다 수명을 잘 지키지 못하거나 아니면 짝을 잘 못 지키거나 이런 식으로 해서 희생을 치르는 경우가 많은데 그런 사람들은 묘하게도 장사가 잘 되는 곳에 머물러 있으면서 몸이 무너져 버리더라는 것이죠. 그런 것들을 여러분이 잘 체크해 봐야 되는 것이죠.

학생 – 쓰레기를 두는 방향도 있나요?

선생님 – 쓰레기를 두는 방향은 이런 것이죠. 비워야 되는 곳은 두지 않는 것이 좋죠. 六害殺 이런 방향에는 두면 안 되는 것이죠.

학생 – 막혀야 되는 곳 이런 곳에 두면 되겠네요.

선생님 – 그것은 상관이 없죠. 將星은 상관이 없죠.

학생 – 아파트 같은 건물을 올릴 때 쫙 돌아가는 곳에 가운데 중정이라고 해서 크게 지은 집이 있잖아요?

선생님 – 그것도 대체로 좋게는 해석을 하지 않습니다. 좋은 해석을 많이 하지는 않거든요.

학생 – 지붕이 막혀있는데 가운데가 중정으로 된 것.

그림 203)

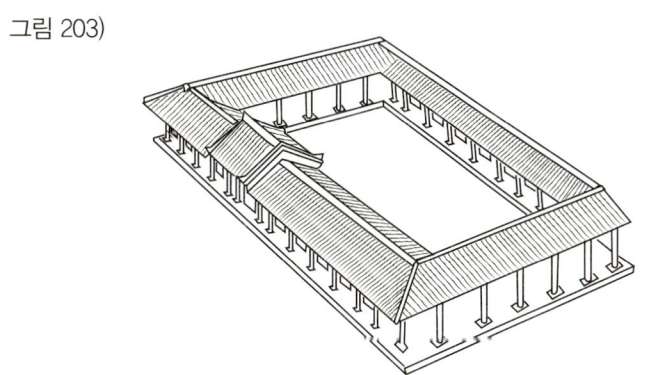

선생님 – 이런 형태도 氣의 소통을 좋은 것으로는 안 보거든요. 문은 있겠지만, 氣의 소통이 아주 좋은 것으로 치지는 않습니다. 비율도 거의 정사각형 이런 모양을 안정성 측면에서는 점수를 주지만 발전성 측면에서 엑티브하지 못한 것으로 보는 것이죠.

발전성은 가로 세로 3:2 정도로 황금비율은 1:1.616… 으로 봅니다.

이것보다 가로 세로의 길이가 길면 속발속패하고, 너무 정사각형에 가까우면 발전이 아주 더디게 이루어집니다. 잘 안 망하는 장점은 있죠. 안 망해서 고생이라고 하는 것입니다.

속전속패의 구조는 어디에 가면 샘플이 하나 있는데 모 한의원이 저런 모양을 가지고 있어서 탕제실만 몇 개 층을 쓰는 그런 정도로 속발했다가 지금은 탕제실 다 걷어내고 다시 2개 층만 쓰면서 임대를 하고 있는 한의원 모양 중에서 어디라고 지칭을 못 하겠네요.

학생 – 速發하면 떠나야 하겠네요?

선생님 – 速發하면 미련이 남아서 못 떠나거든요. 그래서 사실은 워낙 다룰 양이 많은 것을 콤팩트하게 키워드 중심으로 정리해 봤는데 일단 개념은 여러분이 잡히시죠?

여러분이 현장에서 일하면 결국은 하기 싫어도 하게 될 것입니다.

학생 – 이 여덟 글자를 가지고 자기가 사는 집의 모양도 알 수 있습니까?

선생님 – 사는 집의 모양도 추론하기는 합니다.

학생 – 예를 들어서 甲木이 있으면 사는 집에 큰 나무를 심는다든지.

선생님 – 그런 논리는 아니고 地支의 성분을 보고 '당신은 언제든지 하천 옆에 살 것이다.' 이런 것들을 추론하기도 하고 그다음에 대운의 속성에서 대운의 속성의 모양을 보고 어느 지역에 인연이 잘 될 것이라고 나누어주기는 하죠.

학생 – 그러면 춘하추동 신사주학 강의를 보면 월지 空亡인 사람들은 장사 자리가 헙수룩한 곳을 잡아야 된다고 하셨는데 대부분 다 헙수룩한 곳을 잡아야 되는 것인가요?

선생님 – 월이라고 하는 것이 이런 것입니다. 根苗花實이 풍수적으로 엮으면 勢 形 穴 이렇게 나간다는 것이죠. 그다음이 案 즉 案山입니다.
　원래의 바탕적 기운을 내려주는 것을 勢山이라고 합니다. 그 다음이 形山이 되고 穴이 내가 머물러 있는 것이고 時는 案山이거든요.
　時가 예쁘면 案山이 예쁜 풍수형국과 같다고 보면 됩니다. 거꾸로 뒤집어보면 四神砂에서 案山이 얼마나 중요하냐 하는 것과 같아요. 그래서 形을 갖추어 주는 것이 월이잖아요.

학생 – 예를 들면 철학관을 오픈한다고 할 때 월지 空亡이면 천막을 쳐야 되나요?

선생님 – 천막을 쳐야 되는 것은 아니고 조금 어수룩한 곳에 내가 임대로 있다. 그런 것이 진짜가 아니고 가짜를 내 것으로 쓰고 있다는 것이잖아요. 그래서 기운을 내려주고 있는 놈이 기본적으로 원천적으로 바탕은 勢가 되고 그다음에 形인데 形이 색깔이나 구성을 조장하잖아요. 그런데 形이라는 것이 이것이

空亡이니까 그럴싸한데 어수룩한 것 그런 모양을 말하는 것이죠.

空亡의 인자가 무엇이냐 따라 다르죠. 申 空亡이냐? 丑 空亡이냐? 午 空亡이냐 따라서 다른 것이죠. 午 空亡이라고 하는 것은 조명이 엄청 밝은데 도로 그늘진 자리라는 말이잖아요.

아주 번화한 곳에 그늘이 지면 도로 골목이 되어 버리잖아요. 그렇게 논리를 보시면 되는 것이죠.

勢形穴 논리를 알면 대번에 '아 맞네! 저렇게 봐도 되네!' 하실 것인데 풍수 논리를 별로 안 하셔서 그런 것이죠. 년이라고 하는 것은 끝없이 기운을 내려주는 작용, 형태, 穴, 案山 잘 생각해 보십시오.

13 명과 운의 총관(總觀) 및 세찰(細察)

13 명과 운의 총관(總觀) 및 세찰(細察)

1) 명의 총관

1-1. 개념

 그릇

■ 命運의 總觀 細察表

	命	運
總觀		
細察		

4가지 영역에서 '명의 영역' 하고 '운의 영역'에서 4개의 영역을 두고 팔자를 보실 때 어디에서 어떤 질문이 떨어졌느냐를 보셔야 된다는 것입니다.

예를 들어서 아주 가까운 시기에 일어난 일을 묻는다면 運의 細察 영역에 있는 것이냐? 命의 세찰 영역에 있는 것이냐? 이런 것을 여러분이 4분먼에서 구별을 하면서 기준점을 따라서 더 우선시해서 해석하라는 뜻입니다.

命을 큰 단위로 한 번에 해석한다는 것은 무엇이냐 하면 그 사람의 그릇이 대체로 크냐? 작으냐? 그다음에 그릇이 어느 쪽에 더 가까우냐? 이런 것을 나누는 측면에서 命을 전체적으로 보는데 보통 그것이 고전에서는 格局 用神이죠. 格用說的인 기준이 되고 그다음에 고전 영역이 아닌 경우에는 地支의 인자 그다음에 중요한 神殺의 성립, 五行의 多少 즉 많고 적고 이런 것을 통해서 대체로 그릇을 나누죠.

◼ 사업중심, 조직중심

그다음에 그릇을 나눌 때 대체로 사업성 위주의 그릇인지 조직성 위주의 그릇인지 이런 것을 나누는 것이죠.

◼ 다복(多福), 박복(薄福)

그다음에 다복하냐? 박복하냐? 대체로 六親的으로 유리한 인자가 조금 더 많이 몰려있는가? 안정되어 있는가?

六親의 편중성이 심하다든지 五行의 편고성이 심하다. 또는 調喉가 失調다. 이런 것들일 때 복이 조금 박한 또는 운에 의해서 기복이 많이 발생될 수 있고 보는 것이죠.

◼ 수요장단

수요장단도 六親이나 五行의 편중성을 많이 나누고 쪼개어서 命運의 總觀 細察表 안에서 나누어 줄 필요가 있는 것이죠. 命에서도 總觀 전체를 살피는 측면에서 보는 영역이죠.

1-2. 기준

기준은 여러분이 다 아시는 내용이죠. 命運의 總觀 細察表에서 어떻게 정리를 할 것이냐 하는 문제입니다.

干支구성

干支구성에서 기본적으로 干支를 차지하고 있는 것들이 甲乙丙丁戊己庚辛壬癸 10개 중에서 결국은 몇 개를 차지하고 있느냐? 또 몰려 있다고 하면 무엇이 몰려 있느냐? 그런 것을 기준으로 삼는다는 것이죠.

- 陰陽, 五行의 편중성
- 六親의 편중성
- 成格, 破格
- 남녀에 따른 기준 분류

똑같은 地支 구성을 하고 있더라도 남자가 더 유리하게 써먹는 글자, 여자가 더 유리하게 써먹는 글자 이런 것들이 어떻게 배치가 되어 있느냐? 비율적으로 어떻게 배분이 되어 있느냐? 이런 것들을 파악해서 命의 總觀에 있는 영역의 것들을 나눈다고 하는 것이죠.

방법론적으로도 마찬가지입니다.

- 干支 구성과 해석
- 調喉, 陰陽의 해석
- 六親해석

이런 것들을 큰 타이틀로 분류하고 사용하는 논리 이런 것들을 여러분이 정리를 한번 해 보시라는 것이죠. 샘플을 놓고 하면 시간이 많이 걸릴 것 같아서 제가 샘플을 많이 안 올렸습니다.

학생 – 공부를 하다가 제가 접한 부분인데 유리하냐 하는 것을 여쭈어 보도록 하겠습니다. 보통 월지가 가장 강한 기운을 가지고 있다고 이야기를 하는데 월지에 있는 地藏干을 날짜 수로 나누죠. 그러면 자기의 생일이 어디에 해당되는가에 따라서 그 기운을 가장 강하게 받을 수 있다고 하는데 맞습니까?

선생님 – 맞습니다. 제 강의를 열심히 보시면 제가 강의한 내용 속에 있습니다. 내용에 餘氣가 약 9~10일이 걸리거든요. 中氣가 보통 3일~5일 정도 걸리고 나머지가 20일 정도가 되죠?

그림 204)

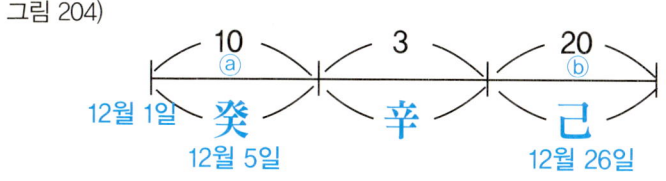

예를 들어서 丑 중에 癸水 辛金 己土가 있을 때에, 즉 이 사

람이 첫날부터 시작해서 26일 정도 지나서 태어나 버린 것이죠. 그러면 己土 司令이 되어 버린 것이죠. 己土 司令인데 형태는 癸水가 드러나 있다고 합시다.

時	日	月	年	命
	戊	癸		
	子	丑		

　癸丑월에 戊子일이라서 이런 모양이 正財格이 되는 것이죠. 형태상으로는 正財格이지만 癸水 司令의 날짜가 아니거든요. 癸水하고 己土하고는 五行的으로는 반대의 위치에 있기 때문에 형태상 成格은 되었지만, 내용상의 힘은 상대적으로 癸水 사령 즉 ⓐ에 태어난 사람이 있다고 봅니다.

　그림에서 丑월의 시작이 12월 1일로 節氣상 맞았다고 합시다. 12월 5일날 태어난 사람과 ⓑ 12월 26일 날 태어난 사람하고는 사실은 다른 것이죠.

　이렇게 해서 格이 조금 더 힘이 있게 갖추어져 있다고 보는 것입니다. 형태는 갖추었는데 그만큼의 힘은 없다는 것이죠. 이 것을 심하게 비중을 많이 주어서 채택을 해주는 분들이 있습니다. 12월 26일 날 태어나면 正財格이라도 이 正財格이 아닌 모양으로까지 해석하는 분들도 있습니다.

　節氣의 深淺에 의해서 이런 天干 司令이 어느 정도 잘 되었느냐 이것을 가지고 格이 더 잘 갖추어졌다고 하거나 짝퉁인데 그렇다고 해서 영 모조품은 아니라고 하는 것이죠.

　홈쇼핑에서 파는 것이 분명히 그 회사의 것이 맞기는 맞는데 홈쇼핑 판매용으로 만들다 보니까 이것이 정품은 정품인데 이것이 짝퉁과 정품의 중간 정도가 되는 즉 g그램 수가 조금 모자라든지 길이가 조금 짧든가 이런 식으로 삭감을 해주는 논리가 적용될 수 있는 것이죠.

자세하게 보면 TV가 전부 정품으로 다 했는데 홈쇼핑에서 파는 것은 말레이시아에서 조립도 조금 해오고 조합을 해서 부품은 거의 비슷한데 조립의 정도가 단단하지 못하든지 그런 것이죠.

학생 – 감정을 할 때 그 부분을 조명할 필요가 있습니까?

선생님 – 그렇죠. 예를 들어서 아주 고위 공직 같은 것을 꿈을 꾸는 사람들 이런 것을 볼 때 저런 것을 어느 정도 참조를 해서 봅니다. ⓐ에 태어나면 正財格 정품으로 보는 것이죠. ⓐ에 태어나면 made in Korea이고 ⓑ에 태어나면 mix된 것으로 보는 것이죠.

그래서 어떤 것은 겉모양은 똑같은데 기능은 한 두어 개 빠지고 이런 것 있지 않습니까? 많이 사용하지 않는 기능들이 빠지고 하는 것처럼 정확하게 그 司슈의 시기에 태어나서 格을 갖추면 이것은 양보할 수 없는 100% 정품이라는 것입니다. 그래서 홈쇼핑에서 100% 정품을 강조하는 것 아닙니까? 그것은 만드는 사람이 알 것 아닙니까? 그러면 기운도 마찬가지라는 것입니다. 그렇게 보시면 됩니다.

학생 – 사람의 명조에서 시를 결정함에 있어서 시간을 결정하면서 '몇 시다.' 결정하게 되는데 결국 선생님께서 지금까지 강의해 오시는 바탕을 보면 기운은 흐른다고 하셨는데.

선생님 – 시의 초중말도 계산을 해주어야 되죠.

학생 – 酉時에서 戌時로 넘어갈 때 戌時의 전반이 酉의 기운을 받고 있다고 봐도 됩니까?

선생님 – 그렇죠. 그렇죠. 어느 정도는 영향 하에 있다고 보시면 됩니다. 酉하고 戌하고는 역법적인 기준이 명확하게 있기는 하지만 酉라고 하는 것은 결국은 戌을 열어주기 위한 바탕이 되는 것입니다.
 원래 酉가 무르익으면 卯가 도충(倒冲)을 합니다. 進神 退神 이론이 어디에서 나오느냐 하면 이런 倒冲에서 나오거든요. 酉가 강해지면 卯를 倒冲을 하고 卯가 결국은 戌을 견인(牽引)해 오거든요. 끌어와서 결국은 戌이 酉 다음의 뒤를 이어서 작동을 하게 해주는 그런 힘을 가지게 되게 하는 것이죠.

학생 – 비록 글자도 酉라고 정리를 하더라도 기운은 戌의 기운을…

선생님 – 戌다음에 辛丁戊 地藏干은 또 무엇이냐 하면 司令을 하잖아요. 藏干 사령을 보면 戌時 초까지도 酉의 기운이 남아있는 것이죠. 酉의 기운이 남은 것이 辛이잖아요. 그렇게 남아 있는 것으로 보는 것이죠. 그리고 그것이 자연의 기운은 아날로그하고 문자 체계는 디지털하다는 것이죠.

그리고 여러분이 조금 더 그레이드를 높여서 생각하신다고 하면 우리가 사실은 천체운동을 하고 있는 지구의 공전위치, 자전수를 기준으로 해서 쓰고 있지만, 사실은 목성이라든지 이런 별들과의 인력작용 이런 것들은 여러분이 들어둘 필요가 있을 것입니다.

'관념적 좌표'

'관념적 좌표'를 사용하고 있는 측면도 있다고 하는 것입니다. 실제 좌표를 우리가 많이 맞추기 위해서 역법적으로 보정을 하잖아요. 그래서 공전이 실제 좌표와 안 맞는 것을 우리가 바로 잡아주기 위해서 윤달과 윤일을 끼워주지 않습니까?

치윤법(置閏法, intercalation)을 써서 달력과 맞추어주고 있지만, 우리가 나눈 干支체계 자체도 사실은 실제 운행하고 관념적 좌표와는 차이가 있는 것이죠.

우리는 무엇을 더 많이 채택해서 쓰고 있느냐 하면 '관념적 좌표'를 더 많이 쓰고 있습니다. 그래서 우리가 시각을 다시 확인해서 묻는 이유가 干支를 미리 적어오더라도 "대강 몇 시 경으로 들었느냐?"

酉時가 오후 5시에서 7시가 되고 戌時가 7시~9시가 되는데 6시 40분 정도에 태어났다고 하면 戌時에 있는 에너지와 닮은 꼴이 남아 있는 것으로 봐요. 또는 그런 것들이 어느 정도 기운적으로 작동할 수 있다고 보는 것이죠.

이 사람이 태어난 것이 예를 들어 5시 20분 정도라고 하면 그러면 申時의 기운이 넘어와서 상당 부분 작동할 수 있다고 보고 酉에 어차피 庚과 辛이라고 하는 天干 司슈의 차이를 두고 있잖아요.

庚이 10, 辛이 20 정도의 비중으로 그렇죠? 그러니까 120분 안에는 庚 40분, 辛 80분의 기운이 남아 있는 것이죠. 그래서 酉時의 초에 이르더라도 辛의 작용이 여전히 유효하게 남아 있다고 보는 것이죠.

그런데 해석은 무엇을 더 많이 따르고 있습니까? 5시 20분에 태어난 사람이나 6시 40분 사이에 태어난 사람이나 酉라고 하는 큰 틀 속에 있다고 보고 사실은 관념적 좌표를 사용하고 있다는 것입니다. 중요한 키워드입니다.

"그러면 뭘 어떻게 하라고요?" 이런 질문 때문에 미리 설명하기 어려운 것이죠.

학생 – 天冲이나 子午 冲 같은 것 있지 않습니까? 그것이 冲을 할 경우라든가 할 때 長生의 기운이 寅申巳亥하고 子午卯酉하고 長生의 기운이 얼마만큼 차이가 납니까?

선생님 – 冲을 할 때 長生을 한다는 논리는 논리가 그렇고 그냥 寅에 丙火가 長生을 한다는 것하고, 午에 乙이 長生을 한다는 이런 표현은 할 수 있는데 冲하기 때문에 長生을 한다는 것은 좀 표현이 그렇죠.

冲을 하기 때문에 長生을 하는 것이 아니라 원래 寅이 오면 丙火가 寅에 長生을 하잖아요.

보통 움직이게 한다는 것하고 長生을 하는 것하고는 다른 것이죠. 12운성이라고 하는 것은 天干형태로 순수한 운동성을 단일화해 놓은 것입니다.

대부분 다 자연은 복합적으로 하고 있잖아요. 그것을 순수하게 움직이는 丙火의 속성이 땅의 조건입니다. 땅의 조건이라고 하는 것이 결국은 계절도 될 수 있고 하루의 地支변화일 수도 있고 거기에 세력과 힘을 얻느냐? 못 얻느냐? 12운성이라고 하는 것은 이 天干과 地支의 문제라고 하는 것입니다.

그다음에 冲을 해서 움직이는 것은 申이 와서 寅을 발동시키는 그런 움직임의 개념이거든요. 움직이는 것과 長生은 어떻게 보면 닮았지만, 전혀 개념이 다른 것이죠.

長生이라고 하는 것은 태어나게 하는 것이죠. 이 세상에 얼굴을 내밀게 해주는 것 즉 丙火가 태양이라고 하면 寅時가 새벽 3시에서 5시 사이잖아요. 5시가 되면 이 세상에 태양이 떠오르게 해주는 작용을 하는 것이잖아요.

이것은 申의 작용과는 상관이 없는 것입니다. 단지 寅이 무르익으면 申을 도출시키는 작용은 한다는 것입니다. 도출이라고 하는 것은 기운이 강해지면 반대에 있는 놈이 서서히 나시 움직이기 시작을 한다는 것입니다. 움직이는 것이지 그것이 長生의 인자는 아니라는 것이죠.

학생 – 長生이라는 것이 寅에서 丙이 長生해서 나올 때와 午에서 乙이 長生해서 나올 때의 차이가 궁금합니다.

선생님 – 申은 배제하고 지금은 비교하면 안 되고, 乙이 長生한다는 것은 즉 陰干은 주로 長한다는 개념으로 보면 됩니다. 乙이라고 하는 것은 봄이 무르익어서 아지랑이 올라오는 것부터 풀이 자라서 올라오는 것과 똑같잖아요. 그것이 午월이 되면 어떻게 됩니까? 무성하게 자라잖아요.

陰은 외부적인 환경따라 屈伸작용에 의해서 모양을 굽히고 펴고 엎드리고 드러내고 하는 것을 큰 폭으로 움직이는 것입니다. 그래서 달은 동그랗습니까? 매번 변합니까?

陰의 움직임을 보여주는 것이 달의 움직임이라고 하는 것이라면 이런 굴신성입니다. 커졌다가 작아졌다가 하는데 커질 때는 長 하는 개념으로 보라고 했잖아요. 午월이 되면 온 천지가 풀밭이잖아요.

陽干은 어떻게 됩니까? 陽干이라고 하는 것은 방향성을 가지고 가는 것이죠. 陽干과 陰干이 長生의 모양은 다른 것이죠.

실제로 저런 것을 어디에서 써먹고 하느냐? 만약에 乙이 財星이라고 하면 즉 辛일주가 乙을 財星으로 쓴다면 이 사람은 干支가 흘러가는 모양 따라서 사업적인 볼륨이 크고 작아지고 하는 것이 편차가 크다는 것입니다.

丙火를 財星으로 쓰는 경우에는 壬일주라고 합시다. 寅에서 튀어나온 丙火 偏財는 물론 커지고 작아지고 하기는 하지만 辛일주가 乙을 보는 것보다 그 편차가 작다고 하는 것입니다. 이해가 되죠?

학생 − 字意가 나오지 않습니까? 글자의 뜻. 결국에는 보통 사람이 감명을 굉장히 확장적으로 할 수 있는 능력이 결국 그 글자가 의미하는 뜻을 많이 알면 알수록 내용을 많이 알 수 있는 것입니까?

선생님 − 그렇죠. 물상적으로 확장을 하느냐? 六親의 의미로 확장하느냐? 아무래도 의미를 많이 알면 해석의 영역이 훨씬 더 다양한 비유가 될 수도 있고 실제 현상도 될 수 있고 많이 할 수 있죠.

학생 – 결국에는 그것이 의미하는 字意를 꿰뚫는 것이 마지막 목표가 될 수 있는 것입니까?

선생님 – 그렇죠. 그것이 실관을 많이 하다 보면 저절로 보입니다. 이 사람은 예를 들어서 유통업을 하고 있는데 甲을 유통하고 있다고 합시다. 財星으로 쓰고 있다. 寅을 쓰고 있다. 卯를 쓰고 있다. 이렇게 4가지를 다른 모양으로 볼 수 있는 것이죠.

그것을 실관을 하면서 예를 들어서 甲乙寅卯를 木物이라고 치면 즉 나무와 속성이 닮은꼴이라고 치면 卯는 좌우로 벌어진 놈이죠. 그렇죠? 벌어신 놈이니까 가공성이 많이 만들어신 것이니까 콩나물이죠? 그렇죠? 좌우로 벌어지기 시작을 한 것이고 甲은 무엇입니까? 고정화된 인자와 씨앗을 막 벗어난 그런 단계가 되죠.

그렇게 甲乙寅卯를 전부 다 물상론적으로 구별을 해서 나누어서 해석할 수 있는 능력을 가져야 됩니다. 그러니까 실관을 자꾸 하면 됩니다.

그래서 "뭐하는데?" 물어서 토끼 卯자를 사용한다고 하면 예를 들어서 寅木이 土建이라고 하면 세워 올리는 것이잖아요. 卯가 익스테리어 (exterior), 장식 이런 개념으로 서로 똑같은 木이라고 하더라도 서로 대비되는 작용을 일으키게 되는 것이죠.

학생 – 선생님 만약에 甲木이 투출되어 있는데 乙木이 地藏干에 있어요. 그러면 만약에 午가 힘을 발휘하면 乙木이 힘이 있지 않습니까?

甲木은 午에 힘이 없으니까 財星이라고 해도 그것을 써먹지 않고 地藏干에 있는 乙木을 써먹을 수 있느냐? 하는 말입니다.

선생님 – 써먹을 수 있죠. 그것이 오늘 하는 수업의 내용입니다. 결국은 운의 간섭이죠. 運이라고 하는 것은 명 내에 있는 고정요소가 있고 즉 命은 고정이잖아요. 運은 변하잖아요. 또는 변동이지 않습니까? 변화나 변동에 의해서 큰 단위로 변화를 주고 있는 것. 그다음에 작은 단위로 변화를 주고 있는 것이죠.

학생 – 말하자면 甲木이 투출해도 午에는 못 써먹으니까 乙木을 地藏干의 모습으로?

선생님 – 대운 정도의 큰 단위에서 午가 와 있으면 이것은 바꾸기가 어렵잖아요. 그런데 한 해에 午가 지나간다면 잠깐 甲木이 오히려 쇠락하는 작용을 보고 乙木으로 갈아타기도 전에 未年이 와버리잖아요.

그러니까 바꾸어 보려고 해도 여건이 '흡족하지 않다.', '잠깐이다.', '이벤트다.' 이렇게 되는 것이죠. 그래서 이런 큰 단위의 인자와 작은 단위의 인자를 조금 구분을 해놓고 해석을 할 필요가 있다는 것입니다.

사업이라고 하는 것이 그렇습니다. 올해 재수가 없다고 해서 접으라고 이야기를 해도 접히지가 않는데 어떻게 합니까? 올해 대운 왔다고 펼쳐라. 해서 펼쳐집니까? 허가받다가 6개월 가버리고 그냥 터 찾다가 6개월 가버리고 그다음에 찾아가니까 "올해는 재수가 없네, 접어라!" 이러면 어떻게 됩니까?

결국은 細察的인 요소에서 상담할 내용들이 있고 그다음에 큰 단위의 운을 보고 중간에 기복이 있어도 크게 봐서는 성공으로 가니까 "무조건 해라!" 이런 것들이 머릿속에는 분류되어 있어야 한다는 것입니다.

여러분이 단위를 잘 분류를 해 보십시오.

2) 명의 細察

2-1. 개념

細察은 상담할 때 많이 쓰기는 많이 씁니다. 명 안에 있는 것 중에서 상당히 지엽적인 것들을 그 사람의 운명적인 특성으로 분류해 주는데 예를 들어서 출생의 사연을 본다면 그것은 주로 年月에 偏印이나 財星의 모양을 보는데, 偏印 正印의 어떤 혼잡요소, 財星의 혼잡요소, 神殺요소 등을 보는데 원래 기준은 뒤에 다 언급이 되어 있습니다.

- 출생의 사연
- 부모, 형제, 배우자, 자식과의 관계성
- 바람직한 전공
- 그릇의 등급에 관한 세분

그래서 總觀편에서는 命을 전체적으로 아울러 볼 때는 이것은 무슨 格으로 나눌 수 있을 것이고 또 어떤 인자가 多者로서 또는 旺者로서 갖추어져 있다 했을 때 旺者도 冲맞고 刑맞고 조건이 붙잖아요. 그것은 命의 細察영역에 들어가는 것이죠.

그것이 空亡을 맞았다고 하면 모양은 그럴싸해도 결국은 그릇의 등급을 떨어트리는 세찰적인 요소로 들어가는 것이죠.

● 직업적 개성

똑같은 공직은 공직인데 어떤 공직으로 가느냐? 이런 것들을 나누는 기준이 되는 것이죠.

● 운명적 특성

그 팔자를 보면 그 팔자에만 특별히 다른 사람과는 대비되는 神殺, 六親, 五行 이런 것들이 만들어져 있죠.

● 건강 및 질병에 관한 특성

건강 및 질병에 관한 특성도 총관적인 특성에서는 五行의 多字 또는 無字 이런 것들을 나누어서 큰 단위로 본다면 세찰적인 요소는 그것으로 인해서 영향을 받는 다른 五行이나 六親들을 같이 봐서 설명하는 것인데 실제로 상담을 할 때 이 부분이 더 많이 쓰이죠.

명의 총관적인 부분은 쓰는 순간에 "와!" 하는 것이죠. "그릇이 좋네!" 해놓고 그릇이 좋기는 한데 즉 이런 것이죠. 우리가 도자기를 만든다고 하면 흙이 좋은데 흙에 고춧가루가 들어가 버렸다. 물이 너무 많다. 이런 여러 가지 삭감요소가 생기잖아요. 삭감요소가 실제로는 해석요소에서는 더 많이 쓰인다는 것입니다.

그 부분을 우리가 클라스를 잘 나누어서 정보를 줌으로써 '되겠다. 안 되겠다.' 그 사람이 생애를 감당하면서 자기가 발휘할 수 있는 영역 또는 범주 이런 것들을 나누게 되는 것이죠. 그래서 기준 부분을 봐 보세요.

2-2. 기준

- 年月日時의 干支 조합 요소
- 六親의 조합요소
- 成格이나 破格의 정도
- 각종 神殺의 조합
- 좌표에 따른 적용

이런 것들을 가지고 똑같은 五行이나 똑같은 六親도 해석을 어떻게 한다고요? 다르게 한다. 거의 같다고 보면 됩니다.

2-3. 방법론

방법론도

- 年月日時의 干支 조합 요소에 따른 해석

이것도 이때까지 연습을 많이 한 것이죠.

- 六親의 상호(복합적) 작용에 따른 운명적 특징 해석
- 成格 破格의 정도에 따른 해석
- 각종 神殺의 성립과 그 해석
- 좌표에 따른 의미 해석

이런 것들이 실제로 상담을 하면서 제일 많이 쓰이는 그런 개념으로 보시면 되죠. 이것이 상담의 거의 절반 가까이 차지한다고 보면 될 것입니다.

절반 정도는 '命의 細察' 영역에서 거의 절반을 차지해 버리는 것이니까 명을 보는 순간에 '전체적으로 어떻구나!' 그다음에 破格이라든지 이런 간섭자에 의해서 어떻다는 것을 알 수 있습니다.

時	日	月	年	乾命
丙	庚	癸	癸	
戌	辰	亥	巳	

이런 干支 조합에서 亥중에 있는 인자의 투출이 별도로 없죠? 별도로 없고 그냥 五行的으로 水의 중복 그다음에 辰중에 있는 癸水의 투출정도로 이루어져 있고 巳亥相冲 辰戌相冲이 되어 있죠.

官과 印星의 모양을 보았을 때 官이 무슨 성분입니까? 偏官이라는 성분을 가지고 있고 그다음에 그것과 같이 어우러져 있는 것이 傷官과 食神이 있는데 官과 食傷이 어우러져 있는 官星은 년의 巳와 시의 丙이 위와 아래에 드러나 있으니까 조직사회 중심의 성공 번영의 인자가 있다고 보면 되겠죠.

財星의 투출이 없잖아요. 물론 亥중의 甲木도 있고 辰중의 乙木도 있지만 財星의 투출이 없기 때문에 사업성을 발휘하는 것은 제한적이라는 겁니다.

부득이 財官을 비교했을 때 官星을 따라서 이렇게 가게 되는 모양인데 癸癸亥의 간섭자가 있으므로 수사와 관련된 또는 조사 이런 것들과 관련이 된 것이니까 보통 치안, 세무, 법무 이런 쪽으로 가게 되겠죠.

그래서 그런 것들을 나누게 되는 것이 결국은 명 안에 있는 요소들을 세세하게 나누어서 그 관계성을 살펴보는 것이라는 겁니다.

巳亥相冲 辰戌相冲이 이루어져 있다는 자체가 투쟁적인 요소나 과정 이런 것들이 상당히 발생한다고 보면 되겠죠. 실제로는 세무서장을 한 분입니다.

이런 논리로 확장할 수 있는 인자들을 어디에서 보느냐 하면, 總觀개념에서 보는 것은 사업이냐? 조직이냐? 이런 개념인데 그다음에 조직의 내용은 무엇이냐 하면 偏官에 傷官이 간섭을 하는 그런 일이라는 것입니다.

학생 – 저 사람 엄청 무섭겠네요.

선생님 – 술 먹으면서 "야야! 일어나봐라!" 하면 전부 기겁을 합니다. 결국 沖이라고 하는 것이 무엇입니까? 투쟁성이 되는 것이죠. 어떤 갈등 상황이 왔을 때 자기 자신을 잘 물러나지 않게 하는 그런 힘이잖아요. '될 때까지 한다.' 입니다. 巳와 戌 이런 것들이 '물어버린다.' 이런 것이잖아요.

그 기준차이를 보시라는 것이죠. 저 경우가 사업이냐? 조직이냐? 하는 것은 큰 단위로 보고 그다음에 어느 분야냐 하는 것은 細察차원에서 官星은 官星인데 食傷이 드러나 있다고 하는 것이죠. 그다음에 沖에 의해서 갈등 양상을 가지고 있다는 이런 것들을 세세하게 나누어 주는 것이죠.

다른 사람들과 차별화되게 팔자를 분석해 준다는 것은 이런 命의 細察요소를 조금 더 논리적으로 확장을 해주면 그런 것이 가능하다고 보시면 되죠.

3) 운의 總觀

3-1. 개념

아까 운이 차지하는 단위에 대해서 설명을 했지 않습니까? 말 午자 이런 것이 대운에서 간섭하면 큰 단위로 간섭하니까 그것이 계절로서 또 六親간섭으로서 또 어떤 영역? 변화나 변동을 유도해주는 인자가 된다는 것이죠.

- 계절적 환경
- 六親 간섭에 따른 환경과 제한

● 번영의 등급

번영의 등급도 대운의 흐름이 조금은 팔자의 중화라든지 또 팔자에 발전적인 기운을 이끌어주는 인자로서 큰 단위로 이끌어주느냐 그것을 보고 대체로 번영의 등급 이런 것들을 구분할 수 있습니다.

그것은 옛날 클래식에도 많이 언급하고 있죠. 팔자에 金寒水冷한데 운은 木火운을 달려준다. 봄과 여름을 달려간다고 이랬을 때 번영의 등급이 훨씬 더 원활한 것으로, 큰 것으로 보는 것이죠.

3-2. 기준

● 운의 순역

기준에는 운의 順逆 즉 운이 순운이냐 역운이냐? 운의 순역을 나누는 것.

● 남녀 陽 大運, 陰 大運

남녀의 운에서 陽 大運과 陰 大運의 흐름이 잘 구성되어 있느냐?

● 干支의 구성과 흐름
● 六親의 구성과 흐름

- 큰 단위의 神殺 적용
- 다양한 주기론 적용

이런 것들을 기준으로 크게 한 번 살펴볼 필요가 있는 것이죠.

학생 – 운의 順逆은? 좋고 안 좋고를 어떻게 봅니까?

선생님 – 대체로 順運은 새로운 선택이나 업을 만들어가는 과정 이렇게 보는 것이죠. 逆 대운은 대체로 자기가 쌓아온 여러 가지 카르마를 감당하거나 해소해 나가는 것이라고 조금 더 그렇게 보는 것이니까 대운의 順逆 부분에서 順運은 선택의 폭이 조금 더 열려 있다고 보고 逆運은 선택의 폭이 상당히 제한적이라고 보면 되죠.

학생 – 지난 시간에 남자가 丙寅과 丁卯대운을 빠져나가고 있을 때 陽大運에서 寅午戌이 陽 기운이 몰려 있다고 그러셨거든요. 그런 것이 그것이 亥 대운으로 빠져나가면 寅午戌 亥卯未의 三合의 결과물을 보고 그것을 판단하는 것입니까?

선생님 – 그것은 환경이라고 했잖아요. 寅午戌 亥卯未 陰陽으로 나누는 것은 우리가 성공해도 고생을 많이 해서 성공을 하는 경우가 있고 조금 수월하게 받아서 엎혀서 수월하게 가는 것이죠. 까먹는 것도 고생해서 까먹는 것이 있고, 그다음에 편안하게 까먹는 것이 있다고 했죠.

학생 – 남자라면 寅 대운이나 卯 대운이나 어차피 손쉽게 넘어가는 것은 아니지만 寅대운과 卯대운에 陽의 정도를 비교할 때 卯가 더 陽이 강한 것 아닙니까?

선생님 – 그것은 이렇게 생각을 하시면 됩니다. '힘과 속성'의 면에서 실제로 寅과 卯에서 卯는 이 자체가 四陽이잖아요. 그런 측면에서 힘의 분포 측면에서는 卯가 강한데 속성적으로 寅은 결국은 무리 지어서 火로 가잖아요.

卯는 木이라고 하는 것인데 木은 水와 火사이의 陽과 陰의 중간단계를 만들어내는 인자가 더 많은 것으로 보는 것이죠. 그래서 卯가 대체로 힘에서도 量의 측면이라고 하면 寅은 質 측면입니다.

質的 측면에서 힘은 더 센데 손바닥으로 미는 것과 힘은 덜한데 송곳으로 미는 것하고 어느 것이 더 파괴력이 생깁니까?

卯의 힘이 四陽이고 寅이 三陽이라고 해도 "나는 불을 질러 버릴 거야!" 하는 운동하고 卯는 "회초리 가져와!" 하는 것하고는 다르다는 것입니다. 그런 측면에서 이렇게 火局을 조성할 수 있는 인자가 훨씬 더 힘들게 간다는 것입니다.

학생 – 여자가 안 될 경우에도 힘이 들지만 아까 이야기했던 크기는 여자도 같게 봐야 되는 것입니까?

선생님 – 그렇죠. 여자도 寅과 卯를 긍정적으로 쓰기는 하지만 결국은 質的으로 寅이 더 힘이 있는 것으로 보는 것이죠.

학생 – 골탕을 먹을 때도 寅이 더?

선생님 – 寅은 송곳으로 찌르는 것이니까 그렇죠. "토끼보다는 내가 살살 찌를게!" 하는데 송곳으로 찌르는 것과 손끝으로 지그시 누르는 것과는 다르잖아요.

그런 차이로 생각하시면 됩니다. 힘의 포커싱이 되어 있느냐? 포커싱이 약하냐? 이렇게 봐도 될 것입니다. 그것하고 똑같은 것입니다. 포커싱이라고 하는 것이 결국은 돋보기 가지고 태양의 빛을 모을 때 초점이 있잖아요. 寅은 초점이 잘 맞추어진 상태, 卯는 초점이 흐트러진 상태와 같은 것이죠.

옛날에 장난을 쳐봤잖아요. 옆에 있는 놈 손 등에다가 돋보기 초점을 맞추면 고기가 익는 냄새가 올라오잖아요. 그렇게 보시면 될 것입니다.

'* 운의 순역', '*남여 陽 대운, 陰 대운', '干支의 구성과 흐름', '*六親의 구성과 흐름', '*큰 단위의 神殺적용', '*다양한 주기론 적용'에서 주기는 10년, 15년, 30년 그리고 細察을 할 때는 2.5년, 5년 이렇게 잘라서 가지만 더 큰 단위에서는 10년, 15년 그다음에 중간 단위 정도가 되는 것이 7.5년 그다음에 30년, 60년 이렇게 보면 되겠죠. 그런 정도로 큰 단위의 주기론 적용이 있습니다.

4) 운의 細察

실제 상담에서는 細察이 많기는 많습니다. 사람들은 운의 總觀 수준의 상황, 흐름 이런 것은 워낙 자기가 놓여 있는 현실적 처지를 그대로 알고 있기 때문에 변화성에 대해서는 조금 둔탁하다는 것이죠.

봄과 가을이 평균기온이 비슷해도 이미 봄에 와 있는 놈은 이 날씨가 기준이라고 보는 것입니다. 그런데 '봄날인데 꽃이 피었네!', '봄날인데 새가 나르는 구나!' 이런 것의 자기들 변화성에 더 정신적으로 매몰이 되어 있기 때문에 실제 상담은 운의 細察영역에 있는 것들을 상담을 많이 하게 된다고 보시면 됩니다.

4-1. 개념

- 세운, 월건, 일진에 따른 다양한 운명적 이벤트
- 운의 인자와 命의 다과(多果) 현상

時	日	月	年	乾命
丙	庚	癸	癸	
戌	辰	亥	巳	

이런 팔자에서 올해 戊戌年이 왔잖아요. 戊戌年이 왔을 때에 큰 단위에서 우리가 歲運으로 나누지만, 歲에서 들어오는 것만 보더라도 戊戌은 하나의 원인을 만드는 기운이잖아요.

戌이 巳에 대해서는 元嗔, 그리고 巳에서 봐서 戌이 攀鞍殺이죠. 12神殺에서 攀鞍殺을 만났다는 것이죠. 그다음에 戌과 亥에서는 무엇이 생깁니까? 天羅地網이 되죠. 그리고 戌과 辰 사이에는 相沖작용이죠. 戌과 戌은 똑같은 글자가 글을 만나면 약간의 自刑 작용이 있다고 보면 됩니다. 自刑작용이 강하지는 않다는 뜻인데 그것도 일종의 약간의 刑殺이 발생한다고 보면 됩니다.

그래서 이 글자가 일어나면서 오는 변화들을 다 해석에 적용해 주어야 된다는 것이죠. 그리고 戌가 癸水를 合을 함으로써 생겨나는 것 그다음에 戌 자체가 가지는 六親으로서의 작용 이것을 전부 다 해석을 해주어야 되는 것입니다.

학생 – 戊戌년의 戊癸 合은 실질적으로 세운에서 오는 것이 戌환경인데 合이 됩니까?

선생님 – 그렇죠. 제대로 合이 안되죠. 그렇게 안 되는 것이 더 미치는 것입니다.

庚이 戌를 긍정적으로 쓴다는 것은 대체로 문서라든지 학문적 추구성 이런 것들을 조장하게 되는 작용이 오게 되고, 癸水 癸水 두 개가 戌와 合을 이루면 官星이 되잖아요. 戌癸가 合을 제대로 못 하니까 이 官星을 이끌어 내어주는 작용을 못 한다는 것이 귀결인데 戌의 작용이 偏印으로도 작용을 다 못하고 또 合을 해서 官星으로 作合을 다 못하는 것이죠.

그것을 고전에서는 '기반(羈絆)'이라는 표현을 씁니다. 그 작용이 羈絆되었다. '제 역할을 제대로 못 한다.' 이런 개념으로 쓰는 것이니까 偏印을 羈絆을 시킨 것은 庚일주 입장에서는 나쁘지는 않죠.

나쁘지는 않지만 그렇다고 해서 완전히 合을 해서 무엇인가 다른 새것을 만들지도 못하고 있는 어중간한 상태가 되는 것이죠. 그 답답함과 攀鞍이 주는 답답함이 있는데 물론 戌이 偏印으로서 작용이 당연히 있겠죠?

攀鞍殺은 참호입니다. 그러니까 참호 속에 있다. 天殺과 가장 먼 곳이니까 웅덩이, 움 이런 것을 말하는 것이잖아요. 거기에 주저앉아 있는 답답함, 그것 때문에 이분은 물어보러 왔다는 것입니다.

학생 – 그런데 그분은 戊戌年에 참호 속에 들어있는 작용이 어디쯤 가야 그래도 풀려나나요?

선생님 – 일난은 戊戌에서 己亥로 빠져나가야 되죠. 적어도 戌年 戌月 정도까지는 이 참호 효과가 그대로 작용을 하잖아요. 그래서 戌정도는 빠져나와야 깊은 참호에서 조금 얕은 참호로 올라오는 것이죠.

그다음에 冬至를 넘어서면서부터 戊戌의 기운이 거의 해소 완화되는 쪽으로 꺾여나가고 그러면서 己亥年의 운이 서서히 들어오잖아요. 그래서 이런 것을 일일이 해석의 수단으로 해석을 써주어야 되는 것이죠. 일지의 辰 이런 것을 임대용 부동산 이런 것으로 보기도 하고 이것이 배우자와 관련성이 있는 활동 환경, 배우자가 수단으로 쓰고 있는 것 이런 것들을 바꿀 수 있는 그런 계기로 보는데 보통 임대용 부동산에 임대가 잘 나가지 않아서 다시 사람을 들이고 내보내고 하는 이런 정도의 작용이 발생하는 것이죠.
 이것이 개인적으로 약간 내밀한 것이고 년은 사회적으로 큰 단위로 적용되고 있는 것이고, 시의 戌은 미세한 단위이지만 앞으로 장래에 일어날 변화 이런 것들을 말하는 것이죠.

 학생 – 戊癸 合이 이루어지지 않아서 官星이 이루어지지 않아서 말은 되는데 결과가 안 이루어지는 것이에요? 아니면 나는 집에 있는데 아예 어떤 일도 잘 안 일어나는 것이에요?

 선생님 – 官이라고 하는 것이 대체로 사회적 관계로 봅니다. 사회적 관계인데 이분이 그런 공공조직, 국가조직에 근무하다가, 시에 丙火 때문에 長까지 한 것이죠. 기본적으로 署長까지 한 것이죠. 그다음에 庚寅年에 라이선스 사업을 하게 되는 것이죠.
 세무, 회계법인 이런 쪽에 라이선스 사업을 하는 중에 올해 같은 경우에 戊癸 合이 잘 안 갖추어진다는 말은 이야기는 오고 가고 있는데, 조금 큰 곳과 계약을 해야 되는데 그것이 메이크업이 잘 안된다고 보는 것이죠.
 이야기는 되고 있는 것이에요. 그쪽하고 거래를 트면 내가 앞으로 비즈니스 영역을 키워나가고 사회적 관계성이 설정되는 것이잖아요. 그런데 그것이 잘 안 되니까 답답한 것이잖아요.
 '이야기는 된다.' 이럴 때 안 되는 것도 없고 되는 것도 없고 이렇게 이야기를 하면 "딱 맞습니다. 선생님!" 하게 되는 것이죠.

학생 – 올해는 안 되는데 내년에 넘어가면 되는 것입니까?

선생님 – 그렇죠. 내년에는 되죠. 己亥年에 들어가면 巳亥相沖하면서 결국 이것이 新生 즉 새로 메이크업이 된다는 것입니다. 冲을 만난다는 것은 새로 메이크업이 된다고 하는 것이죠.

학생 – 그 일이 잘 안되는 것이 무엇 때문에 그런 것입니까?

선생님 – 아니요. 시간을 보세요. 戊癸가 깔끔하게 合이 이루어지려고 하면, 그러니까 이런 것입니다. 戊가 무엇입니까? 더운 기운이 한참 지나서 陽氣가 꽉 차야 되는 것이죠.

예를 들어서 우리가 웨하스 과자를 빳빳하게 새워놓았다고 생각해 보세요. 이것이 건조된 상태로 있으면 어떻게 됩니까? 陽의 기운이 극단적으로 펼쳐져 있는 모양으로 보는 것이죠.

서시에 癸水라고 하는 것이 밑으로 와서 웅크렸다가 다시 뻗쳐지는 기운인데 그것이 타고 올라오잖아요. 웨하스를 물에 담그면 어떻게 됩니까? 물이 밑으로 내려간다? 아니면 물이 웨하스를 타고 올라온다? 위로 올라오는 운동이나 행위가 무엇이냐 하면 火의 성질이잖아요.

그런데 戊이라고 하는 공간 자체가 끓는 물이 올라오는 것과 차가운 물이 올라오는 것하고 다르잖아요. 차가운 물에는 미숫가루가 잘 풀린다? 안 풀린다? 그것도 戊癸를 이루어주는 힘이 떨어지기 때문에 그런 것입니다.

학생 – 天羅地網은 어떻게 되는 것입니까?

선생님 − 그러니까 天羅地網은 지체가 된다는 것이죠. 돼지의 작용이 원활하지 못하다. 지체된다는 것이 되는 것이죠.

학생 − 저 사람은 내년에도 天羅地網이 갖추어지는 것이네요.

선생님 − 원래 팔자 안에 있기는 한데 이미 相冲으로 조금 액티브하게 움직이고 있잖아요.

학생 − 남녀가 만났을 때도 戊癸 合으로 만난 커플이 있으면 戊亥子丑으로 갈 때는 그 관계성이 별로 활발하지 않겠네요?

선생님 − 그것은 그렇게 해서 이루어지는 경우는 케이스가 적기는 한데 순수하게 그 合만을 기준으로 하면 그렇게 해석을 할 수 있는 것이죠.

● 운의 작용과 동반한 테마별 변동(변화)

어떤 테마가 변한다. 거기에는 주로 六親인자가 어떤 변화성을 일으키는지 이런 것을 보시면 되거든요.

● 다인(多因) 일과(一果)의 시기

多因 一果의 시기에는 보통 冲으로서 마무리가 될 때 이런 때가 많습니다.

물론 刑이라고 하는 것도 그런 작용을 적당히 하기는 하는데, 상기 명조에서 巳亥사이에 寅이 끼어든다든지 하면 이것이 사실은 三刑과 비슷한 작용을 일으켜서 절충시키는 작용이 오거든요.

　冲이 오면 '매듭을 짓는다.', '청산을 한다.' 거기에는 큰 단위의 운, 그동안 누적되어온 세운 이런 것들이 어떤 것이 주로 원인이 많이 되어 왔느냐? 이런 것들을 보고 결국은 그냥 때려치웠다가 되는 것이죠. 일지 冲맞은 김에 마누라보고 나가라고 했다는 것이죠. 그전에도 사이가 안 좋았는데 이런 것들이 多因一果라고 보는 것이죠.

학생 – 좋은 케이스는 직장을 옮기거나 할 때도 됩니까?

선생님 – 그렇죠. 전근을 못 가고 있었는데 전근을 가게 되거나 하는 이런 것들이 거기에 해당하는 것이죠.

- 운의 변화와 가족, 인간관계론
- 득실(得失) 혼재

　오늘 같은 경우도 이분이 작년 올해 줄줄이 초상운이 있다고 했는데 주변 사람들이 줄줄이 돌아가신 것입니다. 작년에 친정엄마 돌아가시고 올해는 시아버지가 돌아가시고 이렇게 해서 그런 것이 喪門, 弔客, 冲 이런 것을 통해서 일어나는데 그런 것에 의해서 六親관계는 잃었지만 그래도 그 뒤에 뭐가 따라와요?

유산도 따라오고 해서 득실이 항상 혼재하고 있는 요소들도 같이 있는 것이죠.

"돈 좀 받았습니까?" 하니까 "뭐 조금 받았습니다." 이러는 것입니다. 조금이라는 것이 얼마인지는 그릇따라 다르겠죠. 항상 得失 호재를 염두에 두셔야 됩니다.

4-2. 기준

- 命과 運의 상호작용
- 일운(一運) 변화와 명의 변화(변동) 작용
- 세운, 월건, 일진, 시진의 변동과 범주
- 대운과 세운의 조합
- 주기론에 따른 적용
- 세운, 월건, 일진, 시진에 따른 별도 神殺

저렇게 戊戌세운에서 온 것 하나만 가지고도 偏印과 偏印이 왔다가 아니고, 攀鞍殺이 왔다가 아니고 年月日時에 전부 다 '元嗔한다.', '冲한다.' 이런 것을 다 해석을 해주셔야 된다는 것이죠.

日運의 변화라고 하는 것은 다음 세운으로 갈 때, 이번 달 월건이 다음 달 월건으로 바뀔 때 영향을 주는 것 이런 것들을 보시라는 것이죠.

그다음에 대운의 변화와 세운의 변화를 조합해서 보는 것, 그리고 주기론에 따른 적용 등이 있죠.

그러니까 5년 이내에 60干支가 월건으로 돌잖아요. 그러면

2.5년마다 30개월씩 돌잖아요. 그 안에도 더 세분해서 立春 立秋를 쪼개서 봐도 좋다는 것입니다. 그다음에 세운, 월건, 일진, 시진에 따른 별도 神殺 이런 것들이 있습니다.

4-3. 방법론

- 命과 運의 상호작용해석
- 一運 변화와 명의 변화(변동) 해석
- 세운, 월건, 일진, 시진의 변동과 범주 해석
- 多因一果의 시기해석
- 주기론에 따른 적용해석
- 세운, 월건, 일진, 시진에 따른 별도 神殺 해석
- 문점(問占) 시간에 다른 분류원리(시 天干, 六爻)

학생 – 사람의 명조를 펼쳤습니다. 예를 들면 최진실씨 같은 경우에 그 사람이 명조를 펼치면 결국은 아시는 분들은 다 들어서 아시겠지만, 명조에 亥水 그다음에 대운의 亥子하고 월운에 亥, 세운에 亥 월운에 亥 시에 亥 이렇게 일맥상통할 경우에는 보이는 것입니다.

그럴 때 방법론적인데 결국은 최진실씨가 물 기운이 시까지 몰렸을 때 극단적으로 어려움이 생기는 현상이 벌어졌는데 눈에 보이는 그것을 어떤 식으로 표현합니까?

선생님 – 그럴 때 운명적 분기점 이런 표현을 우리가 해주기도 합니다. 물으시는 것은 길흉론을 말할 때 어떻게 말하느냐 묻는 것이죠?

학생 – 제가 지금 여쭙는 것은 그런 것이 보일 때 바로 직접적으로 언급을 해도 됩니까?

선생님 – 그 부분은 우리가 하는 일을 사회적인 기준하고 여러 가지 순기능 역기능까지 고려해야 될 부분까지 있는데 보통 '각별히 주의하라!' 이런 정도로 '이런 시기에는 기운의 편중성으로 인한 여러 가지 변화성이 발생할 수 있으니 각별히 주의하라!' 라고 하는 것이죠.

학생 – 과외적으로 질문을 할 수 있는 경우인데 표현이 눈에 보이더라도 극단적인 표현을 삼가라는 것이죠?

선생님 – 그렇죠. 옛날에는 제가 극단적인 표현을 하기는 한 것 같아요.
 옛날 1989년도에 제가 우리나라 이름 대면 알만한 OO텔레콤 회사의 OOO 인데 이 양반의 사주를 보고 사주용지를 던져 버린 것이에요. 심부름 온 분이 그 종이를 주워서 "왜 그러십니까? 안 좋습니까?" 묻는 것이에요. "앞으로 10년 동안은 너무 좋다."라고 하고 종이를 덮어버렸거든요.
 그 말은 "10년 뒤에부터 고생할 것이다." 이런 의미가 되죠. 그렇게 하면서 "그러면 10년간 좋다는 말입니까? 그러면 그 이후는?" 하니까 "모르겠다." 한 것이죠.
 이름 대면 알 만한 그 회사 있지 않습니까? 그 뒤로 돈은 많이 벌었는데 그 이후에 수난을 상당히 많이 당했지 않습니까?

학생 – 나중에 혹시 별도의 시간이 주어지면 선생님이 팁을 주시려는지는 모르겠지만 제가 6개월 강의를 들어보니까 명조를 펼치면 선생님이 '춘하추동 신사주학'부터 모든 강의를 하신 내용이 전부 다 들어있습니다. 언급하신 부분이 있고 언급을 안 하신 부분이 있습니다.

그래서 이렇게 배우는 사람의 입장에서는 확 펼쳐 놓았을 때 만약에 수업내용이 아니고 팁이 들어간다면 마지막 이 방법론이 끝날 부분에 명조를 펼쳐놓고 눈에 확 보일 때 어느 정도까지 언급을 하는지요?

어떤 때는 복습을 하다가 보면 전혀 예상하지 못한 부분을 터치하기도 하고 그런 부분이 궁금하니까 방법론이 끝날 부분에 한번 언급을 해주셨으면 합니다.

선생님 – 그 내용이 지금 수업내용과 매칭이 되어 있는 것인데 '命과 運의 總觀과 細察' 이런 4가지 영역에서 어느 곳의 말을 먼저 끄집어내서 이 사람과의 대화의 고리를 만들 것이냐? 그런 것을 고민하는 측면이 처음에는 어느 정도 그 기준을 가지고 생각을 할 수밖에 없는 것이죠.

맨 마지막에 '*問占 시간에 따른 분류 원리(시 天干, 六爻)'라고 해 놓았죠. 周易에 있는 원리나 이런 것을 다 언급을 해놓은 것입니다.

예를 들어서 壬일주가 丁未시에 무엇을 물어보러왔다고 하면 이것은 주로 재물이나 남자라면 여자 문제를 물어보러 왔겠구나 하는 것을 알 수 있습니다.

그러니까 그 상담하는 시 天干 있지 않습니까? 시 天干에 놓인 인자를 가지고 이 사람이 무엇을 주로 묻겠구나 하는 것인데 命의 總觀 부분이 비중이 더 크면 이것을 먼저 다루고 있다가 이 양반이 여자나 재물 이야기를 꺼내려고 하면 그 말과 동시에 이야기를 바로 막힘없이 해주는 것이죠.

'丁 이것 때문인지는 아는데 運의 總觀이 더 중요하거든.' 이런 것을 서로 노를 저어가듯이 대화의 물결을 보면서 조절을 하는 것이죠.

사람이 아무리 힘든 상태에서 오더라도 자기가 사실은 가능성을 얻고자 왔고, 희망을 얻고자 왔잖아요.

저도 옛날에는 '다 털어먹는다.' 이런 표현을 하기는 했습니다. '싹 다 털어먹는다.' 이런 표현을 하기는 했는데 그분은 안 오고 그분의 친구만 오더라니까요. 정작 다시 와야 될 분은 다 말아먹고 "나는 선생님 믿습니다." 하면서 친구만 오는 것이죠.

우리가 적어도 60년을 하나의 일주기로 생각을 하면 15년씩 끊어져 나가도 적어도 15년의 첫해에 바로 말아 먹는 것이 아니잖아요. 보통 한 5~6년 이때부터 10년이지 않습니까? 10년 뒤에는 숨을 쉴 수 있는 흐름으로 바뀌잖아요. 이때가 立春 이후에 5년 驚蟄 전후에 까먹었다고 쳐도 8~9년 뒤에는 다시 또 立夏로 들어가잖아요.

그러면 그 사람이 와서 다시 물어봐야 되는데 옛날에 그렇게 강하게 표현을 하니까 아무리 내용이 맞아도 본인은 안 오더라는 것이죠. 그러면서 그 친구나 가족은 줄 창 옵니다.

결국은 우리가 '쟁이'로만 살아남을 것이냐? "너 망한다. 3년

이내에" 이렇게 말하고 '쟁이'로 살면 에프터는 필요가 없다는 것이죠. 맞추면 그것으로 끝이라고 하는 겁니다.

그러면 그 거래는 끝이 난거라고 보면 되는데 우리가 소위 사람들의 길을 밝혀주는 랍비나 선생 이런 역할을 한다면 망할 사람을 보고도 그렇게 말을 하면 안 되는 것이죠. '매우 고생스러울 수 있다.'에서 끝이 나야 되는 것이죠. 결국은 표현을 개발해야죠.

제산 선생님도 굉장히 험하게 단언적으로 한 분도 많잖아요. 많은 분들이 간접적으로 그것을 전해주잖아요.

그런데 또 어떤 면에서는 뒤에 보면 아주 안 좋은 운이 있으면 "김 선생님!" 그러면 "예?" "몇 년 고생하시겠는데," 이렇게 아주 완곡하게 하는 것이죠. 그렇게 하면 고생을 하더라도 적어도 관계성이라고 하는 것이 유지가 되면서 가거든요.

그런 것은 개인의 가치관 문제이기도 하죠. 이 업을 감당하는 "나는 쟁이와 술사로서 끝을 내련다." 그렇게 소신껏 그것을 말해줘 버리는 것도 있고요.

그래도 우리가 사회적 기능을 고려한 측면에서는 안 좋은 것은 안 좋다고 말을 하더라도 조금 다듬어서 이야기해줄 필요가 있는 것이죠. 그것은 저 개인적인 생각이고 결론이 있는 것은 아니니까 고민을 한 번 해보세요.

사실은 한 마디 던지고 말려고 하면 삿갓을 하나 사야 됩니다. 삿갓을 하나 사서 풍수의 길이 밝아지면 그 집 앞에 서 있으면 '이 사람이 앞으로 8개월 뒤면 문을 닫겠구나!' 이것이 사실은 보인다는 말입니다. 그러면 삿갓을 쓴 웬 노인이 한 마디를 던진다는 것이죠. "8개월 뒤에 내가 다시 올 것인데," 그 한 마디를 주면 그 주인은 영문 없이 8개월을 기다리고, 결국 8개월째 문 닫을 때 그것을 다시 떠올린다는 것이죠.

학생 – 결국은 선생님께서 모든 이론을 다 가르쳐주시고 그 다음에 방법론적인 측면에서 할 말 안할 말을 다 구분하는 것을 말씀해 주실 것인데…

선생님 – 그것은 아름다운 거짓말이라고 하기에는 그렇지만 언어를 아름답게 가공을 하더라도 답을 좀 알아야 그 말을 가공할 수 있다는 것이죠.
 답을 모르는 영역에 있는 것은 그것을 구태여 강조할 필요가 없는 것이죠. 꼭 물어보면 이런저런 정도의 확률적으로 현상이 나타날 수 있다고 하고 말아 버려야 되는 것이죠.

학생 – 제가 단도직입적으로 말씀을 드리면 눈에 보이더라도 결국은 말을 하지 않는 것이 상대방을 위해 득이 된다고 하면 굳이 말을 할 필요가 없는 것입니까?

선생님 – 그렇다고 본질을 반대로 이야기를 해서는 안 되는 것이죠. 안 좋은 것을 좋다고 막 포장을 해서는 안 되고, 적어도 엇비슷한 흐름이라도 일러주면서 설명을 해야 되는 것이죠.
 최근에도 요즘 시절이 그런 것인지 세무 상담 때문에 골 아픈 것이 하루에 한 건씩은 오는 것 같습니다. 그런 것들도 크기와 단위에 따라서 이분이 정말로 법대로 다 했으면 완전히 그동안에 해온 사업을 다 접을 판이거든요.

물론 운세적으로 좋거나 나쁘다고 하는 흐름은 누구나 다 있는데 흐름이 조금 나쁜 시기에 내밀하게 흐름의 프로세스를 읽어주는 것. 그러나 이 양반은 어떻게 됩니까? 지금은 다시 살아나지만 결국은 더 나쁜 방향의 종착지가 있다고 하는 것이죠. 한 5~6년 뒤에 진짜로 거덜이 나는 것입니다.

중간에 힘이 들었을 때 그다음 다 거덜 내는 방향성의 힌트는 주어야 되는 것이죠. 그래서 "앞으로 한 3~4년 바짝 돈을 번다. 그때 발을 뺄 준비를 해라!" 하지만 그런 말을 해도 한 3년은 연락이 안 됩니다.

중간에 힘이 들었을 때는 감사하다고 장문의 문자를 보내죠. 세무조사를 한 8개월씩 받는 것이에요. 그러면 당신은 두 달 뒤 즈음에 이런저런 과정을 거치고 하면서 아주 정밀하게 봐주면 그 말 그대로 되어서 너무나 감사하다고 하는 것이죠.

이러면서 "앞으로 3~4년 동안은 또 당신은 일어설 것인데 그 이후에 규모에 따라서 빈섭네기 세월이 올 수 있으니 조심하라!" 그랬는데 자기는 뒤에 한 말이 크게 들리잖아요. 감사하다고 문자만 보내고 안 오는 것이죠.

케이스를 말씀드리려고 하면 많습니다. 수업시간에 다 매울 것이 아니라서 제가 조절을 하고 있는 것인데 아무리 극단적으로 안 좋은 일이 있어도 그렇게 경향적으로 말을 다듬어서 해줄 필요가 있고 꼭 그렇게 말을 하면 복면가왕 내지는 삿갓을 준비해서 하는 방법이 있습니다.

학생 – 선생님이 寅卯를 기준으로 해서 송곳과 손바닥을 비유해서 말씀하셨잖아요. 申酉도 그렇습니까?

선생님 – 그렇죠. 申酉도 그렇습니다. 申酉는 오히려 陰의 기운으로서 酉가 더 질적으로 강하다는 것입니다.

학생 – 申酉는 申이 더 강해야 되는데 酉가 더 강하다는 것입니까?

선생님 – 申이 申子辰으로서 당연히 水의 운동력이나 작용력을 더 강하게 드러나게 되는데 자연의 현상에서 酉가 質的으로 金의 성질이 더 강하게 나타난다고 하는 것이죠.
寅卯는 전체적인 요소로서 卯가 더 강하다고 했잖아요. 그런데 寅은 씨를 찢고 올라오는 것입니다. 그러니까 딱딱한 껍질을 툭 벌려서 올라오는 힘이라는 것입니다. 그래서 質的인 면에서 寅이 훨씬 더 순일성이라든지 힘이 있다고 보는 것이고, 물론 寅卯 둘을 강약차이를 나누는 것이니까 그렇게 보는 것이고 그런데 酉는 모든 것을 끊어내는 작용을 하는 것입니다. 음력으로 8월 달 枯草 즉 잎을 마르게 하고 葉落 그다음에 결실 이런 작용을 일으키는 힘으로서 申보다 더 강하게 작용을 하니까 우리 현상계에서는 酉가 즉 金의 작동력이 더 활발하게 작동을 하더라는 것입니다.

학생 – 年月日時 이것을 쓸 때, 우리는 잘 모르니까 따져봐야 아는데 법칙이 있다고 하던데, 예를 들어서 申년인데 달이 子달입니다. 그러면 天干에 무엇이 붙는지 규칙이 있다고 하던데?

선생님 – 그것은 큰 기어, 작은 기어로 보면 되는 것이죠. 甲己之年에 丙寅頭 이런 말을 하잖아요. 원래 甲子가 그 전년에 있는 것입니다. 그런데 寅月을 년의 분기점으로 삼기로 했기 때문에 寅을 甲年에 들어온 스타트로 보잖아요. 그 전년의 甲子 乙丑 이 있다고 했거든요.

그래서 甲子一氣格이 이론적으로는 있을 수 있는데 실제로는 없습니다. 우리가 쓰는 체계로 甲子년에 子월은 丙子가 되거든요. 그래서 甲子一氣格이라고 하는 것이 없습니다. 단 한 번도 본 적이 없습니다. 癸亥一氣格은 올 수가 있죠. 그래서 그 전년에 甲子년을 기준으로 년까지 바꾸면 그렇게 하면 甲子년에 甲子가 있겠죠?

그래서 그것은 甲子 乙丑 丙寅…으로 흘러오는 것이고, 立春은 타임레그 Time lag가 되죠. 타임레그 Time lag를 감안해서 년을 정하는 기준으로서 立春이 됨으로써 결국은 甲子를 쓰지 아니하고 丙寅을 쓰는 것이고 甲子일에는 甲子時가 생기는 것이죠.

태양의 1회전이니까 당연히 생기죠. 그래서 타임레그 Time lag가 거의 없다고 보는 것입니다. 해가 뜨고 지고 하는 것이니까 그래서 甲子 乙丑으로 바로 나가는 것이죠. 이해가 되지 않습니까?

학생 – 처음 들어보는 것입니다.

甲子일에는 丙寅時가 되잖아요. 甲子日날 寅時에 태어나면 丙寅時가 되는데 甲子가 원래는 더 기준이잖아요. 그런데 하루는 타임레그 Time lag현상이 거의 없으므로 바로 해가 뜨고 지고를 기준으로 해서 甲을 붙이고 그다음에 年은 甲子 乙丑까지 지상에 한 해 시작의 기운이 제대로 펼쳐지지 않으므로 立春을 기준으로 한 해를 바꾸는 것으로 했기 때문에 丙寅月이 되는데 공식이야 六合자의 印星 시작, 일과 시는 官星시작 이렇게 보면 되거든요. 그러니까 甲己 合은 土가 되는데 甲子시가 시작이 되니 甲이 官星이 되잖아요.

그다음에 乙庚일은 乙庚 合金이니까 丙子時 시작 이렇게 공식화는 할 수 있는데 저것이 양시가 있다 또는 없다고 논의를 하기는 하지만 甲子 乙丑 丙寅 丁卯… 가 계속 하루에도 12개가 되고 5일에 60개가 돌고 도는 것이죠. 시는 작은 기어, 날은 큰 기어, 월은 중간기어, 년은 제일 큰 기어 이렇게 생각을 하시면 되죠.

여러분들이 그냥 알고 있는 것들이지만 기준으로 머리에 두고 실제 사주 해석이라든지 상담에 임하면 손님으로 온 사람이 "저는 왜 형님이 제사를 가지고 가서 저한테 제사를 안 줍니까?" 그러면 命의 細察 부분에 있는 것이잖아요.

몇 년 전에 사업을 투자해서 그 사람에게 돈을 빌려주었는데 내가 돈을 받겠느냐? 못 받겠느냐? 하면 어디에 속한 질문입니까? 運의 細察이 되죠.

"나는 매일 일을 뼈가 빠지게 한다고 하는데 이 모양으로 크게 성공이 안 됩니까?" 이러면 運의 總觀이잖아요. 그래서 어느 단계의 질문인지 여러분이 분류를 딱 하고 있어야 됩니다.

학생 – 요즘의 세대들은 그것이 없는데 그 위의 세대들은 주민등록상의 주소하고 실 거주지하고 차이가 나고, 부동산 매매를 보면 태어난 나이가 차이 나는 사람들이 많이 있지 않습니까? 그러면 어느 것을 기준으로 사주를 봐야 됩니까?

선생님 – 실제 나이를 해야 됩니다. 우리가 아무리 천체운동에서 일어나는 干支 변화를 관념적인 측면을 우리가 채택한다고 하더라도 그것은 사주를 만들어준다고 하는 것은 다 거짓말입니다.
사주를 만들 수는 없습니다. 태어나는 순간부터 휴대폰이라고 하면 고유의 폼에 코딩 프리컨시 coding-frequency가 있다고 하는 것이죠. 그것은 실제로 또 해야 되는 것이죠.

학생 – 朝子時 夜子時에서 잘 모르는 사람들이 많거든요.

선생님 – 그것은 선후 시간을 두 가지 나 놓고 비교를 하는 것이 맞습니다. 이렇게 살았느냐? 저렇게 살았느냐?
최근에 어느 분이 일평생 하나도 되는 것이 없었다고 하신 분이 계셨는데 그분이 己丑이냐? 戊子냐? 물어서 戊子를 기준으로 해석해서 보고 己丑으로 하면 己丑이 부합되니까 "아, 己丑이 맞겠네요!" 하면서 결론을 내기는 했는데 子時 때문에 결국은 날이 바뀌잖아요. 그럴 때는 지나온 것을 가지고 맞추어 보면 됩니다.

학생 – 마지막 질문 하나 올리겠습니다. 강의하시면서 여자가 남편에 대한 원망이 많거나 시가에 대한 원망이 많으면 좌·

우측에 유방암이 생긴다고 하셨는데 남편이 아내에 대한 원망이 많거나 처가에 대한 원망이 많으면 어디에 병이 옵니까?

선생님 – 어디에 병이 오느냐 하면 간(肝)에 병이 옵니다. 그래서 애간장을 태운다고 하잖아요. 간에 문제가 오게 되어 있는 것이죠. 그래서 남자의 명이 특별히 木氣가 약하지도 않은데 肝에 문제가 발생하여 있는 것은 그것을 '마누라 원수 간경화'라고 하거든요.

학생 – 술을 많이 먹어서 그런 것이 아닙니까? 술을 많이 퍼먹은 놈은 위암이 오든지 다른 곳에도 병이 오잖아요.

실제로 그 간경화를 낫게 해준 수많은 케이스가 무조건 일단은 각방을 쓰게 만들고 결국은 마누라에 대해서 본인이 애를 끓인 것들을 마음으로 자기가 잘 다스려 주게 하거든요.

수없이 많은 간경화나 초기 간암은 우리가 그것으로 수없이 낫게 해주었죠. 낫게 해 주었는데 물론 자기는 그동안 먹은 약이 있으니까 이 약 때문에 나았다고 하는데 결국은 비법이 무엇이냐? 마누라를 용서하라고 하는 것이에요.

학생 – 용서가 안 됩니다.

선생님 – 용서가 안 되니까 애를 끓여서 가는 것이에요. 애간장을 녹이는 것입니다.

학생 – 질문하겠습니다. 선생님 감명지에 '동네부자는 할 수 있다.' 그게 어느 정도의 부자를 이야기하는지 말씀해 주시고 그다음에 제사를 지낼 때 장자가 아니라 차자가 지낼 때 장자기준의 방향으로 제사를 지내더라도 제사를 지내는 사람에게 인센티브가 가는지요? 어떤 식으로 가는 것입니까?

선생님 – 당연히 가죠. 드디어 오늘 결론에 도달하고 있습니다. 앞의 질문부터 답변을 드리겠습니다. 알부자, 동네부자가 있는데 알부자는 자산적으로 지역마다 차이는 있고 화폐가치마다 차이는 있지만 지금 화폐가치로 따지면 10억에서 30억 내외까지 남에게 손을 안 벌리고 자기 노후는 살아갈 수 있으면 알부자입니다.

동네부자는 그 동네에서 남들 눈에 뜨이는 빌딩을 가지거나 작게는 재래시장 입구에 3~4층 건물부터 조금 크게는 압구정동 큰 건물까지인데 재래시장 입구의 건물은 15억에서 30억 정도의 가치는 되겠죠? 압구성동의 건물은 150억 내외인데 이 정도의 차이라고 보면 됩니다.

지역유지는 적어도 작은 빌딩이라도 몇 개는 있어야 지역유지가 되고 지역유지는 150억에서 자산이 300억은 되어야 되겠죠. 그다음에 막강 재산은 300억에서 500억 정도가 되는데 준재벌은 이 경계가 모호합니다. 사실은 500억이나 1,000억이나 사실은 그릇은 '도찐개찐'이라고 봐야 되죠.

보통 사람의 그릇이 평균적인 수준보다 조금만 더 좋아도 동네부자의 수준에 이를 수 있는 정도의 복은 타고나는데 대부분 다 엉뚱한 일을 벌이고 그다음에 운의 내리막에 심하게 발라서 그래요. 그래서 이 정도가 동네부자의 표현이라고 보시면 됩니다.

학생 – 사는 동네마다 다르지 않습니까?

선생님 – 그래서 동네부자 아닙니까? 촌에 살면 촌 동네 부자가 되는 것이죠. 강남에 살면 강남에 있는 부자는 한 150억을 줘야 조그만 건물이라도 하나 가지고 있지 않습니까?

학생 – 선생님, 무엇을 보고 그런 기준을 내는 것입니까?

선생님 – 財根이 명랑하냐? 財根이 있느냐 없느냐? 그다음에 財根을 대용할 수 있는 食傷 또는 官이 格을 갖추느냐? 官이 格을 갖추어도 은행에서 돈을 잘 빌려줍니다.

물론 150억 사이에는 실제로 60억~70억 정도의 금융이 있죠. 강남도 속내를 뒤져보면 금융도 있고 해서 오히려 촌동네 건물 가진 사람이 더 큰소리치고 살기도 하고 합니다. 재래시장 입구에 있는 4층 건물에 월세 800만 원씩 막 들어오는 것이죠.

원래 잘 들어오면 월세 3000~4000씩 들어와야 되는데 그냥 빈 것 있고 물린 것 있고 복잡하게 엮인 것이에요. 그다음에 財根이 食神이 財星과 무리 지어서 그다음에 몸이 身旺하여 능히 食財를 감당하고 있는 이런 정도는 보통 지역유지에서 막강 재산 사이에 왔다 갔다 하는 정도로 보면 되죠. 제일 편하게 사는 것은 알부자가 제일 편하게 삽니다.

학생 – 알부자 아래에는 뭐라고 적습니까?

선생님 – 그것은 사실 사람도 아니죠. 알부자도 안되면 반상회 나가면 안 되는 것이죠. 그래서 우리가 사람이 되려고 이렇게 피나는 노력을 하잖아요.

두 번째 질문이 제사 문제를 이야기하셨는데 이 공부라고 하는 것을 깊이 들어가 보면 결국은 이렇습니다.

우리가 戊戌이라고 하는 干支의 움직임은 도대체 무엇일까? 戊戌年이 왔는데 戊戌年에 무엇인가 干支의 작용, 六親의 작용, 神殺的 작용이 있는 것은 알겠는데 戊戌 이것이 도대체 무엇이냐 이거죠. 물건도 아니고 무엇이냐 하는 것이죠.

결국은 '無形而能力者'라고 하는 소위 중력, 核力, 전자기력 이런 물리학에서도 말하는 수많은 눈에 보이지 않는 힘을 말하는 것이고 그 힘에 호응되는 人間이라고 하는 것은 도대체 무엇이냐? 인간이라고 하는 것은 전기체라고 하는 것입니다. 실제로 몸에 전류가 흐르죠.

電氣의 흐름에 의해서 수많은 것이 즉 행위적인 면, 몸 안에 있는 세포의 프로세스 이런 것들이 다 영향을 받는 전기체에 해당한다는 것입니다.

또 이것을 옛날식으로 표현하면 영체(靈體)이지 않습니까? 눈에 보이지 않으면서 엄청난 힘과 에너지를 가지고 있는 靈體와 같은, 전기체와 같은 것입니다.

우리가 조금 더 깊이 들어가면 인간이라고 하는 존재가 어떻게 보면 길을 잃어버리고 갈 곳을 다 자기 마음대로 주관하지 못하는 일종의 신이라고 본다는 것입니다.

'길 잃은 신' 이해가 됩니까? 길을 잃은 신이기 때문에 이상한 일을 벌였을 때 "내가 미쳤지."라고 하잖아요. 왜 미쳤을까?

왜 미친 짓을 할까? 길을 잃었기 때문에 그렇습니다.

  길을 잃고 방황하는 신까지의 단계를 설정해서 인간을 이해할 수 있으면 여러분이 드디어 도사의 안목을 가지고 삿갓을 쓰고 한 마디씩 할 수 있는 것이죠. 그래서 이제 전기체, 영체인데 제사를 모시면 어떤 작용이 오느냐? 조상이 어떤 체로? 靈體로 존재하고 전기체로 존재하고 있는데 그것과 교류한다는 것입니다.

  책 제목도 있습니다. '신과의 대화' 이런 책 제목도 보셨죠? '티벳 사자의 서' 이런 것 보셨나요? 신과의 대화라고 하는 것이 결국은 전기체고 영체고 길을 잃고 방황하고 있는 신이기 때문에 이 無形而能力者이기 때문에 몸이 호응되고 반응한다는 것입니다.

학생 – 큰 집을 대신해서 작은 집 아들이 제사를 대신 지낼 때 할아버지 제사는 종손을 대신해서 지내기 때문에 그 종손의 제사 방향에 맞추면 되는데 작은 집의 장자는 자기 아버지 제사를 모실 때는?

선생님 – 그때는 자기가 제사권을 가지는 것이니까 그때는 자기가 중심이 되는 것이죠.

학생 – 그러면 할아버지 제사 방향은 예를 들면 종손 중심으로 제사를 지내다가 아버지가 돌아가시면 나를 기준으로 하면 되네요?

학생 – 그것도 병풍을 하면 그것이 다 삭감된다고 한 것 아니었습니까?

선생님 – 병풍이 아니고 동서남북 방향이었죠.

학생 – 절하는 각이 안 나올 때는 병풍을 한다든지 그러면 각이 안 나오는 것 아닙니까?

선생님 – 주저앉으면 방향인데 방향이 안 나오는 것이 어디 있습니까? 여기서 주저앉으면 바로 절인데.

학생 – 들어오는 방문이 있는데 들어와서 바로 왼쪽은 바로 벽이고 맞은 편은 바로 창가입니다. 그러면 그것이 북쪽이고 남쪽이고 정해져 있을 때 창가로 병풍을 쳐서 그쪽으로 절을 하면 됩니까?

선생님 – 병풍을 안 쳐도 다 압니다.

학생 – 무조건 방향을 지켜야 됩니까?

선생님 – 결국은 전기체가 에너지의 교류가 즉 전파라고 하는 것이 있잖아요. 전파가 방향을 가지고 나가는 것처럼 조상과 나 사이에 그 기의 소통이 발생하는 그런 것이 당연히 존재한다는 것입니다.

학생 – '춘하추동 신사주학'에 보면 피아노 선을 튕기면 터지는 경우와 소리가 나는 경우와 긴완(緊緩)에 대한 부분에 대해서 샘플을 설명을 안 해주시더라고요.

선생님 – 그것은 워낙 많은 케이스가 있어서 그런데, 어떤 강한 기운이 몰려서 그것을 쉽게 건드려서 활용하거나 밸런스를 잡을 수 없는 상태인데 예를 들어서,

時	日	月	年	命
丙	庚			
戌	申	酉	酉	

庚 일주에 羊刃이 重重하고 있다든지 이런 모양은 굉장히 쏠려 있는 것이죠.

時	日	月	年	乾命
丙	庚	癸	癸	
戌	辰	亥	巳	

그다음에 아까 이분 같은 경우에도 巳亥辰戌 이런 경우에 冲에 의해서 진자운동(振子運動) 같은 것을 하고 있는 것이잖아요. 이런 것도 중간에 글자 하나가 잘 못 끼어들면 이 전체가 다 엉기는 작용이 생기는 이런 것이 긴(緊)으로 보는 것이죠.

時	日	月	年	**命**
丙	庚			
戌	申	酉	酉	

　羊刃 酉가 2개 있는 이런 명조는 토끼 卯자가 들어오면 오히려 쇠신충왕(衰神冲旺)이라고 하잖아요. 약한 놈이 강한 놈을 건드려서 旺者가 도리어 더 크게 움직이고, 쇠신충왕왕신발(衰神冲旺旺神發) 들어보셨죠? 그 원리와 똑같은 것이라는 겁니다. 이것이 긴(緊)이라고 하는 것입니다.

　이럴 때는 오히려 旺者喜泄 즉 강한 것을 서서히 덜어내는 것을 통해서 건드릴 때가 되는 것이죠. 얼음을 낮은 온도에서 얼렸을 때 그것을 볕에다가 꺼내면 어떻게 됩니까? 서서히 녹습니까? 아니면 쫙 쪼개집니까? 쪼개지잖아요. 왜냐하면, 내부의 부피변화와 외부의 부피변화 사이에 급격한 차이 때문에 금이 생기잖아요.

　緊이 갑자기 외부와 부딪힘으로써 깨어지는 작용을 하는 것입니다. 緩은 그것을 냉장실에 두면 서서히 얼음이 녹아내리죠. 그것이 완(緩)입니다.

　학생 – 酉月에 庚申일주 같은 경우에 卯가 와서 旺者를 冲을 할 때 亥가 庚일간 본인에게 해로움이 더 큰가요? 아니면 冲들을 치는 경우가 더 많은가요?

　선생님 – 두 가지 다 일어나는 경우가 많죠. 물론 본인에게

화가 미치는 것이 우선이고 두 번째는 내버려두면 안 죽잖아요. 주변과의 갈등 양상을 다시 일으킴으로써 여러 가지 희생을 일으키는 것이죠.

학생 – 저런 경우에 돈 때문에 가족끼리 물고 뜯고 하는 경우도 됩니까?

선생님 – 그런 것도 발생할 수 있고 이 토끼 卯자가 결국은 움직임이잖아요. 재물을 추구하는 추구성 그런 것들을 조장함으로써 결국은 주변에 방해인자로 인해서 갈등을 크게 일으키게 되는 인자가 되는 것이죠. 이런 것도 일종의 군비쟁재(群比爭財)가 운에서 발생한 그런 모양이 되는 것이죠.

사실은 다 신성(神性)이 있다고 했잖아요. 부처님은 佛性이 있다고 표현을 했고 그렇죠? 그 神性이 世界에 갇힘으로써 길을 잃고 방황하는 중이라고 보면 되죠.

그래서 펜팔 편지나 연애편지의 대부분은 전부 다 길을 잃은 신의 이야기입니다. '외롭다.' 이런 것 있지 않습니까? 왜? 길을 잃었으니까 외로운 것이죠.

뒷날에 다시 정리하는 강의를 개설할지는 모르겠습니다. 지금 수업이 아직 끝낸 수업이 아니니까 차후에 적당한 날짜를 공지해서 나머지를 정리하면서 전기체(電氣體), 영체(靈體) 이런 것을 이야기하시고 無形而能力者 중에서 최고의 無形而能力者가 무엇인지 아십니까?

성경에는 그렇게 적어 놓았습니다. '내 이웃을 사랑하라.'

사랑이라고 하는 것이 無形而能力者라고 하는 것입니다. 남녀 간의 애정적 사랑 말고 이 우주나 생명이 있는 모든 것에 대하여 사랑을 하는 마음을 가지고 있는 사람은 아까 緊緩 설명을 했죠? 緩이 된다는 것이죠.

학생 – 선생님 책 여러 가지 중에서 六庚申 신앙에 대해서 언급을 하신 부분이 있는데 60일에 한 번씩 돌아오는 庚申일 잠을 자지 않고 6번을 지내면 능력이 생긴다고 했는데 그것을 어느 사주를 가진 사람이 고집 하나는 끝내준다고 봤을 때, 예를 들어서 그런데 머리는 돌머리다. 그런데 "너 六庚申을 하면 게이지가 올라간다."고 했을 때 그 사람이 그것을 행했을 경우에 그러면 그 사람의 한쪽으로 가려고 하는 그 기운이 좋은 쪽으로 작용해서 발전합니까?

선생님 – 꼭 좋은 쪽으로만은 아닌데 운명이 바뀌는 넝억이 상당히 발생한다고 보죠.

학생 – 그것이 예를 들어서 똑같은 물을 먹어도 소가 먹으면 젖이 되고 뱀이 먹으면 독이 되는 그런 논리로 볼 수 있는 것입니까?

선생님 – 적어도 六庚申을 했다고 보는 사회적으로 알려진 분 중에는 옛날에 파고다 공원의 노인과 탄허스님, 제산 선생님 이런 분들은 六庚申을 한 것으로 보는 것이죠. 六庚申이야기는 다음 시간에 모일 때 하시죠.

질문과 답변 4
(무엇이든 물어보세요)

「질문과 답변」단원은 홍익원격평생교육원 사이트 게시판에 회원분들께 미리 질문을 받아 답변해드린 내용입니다.

질문과 답변 4 (무엇이든 물어보세요)

오늘 보충하는 수업은 역학에 관련된 부분은 그렇게 많지는 않은 것 같습니다. 설명이 굉장히 많이 필요한 부분도 있고 또 설명이 간단한 것도 있는데 진도를 뽑는 데까지는 뽑아 보겠습니다.

40. 점집

2번의 연장 선상의 질문이 될 수도 있는데 단골로 가는 붕어빵집에서 손님들이 하는 이야기를 우연찮게 듣게 되었는데 자기의 어머니가 무당이셨고 30년 정도 했다고 합니다.
점을 물으러 오는 사람들 중에 의지가 약해 보이거나 만만해 보이는 사람이 있으면 점집에 있던 귀신이 그 사람을 따라간다고 합니다. 따라가서 남편하고 잠자리를 못 하게 하거나 자기를 밖에 못 나가게 하거나 옷도 자기 마음대로 못 입게 조정을 한다고 합니다. 이런 현상들이 가능한지 궁금합니다.
제가 아는 어떤 지인은 줄서서 기다리는 유명한 점집에 갔는데 그 무당이 그냥 자기 의지로 살라고 하면서 점을 안 봐주셨다고 합니다. 자기 의지로 살라는 말은 그 무당보다 더 기운이 세서 그런 말을 하신 것인지 아니면 그 무당보다 미래를 보는 직감력이 더 발달이 되어서 그런 말을 한 것인지 모르겠으나 이런 현상들은 어떤 식으로 이해해야 하는지 궁금합니다.

답변 – 이것은 아직도 제도권이나 제대로 학술적인 정리를 마친 것이 아니므로 한가지로 정리를 한 것으로 보기는 어렵지만, 경험치로 볼 때에 여러분의 판단을 돕기 위한 보조적인 것으로 보면 될 것입니다. 경험치로 보니까 그런 것이 있더라는 것이죠.

지난 시간에 했던 것이 기억이 나시는지 모르겠네요. 인간이 운명적인 이런 에너지에 이끌려서 무엇인가 현상을 일으키고 왔다 갔다 하게 되는 것이 인간은 일종의 靈體이면서 또한 電氣體가 되는데 그다음에 설명한 것은 생각이 안 나시죠?

'길을 잃고 방황하는 신이다.' 기억이 나십니까? 이 우주에서 결국은 지구라고 하는 世界죠. 인간이라고 하는 삶의 界에 갇혀서 길을 잃고 방황을 하는 신의 일종이라고 본다면 이런 점집에 가서 기운에 덧씌운다고 하는 것을 볼 수가 있죠.

오늘의 마지막 손님의 멘트는 이런 것이었습니다. 분명히 글을 섞어 놓았는데 왜 그 내용이 하나도 안 보이느냐 이것이에요. 이분이 여자분 辛酉일주인데 戊戌년을 만나면 어떤 작용이 오죠? 官星의 入庫작용 즉 正官의 入庫가 이루어지죠. 그다음에 羊刃작용이 이루어지죠.

羊刃작용에 의한 여러 가지 희생이나 소모가 생기는데 지난달에 남편이 세상을 떠버리고 말았는데 본인은 더 오래 살았으면 하는 마인드나 생각 속에 있었기 때문에 분명히 올해 '돈, 피, 짝을 잃어버리는 그런 여러 가지 어려움이 올 것이다.' 이렇게 써있는데 안 보이더라는 것입니다.

금전적으로도 남과 시비, 분쟁 속에 있고 그다음에 몸은 크게 안 당하기는 했는데 배우자가 지난달에 세상을 뜨는 바람에 글을 봤는데 넋을 잃고 보니까 보이더라는 것입니다.

　이런 靈體로서의 존재로서 감당을 해내는 세계 그다음에 전기체 즉 방향 이론 이런 것 있지 않습니까? 방향 이론에 의해서 災殺방향으로 간다든지 天殺 방향으로 간다든지 이런 것들이 일어나는 현상을 보면 역시 우리 몸이 電氣體이고 磁氣體 라고 하는 것이죠.

　최근 6~7년 전에 일어난 일인데 아주 고위공직자의 부친이 우울증 같은 것으로 차를 타고 태종대로 간 것입니다. 그것이 辰方이 되잖아요. 살던 곳에서 辰方인데 이분이 巳酉丑 생이었거든요. 天殺방향으로 갔기 때문에 찾기 어렵다고 본 것이죠.

　이분이 수사기관에 수장이었는데 아버지의 행방을 도저히 찾을 길이 없어서 점괘를 물으니 점괘에서는 天殺로 떠난 것이라고 하더라는 것이죠. 찾을 수가 없다고 하더라는 것이죠.

　이런 것들이 바로 電磁氣體로서 天殺을 향해서 본인이 삶의 행로를 정해버렸다고 하는 것은 하늘로 가겠다는 것이잖아요. 그래서 아직도 소식을 모른다는 겁니다.

　"정말 찾을 수 없는 것입니까?"
　"길은 있지요."
　"어떻게 하면?"
　"죽으면 만날 수 있다."
　"예!!!"

　삶과 죽음이 어떤 면에서 존재양식의 탈바꿈이라는 것을 역학 공부를 깊이 있게 해서 보면 알 수가 있을 것입니다. 적어도 우리가 경험한 요소이니까 이것이 답이라고 하는 것은 아니고 여러분이 판단할 때 그럴 수도 있겠다. 이렇게 생각을 하시면 되겠습니다. 3번의 질문 내용은 그 내용입니다.

41. 공무원시험

보건직 공무원을 준비하는 여자 분이 있는데 어느 지역에서 공무원 시험을 보면 좋을까 하다가 상대적 평가라 84점을 맞았는데, 가령 용인에서 84점이면 합격이고, 분당에서 84점이면 불합격인데 저는 이런 경우가 아리송합니다. 제가 만약에 분당에서 보라고 해서 이 여자분이 떨어졌다면 원래 떨어질 분이라서 떨어진 것인지요? 제가 분당에서 보라고 해도 이분이 붙을 분이면 용인에서도 합격할 분인지요? 이런 경우는 어떤 식으로 받아들이고 생각을 해야 되는지요?
선택에 의해서 합격과 불합격이 달라지는 건지, 어떤 선택을 했어도 불합격이 되는 건지, 아니면 어떠한 선택을 했어도 합격이 되는 건지 이러한 과정과 결과가 궁금합니다.

답변 – 이 내용은 커트라인이 지역마다 다른데 이 동네에 쳤으면 붙었을 것을 저 동네의 커트라인을 감당하지 못해서 떨어졌는데 이것이 운이 없어서 그렇게 된 것이냐? 아니면 원래 될 것이 다른 지역을 했으면 될 것이 안 된 것이냐? 하는 것인데 포괄적으로 답을 낸다고 하면 사실 운이 없는 것이죠.

상담을 여러분이 해보시면 아시겠지만, 답만 피해서 다닌다니까요. 제가 제일 기억나는 분 중에 한 분은 젊은 날에 남편과의 인연이 빨리 끊어지는 바람에 생업을 돌보면서 살다가 따님이 교직에 취직하고 그러면서 편안하게 살게 된 것입니다. 이분이 한푼 두푼 모아놓은 돈을 가지고 1억 5천만 원이었는데 이게 IMF 때입니다. 그때 모아놓은 것이니까 돈이 제법 되는 것이죠.

그래서 뭐를 해볼까? 하는데 하지 말고 가만히 계시라고 그렇게 해 놓고 그날 온 것이죠.

"무엇 때문에 왔느냐?"

"커피숍 계약을 합니다." 하는 것이죠. 호텔 커피숍인데 보통 사람들이 많이 오고 가는 곳이니까 장사가 잘 될 것이라고 보고 그러는데 제가 손을 붙들고 이야기를 해 준 것이죠.

"할매! 오늘 오후에 반드시 사기를 당하거든요. 절대 하면 안 됩니다." 했는데 가서 사인하고 돈을 건네준 것이죠. 그 뒤에 어떤 일이 생겼느냐 하면 그것이 호텔주인하고 계약한 것이 아니고 호텔주인의 아들하고 한 것입니다.

주인 아들이 네 사람과 동시에 계약을 한 것입니다. 1억 5천만 원씩 4명과 계약을 했으니까 6억을 들고 도망가 버린 것이죠. 주인을 찾아가니까 주인이 이런 말을 하더랍니다.

"제발 그 새끼 좀 찾아서 감옥에 좀 처넣어 주세요."

그것이 운의 함정에 걸려드는 운이었기는 하지만 거기에 본인 돈만 있었던 것이 아니고 가족 돈도 있고 주변 돈도 있었는데 그것을 갚느라고 나이 칠순에 8년 동안을 돼지국밥 장사를 하더라는 것이죠.

운이 없으면 어떻게 해서든 답을 피해서 나가더라, 비켜나가더라 하는 것이죠. 이 경우도 마찬가지로 그런 케이스가 몇 케이스가 됩니다.

또 어떤 사람은 교수가 되고 싶어서 노력했는데 "당신은 섬으로 가야 된다. 그래야 당신이 교수가 될 것이다. 당신은 절대로 물 정기가 없어서 섬이 아니면 교수가 안 된다." 했는데 진주 이런 곳에 가서 서류를 넣고 "선생님, 이번에 안 되겠습니까?" 그렇게 묻기를 한 5년을 묻더라니까요.

"제발 섬으로 가라! 섬으로."

그래서 그 이듬해에 제주대학교에 경제학과 교수가 되었습니다. 그런데 운이 없을 때는 안동에 있는 학교에 넣고 "이번에는 되겠죠? 선생님! 저도 格局 用神으로 볼 줄 압니다."

"예예! 열심히 하십시오."

운이 없으면 공간도 자기와 미스매치가 있는 곳으로 잘 가더라는 것입니다. 그래서 우선 운을 우선해서 보시고 그렇다고 공간적인 부분이 영향이 없느냐? 영향이 있다. 그런데 운이 맞아떨어질 때 가까이 가니까 답을 찾아가더라는 것이죠.

저에게 밥을 사기로 한 것이 8년이 넘었는데 아직 안 사고 있습니다. 제가 밥을 얻어 먹으러 제주도 한 번 가려고 합니다. 하여간 그 부분에서 공간이 영향을 주는 것은 분명하지만, 그것도 운의 흐름 속에 결국은 조화가 일어나더라고 이해를 하시면 되겠습니다.

42. 비명횡사나 자살!

일반사람들은 이런 부분들까지도 사주학적으로 알 수 있다고 생각하는 것 같은데 개념정리 차원에서 질문을 드립니다. 사회적으로 큰 사건·사고들 911테러, 천안함, 세월호, 삼풍백화점, 성수대교,

대구 지하철, 비행기추락 이러한 사고들은 사주학적으로는 접근을 어떤 식으로 해야 하는 건지요? 사주풀이가 어렵다고 봐야 하는 건지요?
다만 터의 개념으로 공간적으로 거기에 있었기 때문에 사고를 당한 것이기 때문에 거기에 있지 않았다면 사고를 당하지 않았을 것이라고 봐야 하는 건지요? 큰 건물이나 같은 공간에 있었기 때문에 그런 것이라고 생각을 해야 되는 건지요? 또 자살하는 사람들은 사주학적으로 어떤 접근을 해야 하는 건지 궁금해서 질문 드립니다.

답변 – 이런 것은 개인의 운이라고 하기보다는 사회가 가진 문제가 되겠죠. 址胎의 문제라고 했죠.

운명이 만들어지는 母胎, 配胎, 址胎 이런 사회문화적 환경 이런 것들이 결국은 원인이 되어서 오는 현상이 되는 것이니까 결국은 현대에 살아가고 있는 사람들이 어차피 한꺼번에 감당하고 있는 운명적인 난제라고 볼 수가 있는 것이죠.

물론 비행기가 떨어져도 살아서 남는 사람이 있었습니다. 옛날에 아시아나 비행기 사건 때 간단하게 이야기를 해 드렸죠. 乙丙丁 三奇가 있더라는 것이죠. 손을 좀 잡으라네요.

"왜 잡아야 됩니까?"

"그런 기운을 가진 엄청난 사람이다."

자살은 사실 자기 내부적으로 가진 운명적인 것이 있는 경우가 많죠. 운의 흐름에서 子丑이나 午未운의 흐름의 조화가 극단적인 편중성의 운을 만들고 있을 때가 쉽습니다.

그다음에 羊刃이 重重하거나 또 刑沖破害의 모양이 좋지 못

하거나 이럴 때 그것이 크게 발동하는 시기가 있잖아요. 그런 시기에 극단적 선택을 하는 것은 팔자 내에 상당 부분 존재를 한다는 것입니다. 물론 魁罡 白虎 이런 것들도 마찬가지죠.

자살하는 사람은 그렇고 立春 立秋 기준으로 보면 자살 같은 것이 많이 일어나는 시기가 보통 大寒에서 驚蟄사이 이런 시기에 이르면 삶에 대한 의지를 확 잃어버리는데 통계적으로 보면 驚蟄 언저리가 제일 많기는 많습니다.

驚蟄 바로 직전 있잖아요. 직전 언저리에 보면 大寒에서 驚蟄 사이에 삶에 대한 의욕을 많이 잃어버리는 경우가 많죠. 물론 어린아이들은 해당 사항이 없습니다.

사회생활을 활발하게 하다가 운의 침체를 겪어서 大寒이라고 하는 것이 그런 시기를 만났을 때 '너무 춥다.' 그렇죠? '立春은 아무것도 없네!' 그다음에 驚蟄이 '깜짝' 이런 기운으로 연결되니까 그런 것이죠.

학생 – 중고등학생들은?

중고등학생들은 대체로 立春전이 冬至, 小寒, 大寒 들어가잖아요. 小寒, 大寒 들어갈 때 "왜요? 왜 해야 되는데?" 이런 염세성이라든지 살아가는 것에 대한 회의 이런 것들을 많이 겪게 되는 것이죠.

자살의 예는 제가 많이는 못 봤습니다. 어린 아이들은 그런 기운을 "이런 것이 세상인 모양이다." 하고 감당을 하는 것 같습니다. 물론 있기는 있을 것인데 제가 본 사례가 많지 않기 때문에 그것을 무조건 자살의 인자라고 보지는 않습니다.

43. 日辰

그해의 연도나 달에 의해서 약간의 변화는 있지만 70~80%가 거의 공통으로 일어나는 일을 알 수 있다고 말씀하셨던 것 같은데 아직 개념정리가 잘 안 되어서 질문을 드립니다.
저는 乙일주인데 天干으로 庚이 떠서 관공서에서 돈 내라는 통지서가 오고, 또 地支에 申이 와서 돈을 내라는 통지서가 오고, 巳 劫殺이 떠서 돈 내라는 통지서가 오는데 어디에다가 장단을 맞추어야 되는지 궁금합니다.

답변 – 2개 다 하면 됩니다. 乙일주에 庚이 오면 대체로 먼 곳에서 소식이 온다. 그다음에 관청에 관련된 그런 일이 잘 발생하는데 巳도 傷官이라고 하는 것도 일종의 官을 불러들이거나 官을 밀쳐내거나 함으로서 그런 작용이 섞여지는 것이죠.

질문 – 일진에서도 皆花論을 적용하는지도 궁금합니다.

답변 – 일진에서 皆花論 적용을 합니다.

申띠가 申子辰날 亥卯未날 寅午戌날 巳酉丑날 중에 申子辰은 날은 애정이나 남녀관계에 잘 엮이고, 巳酉丑날은 매듭이나 정리정돈 절단이 날수도 있으니 인간관계는 조심해야 되고, 亥卯未날은 미정이고 계약이나 약속을 하면 틀어지거나 깨지거나 하고, 寅午

戌날은 약속을 지키면 잘 지켜지고 天干과 地支로 오는 六親的인 표현과 글자 字意에 의한 표현과 12神殺과 주도권이 있고 없고의 표현을 믹스해서 봐야 할 것 같은데 범벅이 되어서 그러는데 일진의 풀이 좀 자세히 부탁드립니다. (空亡날 큰돈이 들어온 이유도 궁금합니다. 辛일주 申띠 여자가 卯날 보험이 들어왔다고 합니다.)

답변 – 원숭이띠만 그런 것이 아닙니다. 어떤 띠의 모든 사람이 申子辰날은 合의 목적이 水를 향하므로 대체로 애정사, 비밀사 이런 것들을 잘 만들고 亥卯未는 자꾸 모양이 흐트러지는 것이잖아요.

巳酉丑은 주로 매듭을 짓는 것이니까 보통 인간관계에서 절교, 끝장, 막장, 마무리 이런 것들이 잘 발생을 합니다. 이런 것들은 띠에 상관이 없이 범용적으로 쓰는 것입니다.

[天干과 地支로 오는 육친적,,,중략,,, 일진의 풀이 좀 자세히 부탁드립니다.]

이 부분은 질문이 사실은 너무 큽니다. 믹스를 해서 본다는 것은 접근 자체가 괜찮기는 했는데 믹스 된 모양을 그냥 그대로 다 해석의 틀로 쓰시라고 하는 것이죠.

물에다가 소금을 넣고 설탕을 넣었다고 하면 소금 맛도 설명하면 되고 설탕 맛도 설명하면 되고 물맛도 설명하면 되는 것이거든요. 믹스된 것을 꼭 하나로 집중을 해서 자꾸 결론을 지으려고 하니까 해석이 번거로워지는 것이죠.

이 경우도 보통 길흉론적인 해석을 해내려고 하는 습관에서 오는 것입니다. 소금 넣고 설탕 넣은 물을 먹었더니 좋더라! 나쁘더라! 라고 하는 이렇게 좋고 나쁜 것으로 갈무리를 지으려고 하니까 그냥 소금도 있고, 설탕도 있고, 물도 있다. 이렇게 갖가지 요소를 그대로 해석하는 것을 보면 뒷날에 두 가지를 자연스럽게 매칭을 해서 설명을 할 수 있는 기준점들이 생기거든요.

학생 – 亥卯未 날에 未定의 기운 때문에 계약같은 것을 하지 말라고 하셨는데 이 글자들이 달이나 년에는 어떤 영향을 미칩니까?

선생님 – 달이나 년에도 영향은 있죠.

학생 – 내년에는 己亥年인데 계약 같은 것을 안 해야 되겠네요?

선생님 – 안 되는 것이 아니고 손이 여러 번 가서 채워진다는 것이죠. '이랬다저랬다' 하면서 '깎아준다고 했다가 못 깎아준다고 했다가', '계약하자고 했다가 안 한다고 했다가' 이런 과정이 생긴다고 보시면 되고 운명적 결론이 없다는 것은 아니죠.
물론 그동안 약속했던 것들이 破約 즉 약속이 깨어지거나 수정되는 일은 생길 수 있지만 아무 일도 일어나지 않는 것은 아니라고 보시면 되죠. 마늘에 싹이 조금 튼 놈이 있어도 요리할 때 씁니까? 안 씁니까? 쓰는 것이죠.

학생 – 亥卯未 중에서 어느 것이 제일 강합니까?

선생님 – 그중에서 속성이 제일 강한 것이 토끼입니다. 토끼가 머무르는 것이 없이 옮겨 다니는 것이잖아요. 양(未)은 그다음 2순위입니다. 3순위가 돼지가 됩니다. 돼지는 六陰之處가 되잖아요. 꿀꿀하면서 "주면 먹지!" 하는 것이죠. '다 먹는다.' 이것도 번잡함을 의미하는 것이죠.

토끼와 양은 확실하게 破約 또는 손이 여러 번 가는 또는 수정되는 이런 요소들이 많더라 하는 것이죠. 여러분이 일진을 재미삼아 보시라는 것이죠. 재미삼아 보시면 정말 잘 맞습니다.

오늘 토끼날이잖아요. 토끼날에 여러분도 하나 정도는 원래 내가 약속했던 것과 계획한 것과 어긋나게 한 것이 있었다는 것입니다. 반드시 있었다는 것이죠. 또 소란스럽기도 한 것이죠.

학생 – 오늘 다 끝을 내는 것이지요?

선생님 – 원래는 오늘 다 끝내기로 했는데 다 안 끝나고 마무리될 가능성이 크다고 봐야죠. 토끼가 적어도 亥時까지는 계속 작동을 하고 있으니까 그렇죠.

학생 – 다음번에 다시 약속이 잡히는 것 아닙니까?

선생님 – 지금은 보너스 트랙이고 엑스트라 트랙이 또 있을지 모릅니다.

오늘이 癸卯날 壬戌시가 되잖아요. 戌時가 卯의 발동을 지금 붙들어 잡고 있잖아요. 戌時가 넘어가면 즉 9시 24분 정도 지나고 나면 戌이 풀어지면서 亥와 무리를 짓잖아요.

癸卯에 癸亥시가 되면 "선생님, 그만합시다." 소리가 9시 24분 경에 나온다고 하는 것이죠. 이때부터 김이 새는 것이니까 9시 20분까지만 합시다.

학생 — 안 그래도 오늘이 立冬이라서 戌의 마무리가 되네요.

선생님 — 그렇죠. 戌年의 戌月의 강한 魁罡과 白虎의 작용 때문에 그렇습니다. 제가 가까운 분에게 선물하시라고 했는데 이분이 하필이면 외국을 왔다 갔다 해 버리네요. 선물 아시죠? 주가의 변동성이 커진다. 내릴 때에 포지션을 취해 놓으면 이번에 한 20배씩, 옵션 같은 경우에는 20~30배씩 버는 것이죠. 그런데 그것을 뻔히 알고도 당한 것이죠. 그놈의 三災 때문에 되는 것이 없네요.

여러분이 干支 모양을 잘 봐보세요. 戌時는 토끼가 시에 의해서 자기가 발동을 하고 싶어도 하는 수 없이 발이 걸려 있잖아요. 亥時가 되면 合으로서 묶였던 것이 확연하게 느슨하게 풀려버리잖아요. 그러면서 亥중의 무엇이? 甲이 발동하게 되겠죠.

甲이 발동하면 '찢고 나온다.', '주머니에 있다가 삐져나온다.' 이런 것으로 가니까 수업 집중이 흐트러지게 되어 있죠. 몇 시부터? 9시 24분부터 그렇다는 것입니다.

그리고 조금 더 늘리면 60분을 戊甲壬 이렇게 가잖아요. 그래서 10시 가까이 가면 주리가 틀려서 도저히 못 하는 것이죠. 제가 알아서 조절해드릴 테니까 여러분이 공부하는 척하면서 보세요.

44. 애완용 동물 식물 곤충의 개념

개념을 잘 잡아야 할 것 같아서 질문을 드립니다. 요즘은 애완용으로 동물이나 식물 곤충들을 많이 키웁니다. 2003년 춘하추동 신사주학 강의에서는 亥卯未띠를 망하게 하려면 강아지를 선물하라고 말씀하셨는데, 외부특강에서는 亥卯未띠가 강아지를 키우면 오히려 사료 값 이상으로 돈이 들어온다고 말씀하셨던 것 같습니다.
天殺을 기준으로 해서 장점과 단점을 말씀해 주신 것 같기도 합니다. 기준을 어디에 잡고 봐야 하는지 궁금하며 자기 띠별로 키우면 가장 좋은 애완용(동물, 식물, 곤충)있는지 궁금하며, 키우면 어떤 식으로 도움이 되는지와 동물, 식물, 곤충 분류를 사주학적으로 어떤 식으로 분류해야 하는지 궁금한데 가령 사막여우나 고슴도치 고양이를 키우는 분이 계시는데 이런 동물들은 사주학적으로 12地支에서 어떤 띠 그룹의 속성으로 봐야하는지와 식물이나 곤충들도 어떤 식으로 봐야하는지 궁금합니다.

답변 – 개를 선물하면 이상하게 맥을 못 쓰고 힘이 꺾이는, 기세가 꺾이는 작용을 한다. 그래서 실제로 개털 같은 것을 이용해서 양밥 같은 것을 한다고 했잖아요.
이것이 亥卯未 생이 운이 좋으면 나는 평민인데 귀족을 모셔다 놓았잖아요. 귀족이 신나게 활동할 수 있는 어떤 에너지나 흐름이 발생을 한다는 말은 귀족 단위의 재물 이런 것들이 상당한 기간 동안 들어올 수 있다고 보는 것이죠.

물론 亥卯未가 운이 좋을 때 귀족하고 사이가 좋잖아요. 그런데 그 개가 죽으니까 이상하게 기가 꺾이는 것도 보았습니다.

학생 – 亥卯未생이 운이 안 좋을 때는?

선생님 – 운이 안 좋을 때는 더 눌리는 것이죠. 귀족을 모셔 놓았으니까 자기가 발발 기면서 개 시집살이를 사는 것이죠.

학생 – 개를 안 기르는 것이 낫기는 하겠네요.

선생님 – 당연하죠. 그래서 天殺이 무조건 나쁜 것이 아니고 내가 운이 좋을 때에는 오히려 그 혜택과 득을 본다는 것입니다. 귀족적인 기운을 내가 받는다고 보는 것이죠.

고슴도치는 생긴 것으로 봐서는 쥐하고 가깝다고 봐야 되겠죠. 그다음에 범이 고양이 과가 되니까 범을 둔다고 보면 될 것 같고, 사막여우는 여우, 늑대, 개가 같은 類니까 같은 무리로 보면 될 것 같은데 보통 이런 것은 있습니다.

天殺그룹이라도 부담스럽지 않은 경우에 예를 들어서 운명적으로 딸이 있어야 되는데 딸이 없다. 그럴 때 개를 암컷으로 데려와서 키우면 딸 기운을 대용하는 작용이 오는데 약 사람의 3분의 1 정도의 에너지 작용이 있더라는 것이죠.

개가 원래 먹을 것이 잘 들어오는 관상학적인 특성을 가지고 있잖아요. 흑정이 크고 즉 흰자위보다 검은 동자가 크고 그다음에 주둥이가 크잖아요. 코가 재백궁(財帛宮)이죠? 입은 재화의 출납을 의미하죠.

재화의 출입을 큰 것을 당길 수 있는 에너지가 있으니 거의 가족 중에서 딸의 작용 물론 아들이 있어야 좋은 모양에서는 수컷으로 키우면 기운을 대용하는 작용이 있더라 하는 것이죠.

학생 – 巳酉丑생이 개를 데리고 있으면 무난하죠?

선생님 – 그렇죠. 巳酉丑생이죠.

학생 – 기준점을 어떻게 둡니까?

선생님 – 그러니까 내가 운이 좋으면 개를 데리고 온 뒤부터 큰돈이 들어오더라는 것이죠. 내가 운이 좋지 못할 때는 오히려 그 개를 돌보면서 이상하게 건강이라든지 사회관계라든지 이런 것에서 희생이나 소모가 잘 생기더라는 것이죠.

결국은 자기 운세적으로 기세가 좋으냐? 안 좋으냐? 하는 것이죠.

학생 – 申子辰생이 개를 키울 때는 운세에 상관없이 괜찮아요?

선생님 – 서로 보완성을 의미하는 것이니까 그 영향이 제한적이라고 보면 되는 것이죠.

보통 터를 풍수지리에서 응용하고 활용할 수 있는 것으로서 터가 생기가 많은 곳에는 애완용 동물이 잘 자라고 잘 크고 하는 속성이 발생하는 것이니까 그런 것들도 일종의 시금석 효과가 있는 것이죠.

개만 데리고 오면 빌빌거리다가 죽는 것 있지 않습니까? 그런 터의 작용이 생기가 많이 떨어지는 장소라고 보면 됩니다.

45. 天乙貴人 띠 하고의 처세 방법

자기의 일주 기준으로 각자의 天乙貴人띠가 사람과 사람의 관계에서(남, 여 포함) 天乙貴人띠하고는 가급적이면 친하게 지내는 것이 좋은 건가요?
제가 여쭤보는 이유는 貴人띠한테 약간의 시달림을 받았던 세월이 있어서 貴人띠라는 이유만으로 모든 걸 감수하고 어떠한 이해타산이나 이런 걸 따지지 말고 지내는 것이 좋은지, 貴人띠고 뭐고 냉정하게 받을 건 받고 끊을 건 끊고 해야 하는지 궁금합니다.
그래도 天乙貴人띠는 貴人띠이기 때문에 살아온 세월을 보니 그래도 天乙貴人띠한테 도움을 받았던 세월이 많아서 어떤 식으로 처세하는 게 좋은지 궁금합니다.

답변 – 득도 보고 시달리기도 하는 것은 일반적이라고 보면 되는데 그래도 내가 흐름이 좋을 때에는 天乙貴人이 가지는 장점 즉 단위 수를 확 키워준다든지 내가 가지고 있던 여러 가지 정보나 루트를 열어준다든지 이런 작용을 합니다.

天乙貴人이 여러 가지 긍정적 작용이 많기는 하지만 그룹이 있지 않습니까? 攀鞍殺그룹, 天殺그룹 이런 것을 나누어서 거기에 들어가면 내가 득을 보기는 보는데 내가 대접을 많이 해야 되고 이런 띠 그룹 사이의 속성은 그대로 유효하다고 보시면 됩니다.

학생 - 申子辰그룹이, 巳酉丑그룹이,,, 물론 일간에 따라 다르지만 天乙貴人의 관계 기관이 영구한 시간 단위로 봅니까?

선생님 - 영구하지는 않는데 貴人 자체도 말뚝 효과를 가지기 때문에 기본적으로 5년~10년씩은 가고 또 두 사람의 궁합의 조화도 이런 것에 의해서 20년씩 이렇게 쭉 이어질 수 있습니다.

학생 - 맥시멈 maximum이 20년입니까?

선생님 - 아니요. 30년씩도 갑니다. 더 유지될 수 있는 요소나 두 사람 사이의 연결고리 효과가 있으면 오래갑니다. 이해 득실 차원에서만 판단할 것은 아니고 그렇게 해도 '힘들게 해도 징검다리를 놔준다.', '힘들게 해도 여러 가지 발판을 만들어 준다.' 이런 측면에서 天乙貴人의 작용이라고 하는 것은 굉장히 중요하다고 하는 것이죠.

제산 선생님 감명지를 보면 다른 貴人은 다 빼버리고 文昌하고 天乙貴人만 써 놨습니다. 물론 文昌도 文昌貴人이기는 하죠.

그 정도로 天乙貴人이라고 하는 것이 그 사람의 삶에 중요한 에너지를 생성시키는 그런 인연관계다 이렇게 보시면 됩니다.

46. 복채란?

가끔씩 사주를 보고 나서 현금이 없다면서 현금을 찾아온다고 하면서 그냥 가버리는 사람들이 있고, 보고 나서 바로 계좌로 입금해 준다고 하면서 입금을 안 하시는 분들이 있습니다.
한편으로는 사주 본 게 안 맞았다고 하면서 4달 뒤에 와서 이사 간다고 했는데 못 갔다고 복채를 돌려달라고 하시는 분도 있습니다. 저는 성격상 그냥 내 공부가 부족해서 그런가 보구나 하고 돌려주고 입금해라 이런 말은 잘 못 합니다.
그냥 흐르는 대로 '오늘 일진이 그런 날인가 보구나!' 합니다. 아니면 내가 전생에 당신에게 빚을 진 게 있어서 그런가 보구나 하는데, 어차피 이 업이 희생이나 봉사니까 좋게 생각은 하는데 그래도 아직 이 부분에 대해서 제가 정확한 개념이 서지 않아 일반적으로 복채란 것은 복을 짓는 행위로 알고 있는데, 앞으로 또 이런 일이 생기면 제가 어떤 마음과 처세로 대해야 할까요?
그렇다고 이런 것을 공짜로 보면 3대가 재수가 없습니다. 이렇게 반협박을 할 수도 없고 어찌해야 되는지 궁금합니다. 간단명료하게 복채 떼어먹는 사람들을 어떤 식으로 받아들이고 처세하는 것이 좋은지 궁금합니다.

답변 – 내용을 보니까 답답한 내용이던데 이런 경우는 돌려줘야죠. 맞다, 안 맞다 이런 것을 가지고 시비를 걸면 피곤한 것이죠. 이 업 자체가 원래 전생의 빚을 갚는 직업이거든요. 전생의 빚을 갚는 직업이니까 전생의 빚을 갚는 직업 6가지 기억이 나십니까?

①의료 ②교육 ③종교, 철학 ④요식 ⑤대민 봉사 공직인데 소방이라든지 사람을 많이 상대해서 자기 몸을 나름대로 희생을 하면서 봉사하는 성격의 공직 ⑥남들이 꺼리는 사업을 통해서 재물을 희사하는 것이 됩니다.

예를 들어서 환경사업을 한다든지 위생 사업을 한다면 그것으로 돈을 벌어서 나누어주고 하는 것이죠. 장례를 하든지 보통 남들이 꺼리는 그런 일이나 직업을 통해서 재물을 벌어들여서 재물을 희사하는 것 이런 것들이 전생의 빚을 갚는 것입니다.

그림 205)

전생의 빚을 어떻게 비유할 수 있느냐 하면 그 사람에게 그릇을 주고 이런 그릇에 아무리 그릇을 채워보려고 해도 가져다 부어도 잘 채워지지가 않더라는 것입니다. 항상 量은 점선 만큼인 것이죠.

불교식 표현이기는 하지만 업장소멸이라고 하는 것이 그릇 안에 있는 업을 스푼으로 퍼내는 것입니다. 퍼내면 다시 운이 도래해서 도로 담을 수 있을 때 훨씬 더 많이 담을 수 있는 것이잖아요.

이해가 됩니까? 그렇기 때문에 말 그대로 복채라고 하는 것은 복에 대한 부채를 말하는 것이기 때문에 또 내 돈을 받아간 그놈이 그것을 가지고 잘 살 일도 만무하고 그렇죠.

복채를 떼먹는 사람 때문에 나온 말이 있지 않습니까? 선불이라고 있습니다. 밑에는 '낙장불입' 적어 놓죠.

이런 경우에 앞에 설명한 마음으로 지내야 됩니다. 사실은 앞에 말한 6가지의 직업이 전생에 자기가 진 영적이든 현실적이든 빚이 없으면 가지는 직업이 아닙니다. 물론 의료인의 8할 정도가 그 정도 됩니다. 한 20% 정도는 다릅니다. 교육도 거의 80~90%가 되고 종교, 철학도 내가 그것을 얻어서 누리고 하는 것이 아니고 봉사, 헌신하는 그런 측면이 많은 측면의 종교 철학 이런 것이 되는 것이죠. 요식도 많이 남지 않는 음식장사가 있잖아요. 막 퍼주는 것 있지 않습니까?

그것이 다 전생의 빚을 갚는 것이라고 보면 됩니다. 신앙적으로 오해를 할까봐 아끼는 말이지만 스님이나 수행자로 한 생을 산다는 것은 엄청난 빚을 안게 되는 것입니다. 일하지 않고 먹고 살아온 과보, 일을 안 하는 것이죠. 공부하는 것은 자기가 영적인 진화를 위해서 자기를 위해서 하는 것이잖아요.

목탁이 왜 그렇게 생겼는지 압니까?

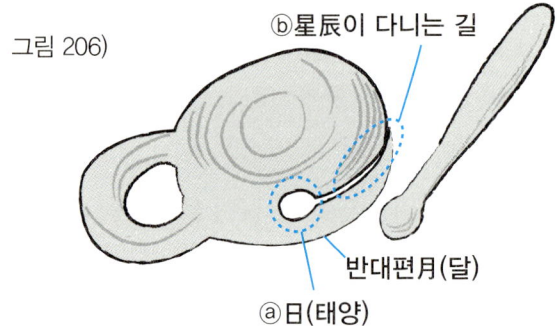

그림 206)

목탁이 그림과 같이 생겼잖아요. 이것도 해석하는 사람의 기준이나 포인트가 다르겠지만 ⓐ동그란 틈이 있잖아요. 이것이 무엇이냐 하면 日 즉 태양, 반대편에 있는 것이 달이라는 말입니다. ⓑ는 별들이 다니는 즉 星辰이 운행하는 길입니다.

목탁이 둥근 모양으로 되어 있잖아요. 이 우주 법계를 말하는 것입니다. 손잡이는 우주 법계 밖의 내가 언덕에 걸려 있는 것입니다. 그리고 몽둥이가 '나'라는 것입니다. 나는 이 우주 법계 안에 들어가지 못하고 밖에 홀로 있다는 것입니다. 들어가려고 하면 어떻게 합니까? 변소에 써놨습니다. 변소에 들어가려고 하면 어떻게 합니까? 노크하는 것입니다.

염불은 박자를 맞추어서 신나게 해야 됩니까? 아니면 애걸복걸 구슬프게 해야 됩니까? "문 좀 열어주세요!" 애걸복걸해야 한다는 것이죠. 몰랐습니까?

학생 – 스님이 다시 태어나면 소로 태어난나고 하넌네.

선생님 – 그것은 역사의 기록에 있는 것이죠. 정확한 나이는 자료를 봐야 되겠지만 일연 스님이 젊어서 득도를 합니다. 일연 스님이 득도하게 되는 화두를 붙들고 있었던 것이 무엇이냐 하면 이런 것입니다.

화두가 180여 개 정도가 되거든요. '달마가 서역에서 온 까닭은?', '이 뭐꼬?' 이런 것들이 다 화두인데 일연스님이 매달렸던 것이 '백천억겁이 지나도 부처의 수는 늘지 않고 중생의 수는 줄지 않는다. 왜?'

이것을 가지고 수행을 한 것이죠.

화두는 큰 질문 또는 큰 의심을 말하는 것이거든요. 그것을 통해서 득도하고 보니까 그 당시에 고려 후기의 여러 가지 사회제도 때문에 사원이 비대해지면서 스님들이 방만하고 방탕한 삶을 살게 되는 것이죠. 배가 부른 것이죠.

요즘으로 치면 로렉스 시계에 BMW를 몰고 금목걸이하고 다니는 수준의 세월에 일연 스님이 다음 생에 저 중이 무엇이 되는지 보니까 들판의 소가 되더라는 것입니다. 그래서 어찌하여 들판의 소가 되는가? 세 가지 과보 때문이라는 것이죠.

첫째 일을 하지 않고 밥을 먹었기 때문이다. 그래서 소로 태어났을 때 일을 많이 하는 놈 보고 뭐같이 일한다고 합니까? '소같이 일한다.' 그러니까 뼈가 부서지게 일을 하는 것입니다.

두 번째 중생의 뼈와 살을 의탁하여 신도들이 가져다준 의복과 음식을 내 것처럼 먹고 썼다는 말입니다. 그래서 소가 죽으면 버리는 것은 세 가지밖에 없습니다. 소똥, 소 발톱, 하품. 그것을 빼고는 사람들이 다 먹어 버리잖아요. 머리는 머리 곰탕, 꼬리는 꼬리곰탕, 내장, 갈비, 그리고 기타 등등 부위별로 이름까지 붙여서 다 먹지 않습니까? 발톱은 안 먹죠. 그것이 중생의 피와 살을 의탁해서 살았기 때문에 육신을 되갚는 그런 카르마를 감당하게 되는 것이죠.

그다음에 세 번째가 큰 스승의 법을 빙자하여 즉 부처님 법을 빙자해서 호사를 누린다는 것입니다. 그렇게 해서 삼배해서 절을 받잖아요. 그것이 큰 빚이거든요.

그래서 소로 태어나서 죽을 때까지는 절대로 이 우주의 좋은 법과 소식을 들을 수 없다는 것이죠. 그래서 '쇠귀에 경 읽기'라는 것이죠. 그래서 그 세 가지 과보가 제가 지어낸 것이 아니라

역사책에 나옵니다.

 그것도 싫다고 하면 그러면 너희가 몸으로 갚으라는 것이죠. 의료는 눈만 뜨면 아프다는 놈 붙들고 안 아프게 해야 되는 것이죠. 다 그런 빚 속에 있는 것입니다.

 그래서 우리가 맞고 안 맞고를 떠나서 사실은 공짜로도 해주어야 되는 일이잖아요. 우리가 공짜로서만 하면 생업으로서의 의미가 없어지는 것이니까 하는 수 없이 우리가 돈을 받아야 되는 것이기는 한데 그런 것에 연연하지 않아도 이렇습니다.

 평생을 역학하신 어느 노역학자에 의하면 이 분이 "내가 평생에 돈이 떨어지는 날은 없었는데 지갑에서 돈이 넘치는 날도 없더라. 손님을 여러 명 봐도 내 지갑이 똑같고, 손님이 없어서 내 손가락을 빨고 있으면 어느 날 목돈이 툭 들어오더라. 그것이 수 십 년 거듭되니 내복이 이 정도인 줄을 알았노라."

 복채 떼먹는 놈 원망하면 안 됩니다. 그것은 천상에서 다 따로 관리합니다.

47. 기부의 사주학적인 의미

누구나 살면서 기부해야지 생각은 하지만 막상 잘 안 되는 것이 기부인 것 같습니다.
어떤 사람들은 정말 마음으로는 남들을 도와야 하는데 하면서도 현실적으로 못 도와주는 사람들이 있고 사회적인 체면이나 이면 때문에 마음으로는 하기 싫은데 억지로 현실적으로 남을 돕는 사람들도 있는 것 같습니다. 사주학적인 관점에서는 어떤 것이 기부의 의미가 되는지 궁금합니다.

흥부와 놀부 이야기를 보면 흥부는 아무 대가 없이 제비 다리를 치료해 주어서 복을 받은 케이스이고, 놀부는 그것을 알고 악한 마음으로 제비 다리를 치료해 주어 흉을 받았는데 사주학적으로는 마음이 먼저인지, 행위가 먼저인지 궁금하며, 행위가 먼저라면 요즘은 전부 다는 아니지만, 기관이나 단체에 기부해도 돈이 제대로 쓰여지는 지도 궁금한데요? (자기들이 사적으로 써버림.)
사주학에서 보는 기부는 그 돈이 어떤 식으로 쓰이는가를 보는 게 아니라 내가 이미 좋은 일을 하겠다는 행위를 했기 때문에 그것이 나중에 되돌아올 복으로 쳐주는 건지, 기부하는 사람의 마음이 좋은 뜻이든 나쁜 뜻이든 상관없이 행위적으로 했기 때문에 현실적으로(물질적 도움) 몸으로 가서 때우든(이불, 빨래, 청소. 기타 등등…) 그러한 것이 다 그 행위를 한 사람이나 후대에 좋은 영향으로 오는 것의 원리가 맞는지 궁금합니다.
또 기부 중에서 어떠한 기부와 대상이 가장 바람직한 기부인지 궁금합니다. (돈, 재능, 노동…. 기타 등등으로 기부 하는 게 바람직한건지, 어린이, 장애인, 노인, 불우이웃, 등등 어느 대상을 기부하는게 바람직한 건지)

답변 – 기부 이런 것은 금전적 이해득실을 기준으로 하면 의미가 있는 부분도 있고 없는 부분도 있기는 한데 운이 나쁠 때 앞에서 설명해 드렸잖아요. 돈, 피, 짝을 내어 보내면 흉을 면한다. 거기에서 운이 좋지 못할 때 그럴 때 희사를 하니까 이런 것이죠.
똑같은 태풍이 부는데 큰 깃발을 들고 있을 것이냐? 작은 깃발을 들고 있을 것이냐? 바람은 똑같이 불었다. 그런데 깃발의 일부 부분을 잘라서 줘버리니까 이 깃발은 손상되지 않더라고 하는 것이죠.

운이 좋지 못할 때 큰 재물을 유지하고 있다고 하는 것은 결국은 본인이 그 바람을 다 감당을 해야 된다는 뜻입니다. 그래서 '돈과 함께 사라지다.' 이런 것이 많다니까요. 바람과 함께 사라지는 것이 아니고 '돈과 함께 사라지다.' 대표적인 인물로 '잡스'가 있고 우리나라에도 한 분이 계세요.

결국은 제가 잡스 관상학적인 부분을 설명하면서 해드렸잖아요. 그 사람이 타고난 그릇과 세월에 어울리지 않는 재물이 오거들랑 수명을 의심하라는 것이죠. 찢어질 것이 찢어지면 될 것을 안 날아갔으니까 그 깃발과 함께 넘어져 버리는 것이죠. 돈, 명예 기타 등등 남자는 애인 이런 것도 되겠죠. 운이 나쁠 때는 애인도 빨리빨리 정리를 해야 되요. 붙들고 있으면 같이 빨려 들어가는 것이죠.

학생 – 재수 좋은 애인노 성리를 해요?

선생님 – 재수 좋은 애인은 계속 붙들고 있을 것이 아니라 가끔 만나고 말아야지 붙들고 있으면 안 됩니다.

기부는 신앙적인 측면에서의 어떤 의미적인 면은 당연히 있다고 봐야 할 것이고 역학에서는 운이 좋지 못할 때 억지로 돈을 들고 있으니 반드시 건강에 데미지를 입거나 아니면 건강까지 정말 열심히 챙기는 영감들이 있거든요. 그런 사람들은 관계가 다 무너지더라는 것입니다. 주변에서 손가락질을 하더라는 것입니다.

본인은 재물을 지키고 유지하고 할지라도 결국은 손가락질을 받는 그런 일들이 생기는 것이죠. 마누라까지도 손가락질을 하더라는 것이죠. 그래서 내 것 아닐 때는 때가 되었을 때는 그냥 내 보내고 해야 돼요. 기부하기 싫어도 기부를 해야 됩니다.

학생 – 자식에게 주는 것은?

선생님 – 일단은 내 지갑에서 나갔으니까 그렇고 자식이 그것을 받아서 그것을 지탱하고 못하고 하는 것은 자기 복이죠.

학생 – 차 바꾸고 집을 바꾸고 하는 것은 되나요?

선생님 – 그것은 자기 차잖아요. 차를 바꾸는 것은 좋은데 자기가 타고 다닐 차인데 그것은 돈을 쓰는 것이 아니죠. 돈을 차로 바꾼 것이죠. 돈을 쓴 것이 아니라 정말 준 것은 준 것이라야 되거든요.

밥그릇에 고봉처럼 담고 살더라도 거기에 더 가져다 붓는 것이 운명적으로 무의미하다는 것이죠. 그래서 밥그릇 옆에 쌀알이 떨어져 있는데도 주변의 사람들이 못하도록 독을 타는 사람들도 있다니까요. 그 카르마가 가볍지는 않다는 것입니다. 그래서 조폭 아저씨들이 팔에 문신을 하고 다니잖아요. '차카게 살자!'

아무리 퍼주고 나누어주어도 결국은 열역학 법칙에 의해서, 에너지 총량의 법칙이 있지 않습니까? 그것에 의해서 우리가 올여름에 얼마나 더웠습니까? 아무리 더워도 결국은 모두 다 낙엽이 지잖아요. 다 자기 순번이 있으니까 조금만 견디세요.

견디고 좀 담아보려고 해도 애매하다고 하면 차라리 주라니까요. 줄 수 없으면 주라는 것이죠.

그런 운명적인 기준점도 있고 실제로 그런 것을 잘한 분이 세계적으로는 빌게이츠 같은 분이 있죠. 자기 운이 저물기 시작을 하자마자 은퇴하면서 기부활동을 계속하잖아요.

학생 — 선생님처럼 후학들을 위해서 희생하신 분들은 후생에 어떤 사람으로 태어날까요?

선생님 — 후생에는 조금은 낫게 태어나겠죠. '교육' 열심히 남을 위해서 자신이 습득한 정보적인 것을 나누는 행위를 하면 빚을 갚는 측면과 앞에서 설명한 진흙이 채워진 그릇에서 진흙을 퍼내는 효과가 있으니까 그렇죠.

우리 사무실 화장실에 적어 놓았는데 무재칠시(無財七施)라고 아십니까? 재물이 없어도 7가지나 남에 줄 것이 있다. 부처님이 말씀하시기를 불도를 믿는 사람은 절대로 시주를 하지 않으면 안 된다고 했거든요. 제자 중의 한 명이 "부처님, 저는 가진 것이 하나도 없습니다." 하니까 "그렇다 하더라도 7가지나 줄 것이 있다."

무재칠시(無財七施)
첫째는: 화안시(和顔施)
얼굴에 화색을 띠고 환한 얼굴로 남을 대하는 것으로 상대를 편안하고 행복하게 만드는 것이요,
둘째는: 언시(言施)

사랑의 말, 칭찬의 말, 위로의 말, 격려의 말, 양보의 말 등 따뜻하고 진심 어린 말로써 상대에게 베푸는 것이요,

셋째는: 심시(心施)

마음의 문을 열고 따뜻한 마음을 주는 것으로 다른 사람의 괴로움을 헤아리고 진심으로 대하는 것이요,

넷째는: 안시(眼施)

호의를 담은 눈으로 상대를 온화하고 따뜻한 눈길로 바라보는 것이요,

다섯째는: 신시(身施)

몸으로 베푸는 것으로 몸이 불편한 사람을 도와주거나 남의 짐을 들어 주는 등 자신의 육체를 이용하여 보람된 일을 하는 것이요,

여섯째: 좌시(座施)

앉은 자리를 내주어 양보하는 것이요.

일곱째는: 찰시(察施)

굳이 묻지 않고 상대의 마음을 헤아려 알아서 도와주는 것이다.

상대방과 대화를 할 때 내가 편안한 표정을 짓는 것, 상대방이 말을 하고 싶어 할 때 들어주는 것, 상대방을 동정하는 마음으로 봐 주는 것, 내가 앉은 자리가 좋다가 생각이 되면 비켜주는 것, 기타 등등 그런 것만으로도 시주를 베풀 수 있기 때문에 남에게 施惠를 베푸는 것을 꼭 돈만 가지고 하는 것은 아니라고 하는 것입니다.

48. 전생의 인자

寅卯辰 巳午未 申酉戌 亥子丑
孔門 예수문 釋門 道門

地支를 전생의 인자로 보기도 하지만 보통 월지를 전생의 인자로 많이 보는 것 같습니다.
申은 전생에 행정승 인자로 말씀하셨던 것 같고, 戌은 선방에서 수행하던 인자로 본다고 말씀하셨던 것 같습니다. 상담자들에게 상담해줄 때 孔門이나 예수문, 석문, 도문의 뜻을 조금 더 구체적으로 표현해 주고 싶은데 숨겨진 뜻을 알고 싶습니다. 전생의 인자 글자에 대해서 구체적인 설명 풀이 좀 부탁드립니다.

답변 – 그 門의 초입은 주로 행정이나 법식 이런 것들이 위주가 되고 子午卯酉에 걸리는 것이 본질적인 신앙체계 그다음에 끝자락에 있는 것은 여러 가지가 함축되어 있는 이런 것인데 戌 다음에 亥로 넘어가잖아요. 그러면 이것이 釋門과 道門이 섞인 모양이 戌亥가 되는 것이죠.

戌亥子가 다 모이고 空亡이 다 모이죠. 기본적으로 子가 驛馬니까 驛馬에 관련된 외교, 관광, 영업 이런 것에 관련된 일

을 하다가 뒷날에는 부동산 임대업을 하게 될 것이고 시운이 도래하면 종교, 철학에 인연이 맺어질 수 있을 것이라고 했는데 2014년부터 역학 공부를 열심히 하고 있더라고요. 지금은 강원도 평창에서 펜션을 운영하고 있습니다.

　저것도 마찬가지죠. 戌亥子니까 戌이 무엇입니까? 禪僧을 말하는 것이니까 禪수행을 많이 했던 그런 흔적으로 강원도 산골짜기에 있더라 하는 것이죠.

　운의 흐름 따라 영향을 받지만, 역학을 열심히 공부하고 있어서 앞으로 이것으로 무엇인가 승부를 내고 싶다는데 물론 시설임대업은 당연히 하는 것이고, 본인이 그것을 한다는 뜻이고 원리는 한가지라고 보면 됩니다.

　寅卯辰도 寅이 法式 중심의 孔門이 되고, 卯는 그 신앙체계의 제일 핵심적인 것을 다루는 것, 辰은 辰戌丑未는 이것저것이 좀 섞이잖아요. 다음 성질과 닮아있는 그런 것이 되니까 대체로 辰이 巳를 넘어가면 실천적인 면이 되겠죠.

　辰巳부터는 행동, 실천 이런 것이 되는 것이고 巳午未는 기본적으로 실천윤리로서 예수님이 주창하는 것이 '내 이웃을 사랑하라!' 하는 것이죠. 실천윤리로서 巳午未가 가장 활발한 것이죠. 그래서 전도도 많이 하고 열심히 대외활동을 많이 하잖아요.

　申酉戌은 당연히 成佛이라고 하는 영적인 解脫 이런 것을 구하는 것에 더 에너지를 쓰는 것이죠.

　寅卯辰은 대체로 실천윤리에 가까운 것이죠. 孔門이라고 하는 것이 사람과 사람 사이에 여러 가지 질서론 즉 '질서를 지킵시다.' 그다음에 질서 이후에 巳午未에서는 '사랑합시다.'가 되고 亥子丑이 무엇입니까? 亥子丑이 道門으로서 진리체에 대한 탐구 이런 것들이 많은 것이죠.

요즘은 별로 없던데 얼마 전에 한번 만나기는 만났는데 '도를 아십니까?'하는 것이죠. 온천장에서 저녁 모임을 하고 걸어가고 있는데 젊은 친구가 "도를 아십니까?" 그래서 "周易은 아십니까?" 그래서 "아예 들어는 봤는데 제가 바쁘거든요."

학생 – 子午卯酉가 핵심적인 것을 말하는 것입니까?

선생님 – 그렇죠. 핵심, 중심 이런 것이 되는 것이죠. 신앙 본연의 요소 이런 것들이 되는 것입니다. 실천적인 면, 다른 것과 간섭을 받은 면 이런 것들이 어떤 것이 비중적으로 더 크냐? 巳午未가 똑같이 예수문인데 未는 조금 섞인 것이잖아요.

그 안에서도 원리주의를 추구하는 것이 있고 실천적인 것을 더 중시하는 것이 있고 그다음에 계율중심을 더 강조하는 것이 있고 그렇잖아요.

寅申巳亥는 계율이나 형식 이런 것들을 강조하는 측면이고 그다음에 가운데 있는 것은 원리주의 그리고 뒤에 있는 것은 다른 것과의 간섭을 받는 것과 절충을 한 모양이 되는 것이죠.

그런 것들이 어느 정도 간섭을 받고 있다 생각하면 되고 운명적 해석에 그렇게 많이는 안 쓰입니다. 단지 그런 정사가 강하니까 끝내는 이런 명조를 가지고 있으면 빠르고 늦고 간에 이런 道門과 인연을 맺고 있는 기운이 있다고 하니까 "2014~15년부터 안 그래도 열심히 하고 있습니다." 하는 것입니다.

원래는 타로를 배우러 갔는데 타로를 하다가 보니까 명리를 해야 이것이 그랜드하게 볼 수 있구나 해서 명리 공부를 하는데 이것도 분량이 많아서 힘들어하는 것이죠. "그러면 짬짬이 하면 됩니다." 그렇게 설명을 하기는 했죠.

49. 사람이 태어난 이유와 업의 청산 영적진화

사람이 태어나는 이유가 종교적인 입장과 사주학적 입장이 궁금합니다. 그냥 단순히 엄마 아빠가 만나서 현재의 제가 있는 입장이 종교적 입장이라면 그래서 존재가 먼저 있고 그다음에 왜? 태어났느냐를 생각한다면 사주학적 입장에서는 자기가 가진 업의 청산이나 가문의 업을 청산하고 영적인 진화를 하기 위해서 사람이 태어났다고 보는 것이 사주학적 입장이 맞는지요?

업을 청산하는 직업으로 의료나 낮은 벼슬, 종교, 철학, 먹이는 일이라고 말씀하셨던 것 같은데 이번 생에서는 이런 직업에 죽을 때까지 해야 하는 건지, 아니면 기간이 있는 건지, 가령 60대까지 이 업을 해야 한다든지….

그러면 이런 직업 외의 외적인 다른 일을 하는 사람들은 사주학적 입장에선 어떠한 업이나 이런 것이 없이 그냥 태어나서 한세월 살다가 가면 되는 건지 궁금하며, 영적 진화라는 말의 구체적인 표현이 궁금합니다. 깨달음을 얻는 것이 영적 진화인지, 베풀고 희생하며 부처님 같은 뜻을 말하는 건지 궁금합니다.

답변 – 사주는 이런 것이죠. 자기가 여러 가지 가문의 업이 되었든, 자신의 영적인 업이 되었든 여러 가지 운명적으로 간섭하는 인자들에 의해서 직업적으로 감당하면서 결국은 빚을 청산하는 것도 있고 경제적인 면이나 새로운 카르마를 만들어내는 그런 측면도 있습니다.

업도 좋은 것 나쁜 것이 있으니까 빚을 진 것을 갚아나가는 카르마 해소 이런 것들로 보면 되겠죠.

지난 시간에도 했지만, 팔자에 官을 붙들고 온다는 개념을 중요하게 설명을 해 드렸죠. 官이 있는 사람은 좋은 카르마를 들고 있다고 보셔도 됩니다.

官이 있다고 하는 것은 한 바퀴 돌아서 열매를 쥐고 태어난 사람, 이 우주에서 주는 면허증이 있는 사람, 깡패 짓을 한 번씩 할 수 있는 사람 그것은 대체로 축적, 대체로 좋은 카르마 중심의 업의 누적에서 官을 잘 타고 나는 즉 官의 모양을 좋게 타고나는 그런 것이 팔자 안에서는 官중심의 해석에서 드러난다고 하는 것이죠.

官이 약하다는 것은 전생에 좋은 업이 그렇게 많지 않다고 보면 되고 財는 그 2순위 정도가 됩니다. 나머지는 좋은 카르마 보다는 힘든 카르마를 많이 가지고 있다고 보시면 됩니다.

학생 – 살다 갈 때 시의 天干에 官이 있으면 살다 갈 때 그 마무리를 잘하는 것이고 년에 官이 있는 것이 중요한 것이에요? 태어날 때?

선생님 – 年月日時 어디에 있든지 어찌 되었든 官星이 모양을 취하고 있다고 하는 것은 전생의 삶에서 자기가 열매를 하나 맺어 놓은 것이 있다는 것입니다.

학생 – 空亡은?

선생님 – 空亡은 현생에 쓰지 제대로 못 한다는 것이죠.

학생 – 죄를 많이 지어서 空亡 달에 태어난 것 아닌가요?

선생님 – 죄를 많이 지어서 空亡달에 태어났다기보다는 현생에 연결성을 가지고 있는 것인데 空亡은 무력화된 것이니까 무엇인가 씨앗을 뿌려놓았는데 그것을 제대로 된 수확으로 연결하지 못한다고 보시면 되는 것이죠.

영적인 진화라고 하는 것은 한 생에 모든 것을 이룬다고 하는 것은 택도 없는 소리입니다. 한 생에 다 되지를 않고 영적인 레벨업을 육신으로서 또 타고난 팔자에서 주는 어떤 인자로서 감당을 해나가면서 서서히 레벨 업이 되는 것이지 갑자기 유치원생이 공부를 열심히 해서 대학원 진학하는 그런 일은 없습니다. 욕심을 많이 내지 말고 한 레벨씩만 더 올라가자 이렇게 생각을 하면 될 것입니다.

50. 수명을 늘리는 방법

사주학적으로 五行的으로 木이 없거나 食傷이 空亡이거나 食傷이 없거나 기타 또 다른 이유로 명이 길지 않은 사람들이 있는데 비록 食傷이 空亡이라도 80대 중반까지 산 사람도 보았는데 이런 경우는 어떤 식으로 봐야 하는지와 사주학적으로 명이 길지 않은 사람들이 어떤 행위나 마음가짐을 함으로써 수명이 연장될 수 있는 방법이 있는지도 궁금합니다. 기부를 하면 수명이 늘어나는지도 궁금합니다.

답변 – 기부하면 당연히 수명이 늘어나죠. 일반적인 논은 다 아실 것이고 食傷 空亡, 羊刃 重重, 刑冲破害 이런 것들이 다 여러분이 아시는 것인데 결국은 기부하면 수명이 늘어나든지, 뭐라도 당연히 늘어난다는 것이죠.

심하게 버리는 사람들 있잖아요. TV프로에 나오잖아요. '나는 자연인이다.' 이런 사람들은 수명이 많이 늘어납니다. 다른 것을 버렸기 때문에 얻는 것이죠.

수명을 늘리는 방법은 그 어떤 것에도 연연하지 않는 것이라는 것이죠. '무소유'라고 하는 것이 아무것도 가지지 않는 것이 아니고 그 어떤 것에도 마음이 연연함을 가지지 않는 것, 오면 오는 대로 가면 가는 데로 인데 그것은 이상적 컨디션을 말하는 것이지만 그것이 안 되니까 가슴을 빵빵 치면서 "내 저 인간만 쳐다보면 내 명에 못산다. 내가 죽어야지!" 하는데 죽어야지 소리를 자주 하면 안 됩니다. 그것이 내 명에 못 산다 이런 것도 함부로 하면 안 되는 것이죠.

학생 – 수명을 늘리려면 '나는 자연인이다.'에서 나오는 사람들처럼 그렇게 살아야 됩니까? 아니면 시골에 가서 사는 것도 포함됩니까?

선생님 – 속세에 가서 사는 것도 돼요. 속세에 살아도 되는데 마음의 밑바닥에 있는 진심이 이 세상에 일어나는 모든 현상과 물질에 연연하지 않으면 마음속에 고요함으로 인해서 결국은 자기 수명을 늘려나가는 것이라는 것이죠.

학생 — 자연인처럼 안 살아도 되는 것이죠.

선생님 — 자연인의 마인드라고 하는 것이죠. 몸에 사리(舍利)가 나오는 원리도 그런 것입니다. 진주조개 있지 않습니까? 진주조개라고 하는 것이 어떤 진주가 만들어져 나가는 것인데 깊은 바닷속에 고요함이 머물러 있으면 먼지가 고요함이 있으면 쌓이고 마음이 털썩거리면 먼지도 털썩거리잖아요.

밖은 일반적인 삶을 감당하면서도 속마음이 고요함이 있는 사람은 소위 사리(舍利/奢利)가 만들어질 수 있는 에너지가 있는 것으로 보는 것이죠.

극심한 운동을 하는 사람들이라든지 성적으로 대단한 쾌락을 얻는 이런 사람들은 사리(舍利/奢利)가 없습니다.

성철 스님은 180여개의 사리가 나왔잖아요. 그리고 얼마 뒤에 이분은 카톨릭 신자입니다. 이분이 일찍이 세상살이를 정리하고 고성의 촌에서 살았는데 이분은 250과가 나왔다니까요. 사리(舍利/奢利)가 해탈의 증거라고는 할 수는 없는데 사리(舍利/奢利)가 만들어지려고 하면 내 마음속이 고요하고 평화로워야 된다는 것이죠.

찬송가에도 나오잖아요. 나에게 무엇과 같은 평화? 우리가 五慾七情에 허덕이니까 무엇인가 쌓으려고 하면 먼지 털어버리고 "먹자, 가자!" 이러면서 하니까 안 되는 것이죠.

물론 道家의 양생술 (道家 養生術) 이런 것도 있는데 아까 설명한 기부를 하면 수명이 늘어나는 그런 것도 됩니다. 그래서 마음에 고요함과 평화를 얻는 것 그것이 진화된 영혼은 좀 쉽다는 것이죠.

이것도 성경에 나오는 말인데 그 구절을 리마인드 하는 것인데 이런 것입니다.

'내가 어릴 적에는 구슬치기와 고무줄 뛰기와 딱지치기가 너무나 재미있어서 내 하루의 불행과 행복이 고무줄 뛰기와 딱지치기에 있었노라. 그런데 어느 날 내가 어른이 되고부터 그것을 한순간에 버렸노라!'

무슨 뜻인지 아시겠습니까? 우리가 돈을 조금 더 벌어서 이렇게 해보고 저렇게 해보는 것 그다음에 내가 다른 사람보다 잘나고 싶어서 줄서서 계급장을 얻으려고 이렇게 살아가는 것이 무의미한 일이 아니지만 내가 성인이 된 뒤에 그 딱지치기와 고무줄 뛰기가 별것이 아님을 알았고 나는 하루 만에 순식간에 버렸노라 하는 것이죠.

이것이 진화된 영혼의 자세가 되고, 모양인데 그런 진화된 영혼이 속세에 섞여서 살면 아픔이 오게 되어 있습니다. 진화된 영혼의 아픔.

그렇다고 진화가 안 될 것이냐? 개하고만 놀 것이냐? 그것은 아니죠.

누가 너무나 개 찬양을 하기에 제가 이렇게 이야기를 한 것이죠.

"어이, 봐라! 우리가 태어나서 인생을 육신으로서, 정신으로서 감당할 것이 많은데 개를 통해서 얻는 안락함이 있겠지만,

영적인 진화와는 아무 상관이 없는 것이다. 오히려 개가 너 때문에 영적인 진화가 이루어진다."

앉아있는 것을 보면 개가 사람입니다. 사람이 뭔가 더 진화된 존재인줄 알고 개가 영적으로 진화하는 것입니다. 그래서 사람 말을 어느 날 알아듣고 하는 것이죠.

인간은 오히려 안락함을 얻을 뿐이지만 영적인 진화는 잘 안되거든요. 개에게 배울 수 있는 것이 딱 하나 있습니다. '의리!'

그 부분은 우리가 배울 만한 것이 있지만, 보편적으로 영적인 진화를 그런 것을 통해서 이룩하기에는 어렵다. 힘이 들어도 정신적으로 자기가 수행을 하고 독서를 하고 그렇게 해야 되는 것입니다.

수명을 늘리는 방법 중에도 도가양생술(道家養生術)에서는 많습니다. 적선도 있고 개인적인 수양, 기도, 명상 이런 것 아시죠? 다 아시는 일반론은 있는 것이니까 그것이 틀린 말이 아닙니다. 진짜입니다.

51. 적선지가 필유여경 [積善之家必有餘慶] 착하고 바르게 살자

사주를 공부하다 보면 마지막에 알게 되는 것이 인생을 착하고 바르게 살자는 것을 알게 되는데, 착하고 바르게 살자는 의미가 욕심내며 살지 말라는 것인지, 남을 도우면서 살라는 것인지, 자기가 가진 주제 이상의 것을 바라지 말라는 것인지, 구체적으로 어떤 것을 말하는 건지 궁금합니다.

답변 - 앞에서 말씀드린 내용과 거의 함축이 되어 있죠? 나에게 주어진 어떤 것과 나에게 주어지지 않은 어떤 것에도 내 마음이 연연하지 않고 현혹되지 않는다고 한다면 그것이 대자유의 길로 나아가는 힘이 되는 것이죠.

연연함이 오래되면 미련한 놈이 되는 것입니다. 내가 많이 가지고 못 가지고 하는 것이 아니고 내가 선한 마음으로 이 세상 만물과 화친한다는 표현이 더 적절하겠죠.

52. 戊戌년 신년운세와 띠별 皆花論

개념정리 차원에서 皆花論的으로 보면 六親에 상관없이 寅이 地殺이 들어 왔으니 12神殺 해석을 해주면 되고 申子辰의 冲과 隔角을 보며 戌에서 入庫되는 天干으로 丙戊乙, 地支로는 巳卯를 보면 12운성적으로 卯絕胎의 글자를 보며 六親的으로 결과를 보며 월운에서는 戌달, 戌-辛丁戊가 천간으로 드러난 달 중심으로 봐주면 되는지 궁금합니다.

선생님 - 己亥年으로 갑시다. 답안지를 얻는 것은 의미가 없고, 己亥年에 일어나는 여러 가지 이벤트 이런 것을 보는 기준, 논리 이런 것을 볼 때 己亥에 그룹을 지어서 본다고 한다면 이렇죠.

己亥	⇒	申子辰
		巳酉丑
		寅午戌
		亥卯未

■ 申子辰

申子辰은 天殺그룹, 亡身 그룹이잖아요. 그래서 天殺, 亡身, 六害에 의미를 같이 믹싱을 해서 해석을 해도 됩니다.

天殺그룹에 해당할 때는 자기가 주도권이 없다. 주변의 변화로 인해서 내가 득을 보는 요소도 발생하는데 내가 다루기 어려운 영역 즉 부동산의 변동이라든지 또 정신적인 발전 이런 것들을 이룩할 수 있는 계기나 기회가 많이 발생하고 亡身요소 때문에, 형태상 亡身 기운이 많은 것이니까 대체로 묶었던 건강, 가두어 두면 좋을 것이 자꾸 삐져나오는 나오는 것을 의미하니까 구설, 잡음, 소모 그리고 그 사이에 뜻밖의 횡재, 보상 이런 것들이 동시에 따를 수 있는 것이 되는 것이죠. 그래서 길작용, 흉작용이 동시에 발생할 수 있다고 생각하면 되겠죠.

■ 巳酉丑

巳酉丑은 三災의 시작이니까 밥그릇, 활동무대, 의식주, 명함, 일 이런 것들이 自意말고 他意 즉 주변으로 인해서 생겨난다. 또 그다음에 喪門 弔客에도 걸리겠죠. 주변에 初喪, 橫厄

그리고 거기에 따른 상속, 증여 이런 것들도 따를 수 있음을 의미합니다.

학생 – 喪門 弔客의 범위가 현대사회에서는 잘 맞습니까?

선생님 – 현대사회에서도 보통 8촌 이내가 되는데 잘 맞아요.

학생 – 년에 해당하면?

선생님 – 주로 년에 해당하는 경우가 많습니다.

학생 – 酉生인 사람이 내년(己亥年)에 물론 巳酉丑生이 다 걸리니까..

선생님 – 그렇죠. 亥에 걸리는 것이죠. 그래서 酉生 丑生이 喪門 弔客에 걸리는 것이죠.

학생 – 巳는 喪門 弔客이 아니잖아요.

선생님 – 己亥가 喪門 弔客이 아니고 이것이 연지를 冲하는 것은 조상 또는 조상 뿌리에서 파생된 존재 그래서 六親의 변고 이렇게 해석을 하거든요. 그래서 喪門 弔客과 비슷한 또는 거의 흡사한 작용이 있다고 보시면 됩니다.

학생 – 누가 福三災라고 하던데 福三災가 뭡니까?

선생님 – 그러니까 그것이 자기 운이 좋아지려고 할 때 三災를 만나는 것입니다. 좋아지려고 하는 길목에서 三災를 만나면 주변이 갑자기 급변하면서 이런 것입니다.

내가 좋을 것도 없고 지지부진한 상태였는데 좋은 흐름으로 들어가면서 三災를 만나면 갑자기 그 동네가 '꼼짝마!' 하면서 재개발이 되어 버리는 식이죠. 하는 수 없이 이사하면서 돈을 받고 그 돈으로 또 뭐를 샀는데 그것이 또 오르네요. 이런 식으로 선순환이 될 수 있는 통로 작용을 하는 것이죠.

■ 寅午戌

寅午戌은 劫殺 桃花 攀鞍이 됨으로써 劫殺을 위주로 한다면 '주먹을 불끈 쥐고' 밀어붙여서 뭔가 변화를 추구하게 되는 압력이나 압박을 가해서 변화를 얻게 되는 그런 흐름이 발생을 하는 것이죠.

그동안 노력한 것에 대한 성과물 그러니까 皆花論으로 가면 地殺 다음에 바로 桃花가 되는 것이니까 범띠 입장에서 보면 亥가 桃花가 되잖아요. 그동안 자기가 구축한 업적 이런 것으로 인해서 평가나 보상을 받는 이런 것들이 같이 발생한다는 것이죠.

학생 – 皆花論으로 따지면?

선생님 — 寅生을 기준으로 하면 戌이 地殺이 되지 않습니까? 寅이 將星 戌이 地殺이니까 亥가 年殺입니다. 그러니까 寅生이 亥를 보면 桃花라고 하는 것입니다. 寅生이 亥를 만나면 桃花를 만나는 것이라는 겁니다.

皆花論으로 보면 寅生은 桃花를 만나는 것이고 午生은 劫殺을 만나는 것이고 戌生은 攀鞍을 만나는 것입니다. 그래서 그런 의미를 여러분이 확대해서 적용을 해주면 된다는 것이죠.

■ 亥卯未

亥卯未는 주로 주동적이니까 地殺, 將星 이런 효과에 의해서 묵었던 것을 마무리 짓거나 다시 재가동 시키거나 궤도수정을 하거나 이동을 시키는 작용도 기본적으로 발생하겠죠.

그다음에 亥가 들어오면서 어떤 사람에게 명조 내에 巳가 있는 사람의 달이든 날이든 沖을 하면 進神 退神의 원리에 의해서 午生과 子生이 게스트로 끼어드는 것이죠. 남의 변동에 子生이나 午生이 남의 일에 게스트로 끼어드니까 午生 子生 그다음에 寅生 申生 午生 子生들이 남의 게스트로 끼어들게 되고 그다음에 亥卯未 그룹, 巳酉丑그룹이 따라가면서 남의 일에 가담이 되고 거기서 또 여러 가지 변화성을 얻게 되고 그렇게 보면 되겠죠.

학생 — 空亡인데 沖이 와서?

선생님 — 그러면 沖작용이 있다고 보면 되죠. 沖작용 위주로 보면 되죠.

학생 – 비어있는 상태에서 沖을 맞으면 더 많이 튄다든지 그런 작용은 없는 것입니까?

선생님 – 그런 것은 아니고 잠자는 놈을 흔들어 깨운다는 의미죠.

학생 – 아예 안 쓰고 있었다. 空亡이…

선생님 – 그런데 흔들어 깨우는 것이니까 空亡에 걸려있던 것이 다시 움직이게 되는 이런 작용이 발생하는 것이죠.

학생 – 弔客하고 喪門하고 차이점을 설명을 좀 해주십시오.

선생님 – 그것은 저도 구별해서 많이 쓰지는 않습니다. 그런데 간단하게 생각을 하면 됩니다. 그냥 반대그룹이잖아요.
돼지 亥자를 기준으로 酉와 丑은 이런 것입니다. 三合을 기준으로 해도 이것이 有物 無物論이거든요.
亥卯未가 머무를 때는 酉丑이 그 존재양식을 지탱할 수 없으므로 일그러지든지 멀리가든지 라는 것이죠. 그래서 찌그러져서 심하게 훼손이 된 상태를 생을 마감한 상태로 보는 것이고 멀리 떠나는 것은 驛馬상태로 보는 것이죠.
띠라고 하는 것 즉 년을 흔들어 놓으면 나뭇가지에 밤을 딸 때 작대기를 가지고 딸 수도 있지만, 발로 나무 밑동을 차면 어떻게 됩니까? 밤이 떨어져요? 안 떨어져요? 다 떨어지는 것은 아니지만 떨어지는 놈이 생기잖아요.

　이 뿌리가 조상입니다. 밑동이 흔들리면 나뭇가지에 달린 약한 밤이 떨어질 것 아닙니까? 그런데 내가 한 나뭇가지에 살아요. 그러면 팔촌이 죽었는데 모르는 것입니다.

　학생 – 내가 상갓집에 가거나 상을 당하거나 두 가지다 속하는 것이.

　선생님 – 그것이 옛날처럼 폐쇄된 사회에서는 대부분 다 촌수에 걸리잖아요. 그런 것이 남이라고 생각을 하지만 대부분 다 촌수에 걸리는 것인데 대체로 8촌 내외까지는 걸리게 되어 있습니다.

　요즘은 미국 살고 캐나다 살고 그러니까 죽고 나서 몇 년 뒤에 알게 되는 것이죠. 사실은 내가 죽을 수도 있습니다. 隔角하여 있으므로 년이 내가 머물러 있는 뿌리잖아요. 육신의 뿌리잖아요. 육신의 뿌리가 조상이잖아요.

　학생 – 酉는 弔客이라고 되어 있고 丑은 喪門이라고 써 놓았다는 것은 의미가 달라서 그런 것 아닌가요.

　선생님 – 약간 의미차이를 써놓은 것은 있는데 작용은 마찬가지라는 것입니다. 지금은 亥가 두목이잖아요. 亥가 두목이면 무엇을 잡아들인다? 지금 잡혀 들어가 있잖아요.

　우리나라 정치판을 봐도 두목이 바뀌면 어떻게 돼요? 잡혀 들어가잖아요. 그것이 巳의 입장에서 보면 災殺 囚獄殺이잖아요. 찌그러지는 모양이라는 것입니다. 안 그러면 모양을 지탱하기 위해서는 어떻게 한다? 멀리 가야 되는 것입니다. 그것이 驛馬 아닙니까? 驛馬 그러니까 冲도 똑같이 그렇게 해석을 해도 무방하다는 것입니다.

학생 – 年支 외에 冲이 되면?

선생님 – 年支 외에는 그 六親 즉 태어난 일지를 冲하거나 또는 時支를 冲한다 이랬을 때에는 配星 즉 짝이 있는 사람은 짝의 집안에 그런 일이 생기거나 또는 짝과 관련하여 그런 일이 생긴다 하는 것이죠.

학생 – 그러면 年月日時에서…

선생님 – 그런 것까지 봐줄 시간이 없습니다. 자기가 언제 돈이 들어오고 돈이 나가고 이것만 해도 설명해주기 바쁜데 원리는 그 한 가지라고 보시면 되는 것이죠.
    요즘 누가 죽는지 관심이 없다니까요. 한참 뒤에 5촌 삼촌이 죽었다던데 해도 자기한테는 의미도 없고 관심도 없어요. 현대 사회의 틀이나 환경 때문에 우리가 그것을 감당하고 있다고 생각을 하면 됩니다. 그렇게 살고 있는 것이죠.
    분명히 그런 기운이 작동한다는 것입니다. 의미는 그렇게 크지는 않지만, 왜냐하면 부모가 포함될 수 있기 때문에 그 시기가 오면 언급을 해주는 것이죠.

학생 – 보통 年月에 印星이 喪門 弔客을 당했는데 엄마도 몸이 안 좋았고 이모도 몸이 안 좋았는데 이모가 먼저 가면 엄마는 괜찮습니까?

선생님 – 그것도 단정할 수 없음. 엄마는 무조건 괜찮을 것이라고 단정할 수 없음. 계속 밑 둥을 흔들잖아요. 밑 둥을 계속 발로 차면 어떻게 됩니까? 두 분 다 갈 수 있는 것이죠. 줄초상이라고 하는 이런 것도 아시잖아요.

학생 – 땜을 한다는 이런 것은?

선생님 – 물론 땜을 한다는 표현도 틀린 것은 아니에요. 틀린 것은 아니지만, 아무튼 하나가 큰 것이 떨어지고 나면 가느다란 놈이 버티거든요. 그래서 땜을 하는 것이기는 한데 그러나 최소한 한 개나 두 개까지노 喪門 弔客의 영향 하에 있나고 봐야 되는 것이죠.

학생 – 巳亥 冲이 올 때 子午가 進神이잖아요. 그러면 寅申은 通關之神으로 봅니까?

선생님 – 通關之神이 아니고 또 맷돌을 설명해야 되네요.

그림 207)

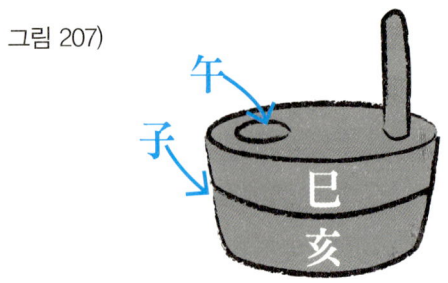

　巳와 亥가 맷돌이 돌아가면 여기 붙어와 있는 놈이 재료로 들어와 지면 맷돌이 冲의 작용을 완충하잖아요. 여기에 말이 묻어서 들어오든지 아니면 쥐가 묻어서 들어오든지 하는데 이것을 빨리 돌리면 어떻게 됩니까?
　믹서기를 돌리면 물이 가만히 돌아요? 아니면 V자를 그립니까? 어디서 빨아 당깁니까? 회오리가 생기면 가운데 있는 놈이 빨아 당기잖아요. 가운데 있는 놈이 누구입니까? 寅申이잖아요. 그러니까 申은 巳의 작동력을 완충시켜주고 寅은 亥의 작동력을 완충시켜주잖아요. 그래서 그 진공에 의해서 빨려온다는 말이죠.
　옛날에 학교에 물청소하면 물탱크의 물이 돌아가잖아요. 물이 빠질 때 물이 돌아가면서 빠지죠. 거기서 빨아들이는 소리가 나요? 아니면 조용하게 내려갑니까?
　물이 '쏴~아!' 돌면서 내려가죠. 그래서 게스트가 된다고 했잖아요. 巳亥 호스트, 寅申은 게스트가 되는 것이죠. 게스트의 우선순위가 子午寅申이 되죠. 그다음에 巳와 三合을 이루는 놈, 亥와 三合을 이루는 놈 이런 식으로 간다고 했잖아요.

　학생 – 通關之神은 무엇을 지칭하는 것입니까?

선생님 – 그것은 팔자 안에 있을 때이고 맷돌은 通關之神을 가지고 쓰는 것이 아니라는 겁니다.

팔자 안에 있을 때 안정화를 시키는 수단으로서 쓰는 것이지만 亥와 巳 사이에는 寅이 그 용어를 붙이면 通關之神이 되기는 되죠.

通關之神이라고 하는 것은 子와 巳가 있을 때도 寅이나 卯를 끌어다 쓰는 것을 通關之神이라고 하는 것은 조금 더 넓은 범주의 표현이고, 巳亥 相冲에 寅도 해당은 하지만 子巳의 경우도 넓은 범주의 표현이라고 하는 것입니다.

子가 水고 巳가 火니까 넓은 범주의 표현입니다. 그다음에 巳亥 相冲에 의한 것은 맷돌이 확 돌아가면서 끌어당기는 그런 작용을 보시면 되는 것이죠.

학생 – 엄마하고 아빠가 巳生고 亥生으로 만났지 않습니까? 그러면 범띠를 낳으면 조금 낫습니까?

선생님 – 당연히 되죠. 寅生이나 申生 그다음에 子나 午는 당연히 마찬가지가 되고 子나 午가 더 좋습니다. 수업에 다 했는데 복습을 안 해서 그렇습니다.

53. 驛馬殺 개념

항공, 해운, 자동차, 전기, 전자, 통신, 무역, 건설, 언론 방송, 외교, 앵무새처럼 이걸 외우기는 했지만, 驛馬의 개념이 이 공간에서 저 공간으로 몸이 옮겨 다니거나 아니면 내가 하는 일이나 업무가 이쪽에 있는 일을 저쪽의 공간으로 정보나 통신의 자료를 보내거나 하는 걸로 알고 있는데 항공이라고 하면, 내가 비행기 기장이 된다는 것인지 아니면 비행기를 고치는 기술을 한다는 것인지 아니면 실제로 일 업무 특성상 비행기를 타고 많이 왔다 갔다 한다는 것인지, 驛馬殺의 전체적인 개괄적인 설명 좀 부탁드립니다.

時	日	月	年
己	甲	丙	庚
巳	申	戌	申

乾命

답변 – 戌이 驛馬가 되는 이런 모양이 되었죠. 물론 申 자체로서 地殺의 의미를 가지는데 개 戌자도 驛馬로서의 의미를 그대로 가진다고 하는 것이죠.

상기의 년의 申, 일지 申이 驛馬와 거의 작용력이나 속성이 비슷한 것을 가진다고 보는데 이 팔자에서는 주로 가는 길이 옛날에는 특수성이 있는 행정이었죠.

법무, 치안, 외교 이런 쪽이 많았고 요즘은 주로 驛馬가 되는데 驛馬 중에서도 어느 것을 더 우선하여 쓸 것이냐? 할 때에 주로 天殺그룹이 됩니다.

이 팔자는 亥卯未가 없잖아요. 그다음에 개 戌자가 驛馬가 되는 것이고 주로 戌이 금속 驛馬죠. 그다음에 금융 驛馬도 되는데 금융 驛馬는 국제금융 이런 것으로도 쓸 수 있는데 숫자적으로는 금속 驛馬 이쪽으로 훨씬 더 많죠.

驛馬殺에 무리 지어 간섭하는 인자 이런 것들을 조금 더 의미를 부여해서 驛馬殺중에 금속 驛馬이니까 하늘을 나는 驛馬가 아니고 땅에 기어 다니는 驛馬잖아요. 그러니까 자동차, 조선 이런 식으로 조금 더 섬세하게 분석을 할 때는 그 驛馬의 속성을 그런 식으로 보는데 자동차, 조선 그리고 土하고도 무리 지어 있잖아요.

戌이 驛馬이면서 土니까 보통 자동차, 조선, 건설 이쪽으로 보는데, 官의 모양새가 큰 조직이잖아요. 그래서 큰 조직에 근무한다는 것이죠. 현대중공업에 근무하는데 현대중공업까지 맞추면 진짜 피곤한 손님들이 많이 오기 때문에 "그러면, 나는 삼성이게? 현대이게?" 이렇게 오거든요.

그래서 그 정도까지만 터치하고 마는 것이죠. 그냥 "울산에 있는 그런 곳일 것이다." 그러고 마는 것이죠. 그러니까 자동차 아니면 조선이니까 자동차, 조선, 건설 등이 되는데, 간섭하는 인자나 속성, 五行 이런 것들을 가지고 조금 더 확장을 해 나가면 "아! 이것은 날아가는 驛馬구나!" 날아가는 驛馬이니까 항공, 통신, 전기, 전자, 등이 되는 것이죠. 이것도 다 책에 나와 있는 내용입니다.

아울러서 그 사람의 직업적 범주를 맞추고 싶어 하면 전부 다 나열하여도 좋고 외교라든지 이런 것을 쓰지 않는 이유는 물 기운의 투출이 부족함으로써 官印소통이 매끄럽지 못하므로, 官印소통이 원활하지 못한 이런 형태일 때 대부분 다 공학 기술이 제일 많고 두 번째가 상과 금융이 되고 그다음이 국가 공직 중에서 법무, 치안, 외교가 되고 특수성이 있는 자리 중에서 印星이 숨어 있으므로 낮은 직급 그런 식으로 가거든요.

驛馬殺의 형성은 여러분이 다 아시는 것이고 驛馬殺이 형성이 되었을 때 어떤 인자와 어우러져 있느냐? 간섭받고 있느냐? 하는 것인데 개 戌자는 금속성 사운드도 의미를 하죠. 금속성 사운드가 큰 것은 무엇입니까? 배를 만들 때 망치 소리가 큽니까? 자동차를 만들 때 망치 소리가 큽니까? 배를 만들 때가 소리가 크죠.

그렇게 해서 포커싱을 해 나가면서 驛馬부터 먼저 언급을 해 놓고 그중에서도 조선이나 자동차나 망치 소리가 많은 토건일 것이라고 하는 것이죠. 그것만 해도 본인이 이런 역학적인 정보에 대해서 신뢰를 하고 들어오게 되는 감명이 되는 것이죠.

그런데 거기에서도 官이 庚申으로 폼까지 걸었잖아요. 이것은 대기업 메이저급이라고 하는 것이죠.

학생 – 대기업 메이저인데 월지의 戌로 봤을 때 저 사람이 서울 쪽은 아니라는 것도 알 수 있는 것 아닙니까? 울산이나 지방으로.

선생님 – 그렇죠. 대기업 소속인데 무엇이 없으므로? 印星의 투출이 없으므로 그 자리는 낮거나 지역에 머무르는 힘이 더 강하다는 것이죠. 물론 운의 간섭에 의해서 일시적으로 중앙에 근무하거나 관리 중심의 역할을 하거나 이런 것은 생길 수 있겠죠. 그것은 운의 간섭에 따라서 왔다 갔다 나누어서 운 따라서 해석을 해주면 되죠.

학생 – 이 사람이 寅卯辰대운이 들어오면 어떤 변화가 생길까요?

선생님 — 官이 많이 움직이게 되니까 본인이 출장 즉 왔다 갔다 객지출입이 빈번하게 발생을 하는 것이죠. 그러니까 팔자 안에 驛馬殺을 써먹고 있는데 또 驛馬殺을 쓰잖아요. 그러면 출장을 자주 왔다 갔다 하게 되는 또는 해외 근무처 이런 곳에서 해외 현장에 자기가 왔다 갔다 하게 되는 이런 식으로 써먹게 되는 것이죠.

학생 — 寅대운에 잘리거나 하지는 않고요?

선생님 — 官이 튼튼하잖아요. 官 자체가 튼튼하니까 이런 팔자는 건달 세월이 많지가 않다는 것입니다. 그러면 올해는 왜 왔느냐? 올해 온 이유는 2가지입니다.

申에서 戌이 皆花論的으로 驛馬죠. 皆花論 驛馬에 食神入庫가 되니까 행복하다? 답답하다? 답답하다는 것입니다. 그 이유로 오세 되는 섯이죠. 주서변동 같은 것을 하면 그런 것으로 약간 분위기 쇄신은 되니까 준비하라고 해 주는 것이죠.

저런 기준점들을 일러드렸으니까 그것을 가지고 여러분이 확대적용을 해서 정리를 해보세요. 정리를 해보면 간섭자가 어떻게 영향을 주고 있는지 이런 것을 알 수 있을 것입니다.

그런데 워낙 현대에 驛馬에 관련된 파트가 많기 때문에 그것까지 클래스를 나누어달라고 하면 그런 간섭자 중심으로 나누어서 해줄 수 있다는 것이죠.

54. 寅申巳亥생 子午卯酉생 辰戌丑未생

강의 중에 대가 논법 중에 辰戌丑未의 글자를 연구를 잘하면 인생의 절반을 푼다고 나와 있는데 아리송한 것이 자식 중에 辰戌丑未생이 그 집안에 출현하면서 몰락하는 집안도 있었던 것 같고, 반대로 辰戌丑未생이 출현하면서 번영하는 집안도 있었던 것 같은데 개념 정리 좀 부탁드리면서 寅申巳亥생이 인생을 성공과 번영하기 위한 패턴방식과 子午卯酉생이 인생을 성공과 번영하기 위한 패턴방식과 辰戌丑未생이 인생을 성공과 번영하기 위한 패턴방식과 효율적인 삶을 살기 위한 구체적인 방법이 있는지 궁금합니다.

답변 — 辰戌丑未는 결국은 지키는 것입니다. 일단은 지킨다는 것이죠. 지키는 동작이나 행위를 많이 함으로써 대체로 지키는 것이 무엇이냐 하면 움직이지 않는 것이 不動産이죠.

不動産베이스 이런 것으로서 자기가 그동안 이룩한 것을 붙들어서 관리하는 이런 것들이 제일 자기가 가진 인자들을 잘 써먹는 방식이라고 보면 되죠.

직업적으로도 가급적이면 수성을 하는데 자기 고유의 직업분야와 부동산 2가지 정도를 가지고 가면 제일 안정적이고 실속 있는 그런 삶을 살더라는 것이죠. 그런데 보통 본인이 나서서 누리고 하는 것은 한계성을 가진다고 보면 되죠.

항상 辰戌丑未라고 하는 것이 寅申巳亥와 子午卯酉의 통로 역할을 하는 것이니까 통로로서의 역할이 되는 것이죠. 그런데 量的인 것은 그 사람의 格, 여러 가지 그 사람의 크기 이런 것에 더 영향을 많이 받습니다. 辰戌丑未생이 못산다든지 그런 것은 아닙니다. 또 너무 지키는 사람은 지켜서 오히려 자기와 주변이 고달프거나 벅차게 살게 된다. 이렇게 보면 되거든요.

[인생을 성공과 번영하기 위한 패턴방식과 효율적인 삶을 살기 위한 구체적인 방법이 있는지 궁금합니다.]

이 부분은 아끼면 됩니다. 아끼는데 지키는 버전이죠. 안 쓰면 부자입니다.

55. 사주학적 효도의 의미

정진반 강의 중에 '둘째 아들한테는 피죽 하나 못 얻어먹는다.'라는 대화내용이 기억이 나는데요. 12神殺的으로 어떤 자식인지 궁금합니다.
저는 辛巳생 아버지는 2000년 庚辰년에 간암으로 돌아가시고 홀어머니가 丙戌생이고 庚戌생 큰누나와 壬子생 작은누나 형이 丁巳생 이고 저는 庚申생입니다. 제가 자라면서 엄마한테 불만이 많았습니다. 형만 챙기는 게 눈에 많이 보였기 때문에 어머니 입장에선 亡身殺 자식이라 형이 아마도 자랑스러워 보이셨을 것 같습니다.
20대 초중반까지는 그래도 집에 자주는 아니지만, 명절이나 제사 때나 이벤트적인 일이 있을 때는 집에 가기도 했는데 시간이 지나면서 자연스럽게 집에도 안 가게 되고 연락도 거의 안 하고 남남처럼 지내는 세월이 되었습니다.
윤리 도덕적으로는 부모님에게 당연히 자식이 된 도리로써 효도하고 홀어머니가 사시면 얼마나 더 사시겠느냐 하면서 그래도 살아

계실 때 잘해드려야 한다는 생각은 누구든지 하겠지만, 생각과 행동이 잘 안 되는 것이 현실인 것 같습니다.
어머니 입장에선 驛馬殺 자식을 낳았으니 먼 곳에서 크게 보태줄 것도 받을 것도 없는 자식인 것 같기도 한데 사주학적으로는 이렇지만 윤리도적인 면에서 자식이 부모를 공경하고 효도하고 하는 것은, 내가 부모 조상을 무시하고 깔보는 것은 나의 원천은 뿌리와 가지를 잘라내는 것과 같은 생각이 들기도 합니다.
사주를 보는 이유가 조금 더 효율적인 면을 알기 위해서 사주를 보는데 제가 만약에 지금 하고는 다르게 파격적으로 전화도 거의 매일 드리고 자주 찾아뵙고 하면 사이는 좋아질 수 있으나 갑자기 한쪽의 운세가 불안해지지는 않을까 하는 걱정이 들기도 합니다.
강의 중에 亥생 엄마와 巳생 아들이 일부러 가까이 지내려고 하니 하늘이 갈라놓더라 하는 강의가 생각이 나서 그러는데 그냥 이대로 남남처럼 지내는 세월을 갖는 것이 오히려 서로에게 좋은 건지 아니면 사주학적인 것을 떠나서 자식이 된 도리로써 부모를 섬기고 자주 안부 전화 드리고 살아계신 동안에는 돌아가신 뒤에 후회하지 않게 잘해 드리는 것이 도리인지 사회적인 윤리 도덕적인 효도를 해야 하는지 아니면 사주학적인 관계에서는 효도의 의미를 어떤 식으로 해야 하는 건지 궁금합니다.

답변 — 저는 이런 상담을 할 때 쓰는 키워드로 무엇을 썼느냐 하면 'beautiful distance' 즉 우리말로 하면 '아름다운 간격(거리)' 이 정도로 생각하는데 내가 태어나서 내가 나를 바꿀 수가 있느냐 하는 것이죠. 이 세상에 태어나서 내가 나를 바꿀 수가 있더냐 하는 것입니다.
　여러 가지 기질적인 면, 좋아하는 것, 싫어하는 것들이 나의

목표치를 가지고 컨트롤 할 수 있더냐고 하는 말이죠. 거의 안 됩니다. 3살 버릇 언제까지 갑니까?

3살 버릇은 어디에서 왔느냐? 타고났다는 것입니다. 그러면 상대는 내가 컨트롤 할 수 있습니까? 없습니까? 내가 상대를 바꿀 수 없고 내가 나 자신을 못 바꾸면 어떻게 합니까? 그러면 'beautiful distance' 즉 '아름다운 간격'이라고 하는 것입니다.

인간들이 왜 골머리가 아프냐 하면 이 아름다운 간격을 채택하지 않아서 그런 것입니다. '따로 또 같이'라고 노래 그룹도 있습니다.

달과 지구가 한 번도 만난 적이 없지만 한 번도 헤어진 적도 없다는 것입니다.

가족이라고 하는 것은 결국 지엽 즉 똑같은 뿌리에서 뻗어 나와서 있지만, 동쪽으로 뻗은 가지와 서쪽으로 뻗은 가지가 한 몸이기도 하고 살아가야 할 길이 다르기도 하고 그것이 우리의 생태적인 모습이라는 것입니다.

그러면 이것을 억지로 포기해야 되느냐? 그럴 이유가 없다고 보는 것입니다. 아름다운 간격을 두고 살아 있으면 되는 것입니다. 같은 뿌리였다는 것을 서로 기억하면 되는 것이죠.

효도라고 하는 것은 여러 가지 형식과 절차가 필요하겠지만, 사회질서에 크게 위배되지 않는 수준의 효도는 하면 되는 것이고, 안 맞는 것을 억지로 섞으려고 하는 것 자체가 그것이 너무 이상적인 윤리적 기준을 가지고 사람들에게 강요하는 것과 그것이 또 오히려 사람들을 포섭하는 것도 됩니다.

포섭이 지나치면 자유를 구속하는 것이지 않습니까? 자유를 구속해서 얻어지느냐 하면 얻어지지 않는다는 것입니다.

요즘 사람들이 사이드로 돈을 잘 가져다줍니다. 어제도 누가 봉투를 들고 와서 "감사합니다." 하는데 하도 봉투 이야기를 많이 했더니 "그런 놈이 없더라." 해서 최근에 봉투를 많이 가져다주는데 이분이 세무조사를 받아서 엄청나게 데미지를 입을 수 있는 상황에 있는 것이죠.

"반드시 이달 저 날까지 가야만 이 문제가 풀리기 시작을 할 것이다." 했는데 이때까지 이 양반은 지옥과 천당을 왔다 갔다 한 것이죠. 사업을 완전히 손을 놓느냐? 마느냐? 그렇게 했는데 그 예측이나 분석대로 그대로 해결이 된 것입니다.

이분이 서울에 계신 분입니다.

"이때까지 손님을 몇 명이나 봤습니까?"

"대략 14~5만 명은 될 것이다."

"그렇게 많이 보면서 본인의 소회가 있습니까?"

"되는 것은 되고 안 되는 것은 안되더라. 안 맞는 놈은 안 맞더라. 안 맞는 것을 맞도록 하는 것이 제정신이 아니다."

"하~ 맞습니다. 제가 두바이 가면 두바이에 있는 놈들에게 이 이야기를 전하께요. 안 맞는 놈끼리는 헤어지는 것이라고!"

이렇게 어제저녁에 저런 이야기를 했는데, 결국은 보편적인 자식으로서의 효도나 역할을 하더라도 안 맞는 것을 억지로 끌어 맞추는 것이 절대 효율적이지 않더라는 것입니다.

윤리적 기준에서 효도하지 말라는 것은 아닌데 요즘은 이런 것입니다. 장남 역할이라고 하는 것이 캐나다에 살아도 월말마다 돈 잘 보내는 송금 잘하는 아들이 장남이더라는 것입니다.

그것만한 효도가 없습니다. 그리고 결국 시운 따라서 서로의 기능과 역할이 바뀌기도 하는데 그것을 억지로 인위적으로 틀을 짓고 맞추도록 하는 것이 결코 서로에게 유익하지 않다는 것입니다. 이 정도로 가늠하도록 하겠습니다.

56. 개업식 고사

지인 중에 한 분이 부동산을 오픈하셨는데(午생 여자분) 고사를 안 지내서인지는 모르겠으나 이상하게 부동산 계약을 했다가 계속 틀어지는 일이 발생하는데 어쩌다 1~2건이면 이해를 하겠는데 10건이면 7~8건이 틀어지니 혹시 고사를 안 지내서 그러느냐 물어봅니다.
이런 것이 개업식 고사와 상관이 있는지 궁금하며 사주학적으로 개업식 고사를 꼭 해야 되는 사주와 안 해도 되는 사주가 있는지 궁금하며 개업식 고사의 정확한 의미와 이름명칭부터 궁금한데 어느 곳은 개업식이라고 하고 다른 곳은 고사라고도 하고 또 어떤 곳은 개업식 고사라고 쓰는데 개업식 고사에 관한 전체적인 개괄 설명 좀 부탁드리겠습니다. 음식이나 순서나 방향 축문 고사 지내는 날짜와 시간이 있는지도 궁금하며 음식 중에서 돼지머리를 놓는 경우도 있고 명태에 실을 두르는 경우도 있는데 그냥 시루떡만 놓고 하는 경우도 있는 것 같은데 개업식 고사에 관한 전반적인 의미와 설명 좀 부탁을 드립니다.

답변 −개업식을 할 때 주로 六害殺 방향을 씁니다. 六害殺 방향으로 고사, 제사를 지내는 것이 좋은데 그럴 여가가 없으면 그 방향으로 술만 많이 뿌려도 됩니다.
天殺방향은 주로 직계조상, 六害殺 방향은 방계조상 또는 내가 잘 알지 못하는 남이라고 생각하는 방계 내지는 외부적인 인연 관계 이런 것을 의미하는데 그런 일종의 地神 개념도 있을 것이고 그런 것을 할 때는 六害방향을 활용하면 된다는 것입니다. 그런 내용으로 보시면 될 것입니다.

학생 — 六害殺 방향과 天殺 방향을 각각 다 술을 올려야 되는 것입니까?

선생님 — 그렇죠. 사실은 혈연이거든요. 엄마와 아버지 위에 엄마와 아버지 하는 논리가 있었잖아요.

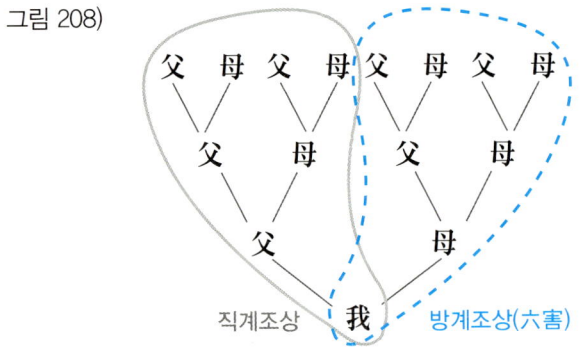

그림 208)

우리가 2^n 만큼의 조상이 존재하잖아요. 실제로 우리가 직계로 모시는 제사는 증조부 정도밖에는 안 됩니다. 수많은 방계 즉 자신의 몸을 만드는 것에 엄마와 아버지 그리고 엄마를 만들었던 것의 엄마와 아버지를 따져보면 엄청나게 많은 것인데 그렇게 연결되어진 전체를 六害로 무리 지어서 봐도 좋다는 것입니다.

학생 — 지난번에 배운 六害殺 방향에 술을 붓는 기도를 계속한다고 치면 기도가 이루어지면 그만해야 되는 것이에요?

선생님 — 안되죠. 계속 해야 되는 것이죠. 기도가 이루어지면 그러면 새로운 미션을 부탁을 해야 되는 것이죠. 그렇게 해서 항상 목표나 기도는 구체적이어야 되는 것이죠.

그래서 내가 어음이 5억 2천만 원이 돌아온다고 하면 "5억 2천만 원을 꼭 좀 메우도록 해주세요." 해야지 "그냥 저를 도와주세요!" 이런 것으로는 안된다니까요. "내가 Google Korea에 들어가게 해 주십시오." 이렇게 기도가 구체적이라야 위에서 접수됩니다.

학생 — 그런 것을 天殺에도 빌고 六害殺에도 빌고 하면 되죠?

선생님 — 天殺은 제사로 행위를 하니까 그런 것이죠. 그다음에 天殺은 당연히 위에 제사권을 가진 장손이 있으니까 장손을 기준으로 天殺을 삼고 나머지는 자기 띠를 기준으로 六害를 방향으로 해서 지내면 내가 모르는 남이 나를 많이 돕게 되더라는 것입니다.

六害달에 돌아가신 분의 제사 있죠? 자기 때를 기준으로 六害달에 해당하는 조상을 자기가 잘 챙겨도 좋습니다. 그것도 운명적 에너지가 이런 것입니다.

그림 209)

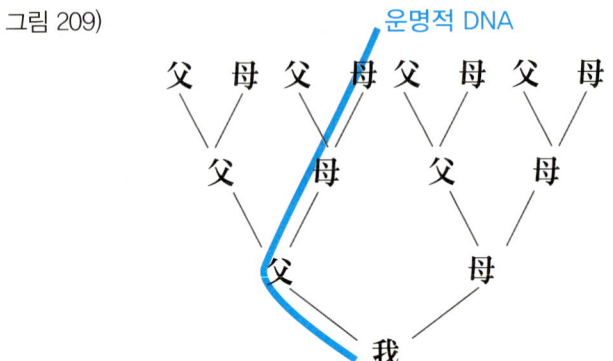

　그림에서처럼 흐름이 운명적 DNA가 나에게 굉장히 강하게 작동을 하고 있다고 보거든요. 물론 육신을 만드는 것은 당연히 간섭했겠죠. 했지만 운명적으로도 그대로 연결성이 크게 있는 것이 되니까 잘 챙겨보십시오.

　학생 – 날짜하고 시간하고 날짜는 어떻게?

　선생님 – 그것은 택일력에 나오잖아요. 일반 택일력을 이용해도 되고 자신의 띠를 기준으로 해서 아니면 날을 기준으로 貴人이 머무르는 날 天乙貴人이 머무르는 날 이런 날

　학생 – 食傷날은?

　선생님 – 食傷날은 주로 주거라든지 天干에 食傷이라고 하는 것은 의식주의 확장이라든지 또 사업할 때도 그것을 쓰기는 쓰죠.
　貴人날이 이런 것이죠. 無形이라고 해도 말뚝을 쳐주는 작용

을 해요. 눈에 안 보이는 형태라고 해도 자연에 있는 기운하고 나하고 말뚝 관계를 형성시키는 그런 작용이 오니까.

학생 – 시간은?

선생님 – 시간은 특별히 피할 시간은 없는데 천구하식시(天狗下食時)라고 들어 보셨습니까? 天狗下食時만 피하면 되거든요. 그러면 午일 같으면 巳時, 未日 같으면 午時가 되는데 이런 것을 天狗下食時라고 하는데 하늘에 있는 개가 먼저 밥을 먹어 버리는 이런 것을 의미하거든요.
 巳가 午날의 형님이잖아요. 午날의 형님이 있으면 이날의 작용이 잘되지 않는다. 이렇게 봐서 그 일진의 하루 앞을 상징하는 시진(時辰)을 가급적 피하는 그것만 해도 충분합니다.

학생 – 결혼식이라는시 이런 것노 그렇습니까?

선생님 – 결혼식은 조금 다르죠. 어차피 예식장 사정 따라서 편성이 되는데 주로 午時를 많이 이용하는 이유가 아까 寅午戌 날이 뭐라고 했죠?
 午는 무엇입니까? '그림자가 없는' 이런 뜻입니다. 午時가 되면 해가 하늘의 중천에 떴잖아요. 그래서 그림자가 없다는 것은 거짓이 없다는 것입니다. 그래서 大明天地라고 하거든요.
 大明한 시간에 즉 크게 밝은 시간에 누구라도 다 봤다는 것입니다. 그 시간에 약속하면, 선언을 하면 그것은 지킨다는 뜻이 되는 것이죠. 일진은 그 사람이 좋은 일반적인 택일법이라고 하든지 그 사람의 좋은 일진을 쓰고 시는 가급적이면 午時 이런 것으로 맞추어주면 되는 것이죠.

학생 – 만약에 날짜를 정했는데 내 사주에 있는 글자와 合이 된 것하고, 合이 없어도 괜찮은 것입니까?

선생님 – 꼭 合이 되어야만 그날 결혼이 된다는 것은 아니거든요. 그 날은 이런 것입니다. 두 사람이 뜻을 함께한다는 의미도 있지만 여러 손님을 보시고 손님을 맞이해서 그 손님들에게 우리의 뜻을 전한다고 하는 것이 되는 것이죠.
그것이 꼭 나하고 合이 있는 날에만 婚이 된다는 뜻은 아닙니다. 合이 있는 날은 둘이서 손을 잡고 재미를 보러 가든지 그렇잖아요.

학생 – 寅午戌날에서 天干에 붙는 글자는 의미가 없습니까?

선생님 – 時辰에 甲午시가 되더라도, 丙午시가 되더라도 午時에는 大明하잖아요. 그림자 없는 공간에서 약속한 것은 결국은 지켜야 되잖아요.

학생 – 택일을 한다고 했을 때 天乙貴人을 자기 띠로도 본다고 하셨습니까?

선생님 – 띠가 아니고 날을 중심으로입니다.

학생 – 책을 보니까 여자는 官과 印에 해당하는 날, 남자는 食傷 財가 되는 날을 잡는다고 하던데.

선생님 – 그렇죠. 그것은 관계된 행사를 할 때에 유리하다는 뜻이 되는 것이죠.

학생 – 결혼 날은 남자 위주로 잡죠?

선생님 – 원래는 여자 집에서 잡아야 되죠. 여자 집에서 왜 날을 잡는지 아십니까? 여자들은 다 압니다. 요즘은 약을 먹어서 조절한다고 하더라고요.

학생 – 결혼만 여자 위주로 하고 이사나 다른 것들은 남자 중심으로 합니까?

선생님 – 그렇죠. 주거 변동 이런 것은 대부분 그렇고 결혼 날을 잡는 것은 대체로 여자가 잡는 것이죠. 둘 다 貴人이 겹치거나 官印소통, 食神生財 이런 것과 매칭이 되어 있으면 됩니다.

학생 – 午時로 잡으면 子날에 子午 冲 이런 것은 상관이 없습니까?

선생님 – 한시적이기 때문에 상관이 없습니다. 잠깐 지나가는 것이기 때문에 상관이 없습니다.

57. 저승사자 논리

강의 중간 중간에 저승사자 논리가 나오는데 개념정리 차원에서 저승사자가 등장하는 시기가 궁금하며 저승사자가 좋아하는 것, 싫어하는 것은 어떤 것이 있는지 궁금하며, 저승사자가 등장했을 때 이것을 지혜롭게 잘 처세하며 피해갈 수 있는 방법이 궁금합니다.

몸이 많이 아픈 사람이나 암이 걸려서 몇 개월 못산다고 가정했을 때 가금류를 기르면 저승사자가 나 대신 내가 기른 가금류를 잡아가게 되어서 아픈 사람이 생명이 연장되는 것이 맞는지도 궁금하며 일반적으로는 저승사자 출현은 2명으로 알고 있는데 청화선생님은 특수부라 3명인 이유는 영이 맑아서 그런 것인지 아니면 저승사자의 휘하역할을 하는 법무나 의료, 종교, 철학 하는 사람들이 3명이 감시하는지 궁금하며 저승사자 논리의 전체적이고 구체적인 설명 좀 부탁드립니다.

답변 – [청화선생님은 특수부라 3명인 이유는]에서 영이 맑아서라고 하기보다는 남들보다 업이 많아서 그렇다고 봐야죠. 원래 3명이라고 하지 않고 2명이라고 했던 것 같은데요?

'신과 함께'라는 영화를 보셨습니까? '신과 함께'를 보면 그것이 뻥이 아닙니다. 닮은꼴이 많습니다.

학생 – 논리가 맞습니까?

선생님 – 저도 영화를 공짜로 보여주는 부분만 봐서 그렇기는 한데 거의 인격체와 비슷하다고 보면 됩니다. 저승사자가 머리가 약간 띵하면서 교활하고 나름대로 잔머리를 엄청나게 굴리는 행위가 정확한 형사 비슷하다고 보면 됩니다.

우리가 운이 안 좋을 때 저승사자가 왔다면 저승사자가 왔을 때 해외에 내 보내고 하면 일단은 영어를 못하는 저승사자는 못 따라 나갑니다. 그런 것이 운이 안 좋을 때 피해 가는 것을 보면 인격체 비슷하게 작동하더라 하는 것입니다.

時	日	月	年
庚	辛	乙	庚
寅	酉	酉	寅

坤命

앞에서 돈, 피, 짝 이야기를 한 이분 같은 경우가 정확하게 저승사자에게 걸려 버리거든요. 대운은 봐야 되지만 戊戌년이 들어오면서 官星 入庫의 유도, 물론 寅중의 丙火로시 배우자로 채택함으로써 丙火가 長生地支잖아요. 天乙貴人이잖아요. 그래서 활동성은 소극적이지만 좋은 기상과 에너지를 가진 짝이 만나지는 것이거든요.

木火가 좋다고 했잖아요. 그런데 戌年이 와서 羊刃이 되는데 그러니까 저승사자가 오는 것과 똑같이 일어나거든요. 지금 三災에 걸려있죠. 三災, 羊刃, 官星入庫 그리고 酉戌이 12神殺의 六害말고 六害가 되잖아요. 안방이 텅 비어 버리는 작용이 되는 것이죠.

원래는 酉의 뒤에 辰이라고 하는 글자를 가려서 酉가 안정을 취해야 되는데 酉戌로서 害가 들어오잖아요. 그래서 이것이 돈,

피, 짝으로 가는 것입니다.

 저승사자는 돈, 피, 짝 이 순서대로 옵니다. 그래서 지난달에 부군께서 타계하시는 바람에 아쉽게 되었습니다. 그것이 戌年 戌月이 되죠. 이 세 가지 작용이 동시에 기운이 쏠려 버리잖아요. 그래서 그런 것들이 오면 물론 중간에 조금씩은 안 좋았지만 불과 타계하기 10일 전까지만 해도 상태가 그런대로 괜찮았거든요.

 올해 초에 제가 돈, 피, 짝을 손상함이 있을 것이니까 하고 적어 놓았는데 그때는 그게 안 보이더라고 합니다.

학생 – 시에 있는 寅중의 丙火를 다시 안 쓸까요?

선생님 – 그렇지는 않죠. 원래 혼인이 늦게 이루어졌죠. 개인적으로 앞으로 앞날도 창창하고 비즈니스나 사업은 잘하세요. 金이 5개이니까 金이라고 하는 것이 재물을 우악스럽게 쥐는 힘 이렇게 봐도 되거든요. 쥐는 힘만 있고 재료가 없으면 안 되는데 寅乙寅으로 재료가 깔려 있잖아요.

 그래서 저승사자가 왔을 때에는 어떤 수를 써서라도 교활하게라도 작용을 해서 결국 자기능력의 에너지를 발휘하더라는 것입니다.

학생 – 이것은 여담이지만 저승사자가 1명~2명 데리러 온다고 했잖아요. 그러면 진짜로 데리러 오는 사람이 1명~2명이고 바깥에 기다리는 사람이 여러 사람이기도 한 것인가요?

선생님 – 저번에 死中生 설명해 드렸잖아요. 죽을 운인데 살아 있는 것 했었잖아요. 그것이 獄中 그리고 病中인데 최소한 못 움직이게 다리라도 묶여있는 상태 그다음에 大雄이 사는 집에 가 있는 경우 그리고 음식을 3일 이상 끊어서 음식 냄새가 나지 않는 것이 해당하게 되는데 이런 大雄이 있는 집에 가서 지내게 되면 大雄이 있는 집은 집이 아니니까 宮殿할 때의 殿을 붙이잖아요.

그런 곳은 일반 저승사자는 접근이 안 됩니다. 접근이 안 되고 거기는 치외법권지로 보거든요. 그래서 천상에서도 별도 관리하는 곳입니다. 거기에는 특수부 영장이 있어야 됩니다. 그럴 때는 한 번 갔다가 와야 되잖아요. 다시 갔다가 와야 되니까 그것이 원활하지 않은 것이에요.

학생 – 1명, 2명 상관이 없이요?

선생님 – 보통 2명이 1인조로 돌아다니는데 혼자서도 충분히 체포해 갈 수 있는 힘이 있다니까요.

학생 – 밖에서 기다리는 졸개들이 있습니까?

선생님 – 그것은 보통 2년 앞이나 4년 앞에 미리 보냅니다. 그것을 정탐저승사자라고 했거든요. 戌이 오기 전에 보통 巳 이것이 亡身이잖아요. 이미 癸巳년 이럴 때 정탐을 와서 午에 리포터를 작성한다는 것입니다. 리포터는 보통 羊刃이 오기 전에 4년 전 또는 빠르면 최대 5년 전에 벌써 저승사자의 정탐 사자가 옵니다.

　정탐사자가 와서 툭툭 밀치고 간다니까요. 그렇게 해서 밀쳐보고 상태를 보고 그때 내려와서 '해도 되겠다. 안 되겠다.' 보고서를 작성한다는 것입니다.

　그것이 亡身에 걸리기도 하고 예를 들어서 酉같은 경우가 庚일주가 酉가 저승사자라고 하면 巳年에 즉 巳가 偏官이잖아요. 偏官이 이런 것입니다. 검찰에서 나왔다고 하면서 판관 포청천 무늬를 이마에 박고 오는 것입니다. 그런데 저승사자는 아닙니다. 정탐 사자가 미리 온다니까요.

학생 – 그때는 조짐이 보입니까?

선생님 – 그렇죠. 사인을 주죠. 뺨을 때려보기도 하고 발로 차보기도 한다니까요. 庚이 巳 偏官을 만났으니까 세균성 질환으로 한 번 앓기도 하고 한다는 것이죠. 그것이 정탐사자가 뺨을 때리는 것과 똑같은 것입니다.

　그래서 얼굴이 '울그락 불그락' 해지는 그런 질환이 오기도 하고 그다음에 감기를 해도 조금 더 심하게 하기도 하고 이런 것들이 정탐사자들이 하는 것입니다. 저승사자는 기본적으로 수갑과 칼을 들고 온다는 것입니다.

학생 – 4년 뒤에 죽습니까?

선생님 – 보고서를 잘 작성을 해서 "저놈은 데려가도 되겠습니다." 이렇게 보고를 올리잖아요. 그러면 그때는 수갑하고 포승줄과 칼을 들고 오는 것이죠.

학생 — 그때 도망을 가야 되겠네요.

선생님 — 그렇죠. 그때 도망을 가야 되는 것이죠.

학생 — 저승사자가 많이 오는 사람은 어떤 사주입니까?

선생님 — 官殺 혼잡하여 重重하여 있는 이런 팔자나 官殺끼리 刑殺을 거듭하여 이루고 있는 사람 그런 사람들이 죽을 뻔하기를 2~3번 하거든요. 그런 사람들이 저승사자의 손쉬운 먹이가 된다고 보면 됩니다. 그런데 착하게 사는 것이 왜 중요하느냐 하면 "이놈 이것 산 것을 보니까 많이 뜯기고 살았네?" 저승에서 뜯긴 것이 아니라 사람들에게 많이 뜯기고 살아온 것이에요.
 그런데 이 동네에서 그냥 갈 수는 없으니까 동네 떠돌이 개 이런 것은 발로 차 넣잖아요. 개도 귀신에 씌는 것이죠. 요즘은 개들이 신호등 보고 잘 다닙니다. 개도 파란 불을 보고 딱딱 건너지 않습니까? 그런데 그날따라 방향을 잃으면서 차에 가는 것입니다. 그렇게 해서 죽는 죽음이 개죽음입니다. 돈이 안 되어서 그렇지 착하게 살면 그만큼 프리미엄이 많이 생깁니다.

질문 — 헌 옷도 오래 두면 舊神이 붙는가?

선생님 — 헛 옷도 오래 두면 舊神이 붙습니다. 헌 옷도 이상하게 그 사람과 동기 유감을 하기 때문에 의복이라고 하는 것이 굉장히 의미가 있습니다.

　저승사자가 잡아갈 때 보통 의복과 의복의 색상을 통해서 상대를 파악하고 잡아가거든요. 헌 옷을 오래 두면 舊神이 붙느냐 하면 그렇습니다. 급수 낮은 것들이 온다는 뜻이니까 그렇게 보면 됩니다. 너무 오래 두지 마시고 입으면 됩니다.

　학생 ─ 밀가루 음식도 亥卯未에 해당합니까?

　선생님 ─ 卯가 국수발입니다.

　학생 ─ 모자를 뒤집는 것은?

　선생님 ─ 모자를 뒤집는 것은 안을 까는 것이 아니고 파인 부분을 위로 든다고 보시면 됩니다. 바가지 모양으로 뒤집어 놓는 것입니다.

　학생 ─ 모자를 그렇게 두니까 불편하던데요.

　선생님 ─ 그것을 포개면 되죠. 왜냐하면, 모자를 쓰고 돌아다닌다고 하는 것은 조상의 큰 뜻이나 영적인 스승과의 단절을 의미하는 것입니다.

　스님이 모자 쓰는 것 봤습니까? 물론 추우니까 방한용으로 쓰기는 하지만 모자를 쓴다는 것은 특수한 미션을 감당하면서 살아가고 있다는 뜻입니다. 그래서 군인이 되면 마땅히 무엇을 씁니까?

위험한 자전거를 탈 때는 뭐를 씁니까? 오토바이 탈 때는 헬멧을 쓰죠. 운동할 때 그렇죠.

이런 것이 조상이 원하는 일이 아닙니다. 범죄행위를 할 때도 모자를 많이 쓰게 되는 것입니다. 즉 하늘을 가리고 싶은 그런 에너지 속에서 이루어지는 행위로 보는 것입니다.

하늘이 주는 것과 단절이 되는 것을 의미하기 때문에 그래서 그 모자 밑에는 무엇이 삽니까? 舊神이 산다는 것입니다. 등급이 낮은 에너지 패턴이 모이면 그것이 그늘진 것이잖아요. 응달진 것이고 陰氣를 의미한다는 것입니다. 그래서 그것을 뒤집어 놓으면 자기가 기댈 곳이 없으니까 "이 집 모자는 안 좋네!" 하면서 간다는 것이죠. 그래서 뒤집어 놓는다는 것을 아시겠죠.

질문 – 덩치도 크고 싸움도 잘하는데 벌레만 보면 기겁을 하는 사람의 사주 인자는?

선생님 – 질문은 되는데 대답하기에는 그렇죠?

학생 – 고소공포증 사주가 있습니까?

선생님 – 이런 것은 사주학적으로 깊이 연구를 안 해 봤지만, 사주보다는 그 사람 개인 전생의 기억들이 남아서 트라우마 trauma 형태로 남아 있는 것으로 보는 것이 그것이 더 맞을 것 같습니다. 저도 고소공포증은 연구해 보겠습니다. 그런데 사회과학적으로 분석한다는 것은 만만치가 않을 것입니다.

물론 이런 심리 이런 것은 五行的 으로 火가 약할 경우에 심리적으로 예민하고 여러 가지 현상들의 반응을 과대하게 할 수 있다. 이렇게는 볼 수가 있죠. 보통 丁火가 약할 때 그럴 수 있는데 그것만 가지고 고소공포증을 연결해 보지는 못했다는 뜻이죠.

질문 − 50대~60대를 넘은 사람이 생판 다른 직종으로 사는 사람은 어떤 사람입니까?

선생님 − 이것도 팔자 안에 부업 주업을 다 할 수 있는 것이 사람마다 패턴마다 차이가 나기 때문에 이것을 한 가지로 설명하기에는 어려운 측면이 있습니다. 그래서 놓인 샘플을 가지고 이 사람이 왜 50대~60대에 직업을 바꾸어서 성공하느냐? 그런 예시를 가지고 연구를 해보는 것이 훨씬 더 기준을 잡기가 쉬울 것입니다.

이렇게 열심히 질문하면 어느 날 심봉사가 눈이 떠지듯 일단 한 눈 먼저 떠지면 그것만 해도 여러분이 학습하는 방식이나 이런 것이 확 열릴 것입니다. 욕심을 내보기는 했는데 여기까지 하고 마치도록 하겠습니다.

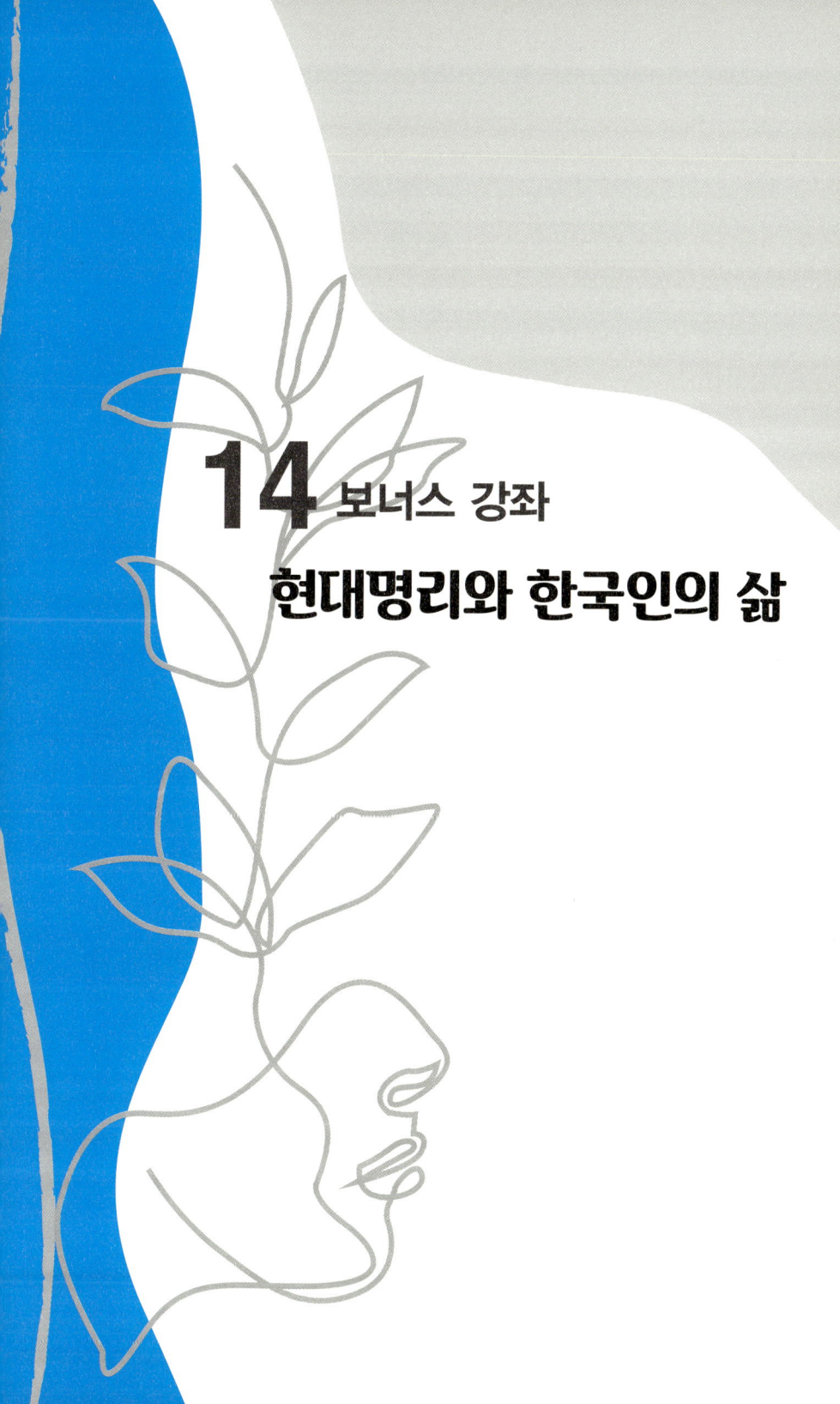

14 보너스 강좌

현대명리와 한국인의 삶

제1강

　제가 어떤 성격의 형식으로 강의를 맞추어 나가야 될지 모르겠네요. 제가 어떤 요구에 부합되도록 수업을 해 드려야 될지가 지금 좀 막연하긴 한데, 제가 밟아온 제 삶의 길을 간단하게 소개해드리고 또 여러분들이 이 학문을 공부하는 것에 있어서 참조될 수 있는 것들을 도와드리는 차원에서 제가 이 강의를 열고자 합니다.
　제가 지나간 삶의 스토리를 설명 해 드리는 시간을 조금 할애하고 그다음에 이 공부의 학술적인 차이, 그다음에 질문받는 시간을 한 시간 정도 가지면 제일 유용할 것 같은데 다른 생각이 있으시면 거기에 제가 맞춰드리죠. 그렇게 구성을 하면 되겠습니까?

　저는 이 역학 공부를 1981년도부터 시작했습니다. 지금 어떻게 하다 보니 근 30년이 다 돼가는데, 85년도에 제가 역업을 시작하면서 어떻게 하다 보니 문만 열면 손님들이 무조건 줄을 막 서더군요. 손님들이 자꾸 줄을 서다 보니 책보고 열심히 공부를 안 할 수가 없었습니다. 그래서 여러 가지 명리학에 관련된 책을 열심히 봤는데 소위 여러분들이 보시는 子平이나 滴天髓 등 이런 여러 가지 종류의 고전에 관련된 책들을 봤었는데, 분명히 그 책에 있는 이론들을 그대로 설명했는데도 불구하고 손님들이 거기에 자기는 해당하지 않는다는 것입니다. 이거 도대체 뭐냐 이겁니다? 그래서 사실은 초창기 새파란 시절에는 손님들하고 많이 싸웠어요. 지금도 좀 새파래 보이죠? 그런데 그 새파란 시절에 손님들하고 많이 다투기도 하다가 결국 "아, 이게 아니다." 생각을 한 것이죠.

제가 85년~86년도에 실관을 많이 했습니다. 어쨌든 제가 이쪽으로 인연이 깊어 놓으니까 손님들은 그냥 마구잡이로 줄을 서는 것입니다. 그것 때문에 제가 공부가 많이 됐죠. 그렇게 세월을 보내다가 제가 86년도에 군대에 갈 때 명리에 좋은 책들을 싹 들고 들어갔어요.

여기 계신 분들이 어떤 과정을 밟았는지 제가 모르니까 제 이야기부터 먼저 해드리게 되었는데, 여러분들도 子平, 滴天髓, 窮通寶鑑까지 전체적으로 다 보셨죠? 저도 滴天髓를 가져다가 수없이 보고 했습니다.

四柱定說이란 책도 여러분 많이 보셨죠? 四柱定說을 저는 마흔여섯 번 봤어요. 그런데 결론은 뭐냐? "모르겠다."는 것입니다. "도저히 모르겠다."

몇 페이지에 철자가 뭐가 틀렸다는 것까지 제가 다 집어낼 수 있을 정도로 공부를 해봤는데 결론은 모르겠다는 것입니다. 증거되지 않는다는 것입니다. 여기에서 제가 이제 회의감이 오기 시작을 한 것이죠. 이것이 명리로써 사람의 운명을 정말 설명할 수 있느냐?

이게 학문이 잘못된 것이냐? 아니면 그걸 연구하는 연구자가 잘못된 것이냐? 아니면 시대적 차이 때문에 그러한 것이냐? 제가 그것 때문에 밤새도록 고민을 많이 했습니다. 저는 하필 87년도에 동해안에서 초병생활을 했습니다. 초병이 뭐냐면 보초

서는 사람 있죠? 밤만 되면 바닷가에 나가서 동해안 바닷가를 바라보면서 생각하는 거죠. 저한테는 너무 좋은 시간이었으니까 군 생활이 전혀 힘이 들지는 않았던 거죠.

그러다가 87년도에 2월 달에 이제 책을 다 불살라 버렸어요. 이게 다 옛날 사람들이 분명히 뜻이 있어 말한 것이지만 "내가 그걸 알 수 없다면 다 죽은 글이다. 차라리 내가 새로 공부를 하자. 변화에 관한 새로운 룰을 내가 새로이 쓰자!" 생각을 하게 됩니다. 변화에 관한 새로운 룰을 내가 다시 쓰자는 마음으로 책을 다 불살라 버리고 자연만 관찰하기 시작한 거죠. 자연을 계속 관찰하다 보니까 처음에는 굉장히 답답하고 괴로운 시간들이 많았던 거죠.

문자가 나오기 전에 자연부터 먼저 있었던 것이고, 이 자연을 본떠서 글로 옮겨 놓은 것이잖아요?

이제 그러한 생각에 이르면서 제가 "자연의 운행 법칙이 五行이 아니라 七行이라면 七行으로 새로 분류해 보마!" 그런 각오로 밤새워 공부하다가 87년도 여름에 제가 책을 불사른 보람을 그때 얻게 되죠. 옛날 사람들이 남겨준 문자가 그 사람들의 뜻과 우리가 해석하는 뜻이 다르다는 것입니다.

그래서 특히 처음에 우리가 배우는 술어로서 五行이라고 하는 것이 뭐냐면 대부분 다 五行을 木火土金水 이렇게 木은 나무를 말하고 그다음에 火는 불을 말한다. 이렇게 배우죠, 그렇죠?

초보적으로 우리가 술어를 익힐 때는 도움이 됩니다. 그런데 실제로 옛날 사람들의 말은 木은 나무를 말하는 것이 아니라는 거죠. 木火土金水가 서양철학서에 말하는 원소론이라면 차라리 오소론(五素論)이라 해석하라는 거죠.

그러니까 5원소를 말하는 어떤 개념이었을 것이다? 五素라고 하면 될 것을 왜 五行이라고 했느냐? 이 行자가 무슨 글자입니까? 행(行)자라고 하는 것이 뭐냐면 원래 큰사전을 보면 '앞서거니 뒤서거니 하며 무리 지어 간다.' 이렇게 나와 있거든요. 그래서 '다닌다.'라고 하는 것 즉 '다닌다.'라고 하는 것이 뭐가 들어가 있는 것입니다? 동작이 들어가 있는 거죠. 동작과 시간이 들어가 있는 것이죠.

그래서 五行이라고 하는 것에서 이 木이라고 하는 것이 나무를 말하는 것이 아니라 木行의 단계를 거친 연후에 火行이 오고 火行의 단계를 거친 다음에 土行이 온다는 거죠. 木行이 뭐냐?

陰에 가려져 있던 것이 陰壓이죠. 겨울에 만물이 웅크려있던 것이 압력이 약한 곳을 향해 비집고 올라오려고 하는 운동, 운행 이것이 木行이 되는 것입니다. 그리고 나서는 어떻게 됩니까? 陰壓이 약해지면 陽의 운동이 밖으로 벌어진다는 것이죠. 벌어지고 펼쳐시려는 운동이 이루어시는 섯이 火行이라는 것입니다. 그다음에 더 이상 펼쳐지지 않고 벌어진 상태로 그대로 머물러 있는 것이 土行이라는 것입니다.

그다음에 金行이 되면 어떻게 됩니까? 영어로 뭐예요? 가을이 영어로 뭐예요? 떨어지는 거죠? 그러니까 건강해지고 밑으로 떨어지려고 하는 운동성이 발생하는 것이죠. 이게 金行이라는 거죠. 그다음에 水行은 뭐예요? 밖으로 모습을 드러내지 않고 엉기어서 모든 기운을 감추고 있는 것이죠. 이렇게 五行이라는 문자 자체에서도 처음부터 이렇게 오해를 하면서 배운다는 것이죠.

저도 옛날에 84년~85년 그때 열심히 공부할 때 '木은 나무

다.' 이렇게 하고 열심히 공부했었어요. 그건 뭐냐? 오소론적(五素論的)으로 이해한 거죠. 그런데 옛날 사람이 남겨준 건 뭐냐? 원소를 말하는 게 아니라는 것입니다.

그래서 천지 만물이 기운적으로 펼쳐졌다가 거두어들이는 운동을 하게 되는데, 사랑이라고 하는 것도 처음에 마음속에 담아두고 있던 것을 조금 펼쳐내기 시작하는 동작이 이루어지기 시작하면 이게 木行이 된다는 것이에요.

그다음에 불이 붙죠? 불이 붙었다가 불붙은 상태로 머물러있는 것, 이것이 土行이고 그다음에 조금 있으면 사랑도 서서히 식어가죠. 식으면 어떤 작용이 이루어져요? 단단하고 굳어지죠, 그렇죠? 단단하고 굳어지는 작용이 이루어지는 것이 金行이 되죠. 金은 쇳덩어리를 말하는 것이 아니에요. 굳어지고 견강해지려는 운동이나 동작이 이루어지는 방향성, 이것을 金行이라고 했다는 것이죠.

그다음에 水行이라고 하는 것은 말 그대로 秋收冬藏이죠 그렇죠? 천자문에 보면 秋收冬藏 구절이 있죠? '겨울에는 만물이 감추어 숨는다.' 그래서 감추어 숨어있는 이런 모양을 동장(冬藏) 즉 겨울에 감추어 숨어있는 것이라는 것입니다.

水는 물을 말하는 게 아니라니까요. 그런데 木火土金水라는 것이 이런 운행 법칙에 성질이 이미 가해져서 가장 그 동작이 물성대로 잘 드러난 사물을 비유해 놓은 것입니다. 그래서 五行의 본래적인 뜻을 말하는 것이 아니라는 것입니다.

명리를 공부하면서 제일 우(愚)에 많이 빠지는 것이, 옛날 사람은 시간을 말했는데 배우는 사람들은 공간을 배우는 것입니다. 공간과 사물을 배우니까 여기서부터 큰 곡해가 시작되는 것입니다.

　제가 이제 87년도에 일종의 '오도송(悟道頌)' 비슷한 것을 썼습니다. 金과 木이 둘이 아니며 水와 火가 둘이 아니라 한 몸이라고 하는 것입니다. 그게 무슨 말이냐? "말도 안 된다." 할 수 있는데, 원소론적으로 보면 나무하고 단단하게 굳은 金하고 같을 수가 없잖아요. 그런데 이 두 개가 사실은 표리관계 즉 안과 밖이라는 것입니다.

　일종의 방향 차이에 불과한 거거든요. 한쪽으로 비집고 올라오려는 운동이 있는 것은 木을 말하는 것이고, 도리어 굳고 거두어져서 내려오려고 하는 것은 金의 운동을 말하는 거죠. 그러니까 방향 차이에 불과한 것을 우리는 '金剋木 한다.', '도끼 가지고 나무를 찍으니 金剋木이다.' 이렇게 相生相剋을 배우죠?

　처음에 술어를 익히는 것에는 그렇게 배우는 것이 방편이 되겠지만, 옛날 사람들이 말한 相生說이나 相剋說은 그것을 말하는 게 아니라는 거죠. 그래서 제가 그린 것들을 하나하나 자연을 꾸준히 관찰해서 옛날 사람들의 글을 재해석해 보았다는 것이죠.

　제가 한 것은 어떻게 보면 재해석한 부분도 있고 그다음에 실관을 무수히 하면서 관찰한 것도 있습니다. 제가 작년 봄 아침에 일어나면서 도대체 대충 몇 사람이나 감정을 해봤는지 한 번 헤아려보니까, 작년 봄을 기준으로 팔만명 정도 감정해 보았던 것 같습니다. 그러니까 제가 몇 년 전에 어느 학회에서 강의할 때, 강의 타이틀을 뭐라고 붙였느냐면 '2초 사주학'이라고 했습니다.

　사주는 팔만 명을 보고 나면 보는 순간에 이 사람이 갈 수 있는 범위가 바로 보입니다. 그래서 2초면 충분하다는 것이죠. 이런 뜻에서 제가 강의제목을 '2초 사주학'이라고 붙였는데, 왜 2초냐? 1초라고 하면 까분다고 할까봐.

그렇게 실관을 많이 해서 사실은 제가 얻었던 여러 가지 논법들을 현대사회에 맞도록 정리했는데, 지금 나눠 드린 건 올봄인가? 작년인가? 제가 ○○대학교에서 강의할 때 명리를 전공하고 있는 분들한테 개념의 전환을 유도하기 위한 글 중에서 아주 일부입니다.

제가 春夏秋冬 新四柱學이라는 책을 만들 때 원고를 97년도에 다 만들어 두었었습니다. 지금으로부터 13년 전에 해 두었는데 페이지수가 약 한 오천 페이지 정도 됩니다. 물론 강의록 형식을 띠고 있기 때문에 글의 양이 좀 많긴 한데, 그때 머리말만 한 220페이지 정도 나오더라고요.

'춘하추동 신사주학' 그 책도 근 500페이지 정도 되죠? '춘편'이라고 한 3~4년 전에 낸 책이 있는데 다 내면 내용을 줄이고 줄여서 compact하게 해도 거의 열권이 나와야 되겠죠.

약 이 분의 일 정도 줄여서 첫 권만 냈는데, 그 책의 머리말에 나와 있는 것들입니다. 거기서도 조금 필요 없는 것들은 줄여 버렸는데, 머리말만 220페이지짜리 봤습니까? 그런데 머리말 220페이지를 쓸 수밖에 없었던 이유는 바로 이것입니다.

여기 계신 분들이 다들 프로도 계시고 공부를 아주 오랫동안 하신 분도 계시겠지만, 여러분들이 이 학문을 하면서 처음 시작할 때부터 이런 술어에 대한 개념부터 사실 왜곡돼서 출발하기 때문에 기초가 굉장히 불안한 것입니다.

기초가 불안하다면 설명이 조금 이상한데 아무튼 개념 자체에 대한 접근이 자연의 어떤 운동, 원리 이런 것으로부터 출발하지 않았다는 것이죠. 그러니까 풍수에서 '山自山 書自書'란 말 있죠? 그러니까 책은 책대로 놀고 산은 산대로 놀고. 책 볼 때는 내가 다 맞출 수 있을 거 같은데, 손님 오면 피곤해지는 것이죠. "이건 감?" 이러면서, 부채도사 있죠? 그렇죠?

명리적으로 사실은 대가의 안목이라는 것은 이런 것과 똑같은 것입니다. 사람이 타고 날 때 상수적으로 정해진 영역을 사주팔자라는 干支術을 가지고 근거해보는 건데, 상수적인 영역만 있는 게 아니고 그 干支라고 하는 자체의 배열 자체가 상수(常數)와 변수(變數)의 영역이 있다는 거죠.

이 팔자는 '상수 영역이 이 정도에 변수영역이 이 정도다.' 그 다음에 이런 팔자는 '상수가 이만큼 거의 모두다.', 이런 팔자는 '상수가 적고 변수가 많다.' 이런 것을 거의 한눈에 읽어내야 되는 것입니다. 거기서 여러분들이 자꾸 '쟁이'가 되려고 하니까 자꾸 힘징에 길리는 깃입니다. 그리면 쟁이는 뭐냐? 족집게처럼 이렇게 꼭꼭 맞춰주는데다가 메모를 하는 거죠.

제가 그런 것을 89년도에 많이 했었습니다. 89년도에 대한민국에 이름 대면 다 알만한 사람들이 많이 왔었습니다. 그런데 '쟁이'로서 산다는 게 너무 피곤한 것입니다. 결론적으로 답도 없는 것이죠. 그러니까 이 영역 안에 놀 수 있는 것은 확률적으로 존재하는데, 확률적으로 존재하는 이걸 갖다가 '이거 아니면, 이 카드'까지 줄여 가는데 거기에 에너지를 너무 쓴다는 것입니다. 사실은 의미 없는 에너지 소모라는 거죠.

그다음에 우리가 삶이라고 하는 것에 기본적인 어떤 큰 틀과 운명적 인자의 틀을 제 나름대로 91년도에 완전히 정립하여 보앉습니다. 그렇지만 '완벽한 학문이다.' 이런 것은 아닙니다.

제가 이 학문을 정리하면서 나름대로 자유를 좀 얻었고, 그 이후에 저는 아예 이 업계를 떠나려고 했죠. 업계를 떠나려고 하고 '뒷날에 좋은 후학들에게 자료를 줘야 되겠다.'생각을 하고 글을 정리했었습니다.

여러분들이 어떤 과정을 통해서 공부했는지 각자 각자의 과정을 잘 모르기 때문에 제가 어느 수준에 맞추어서 강의를 해 드릴지는 감이 조금 오지 않는데, 오늘 강의를 해 드리면서 서로 눈빛을 보면 호흡이 되긴 될 것 같습니다.

일단은 한번 들어보세요. 벌써 내용을 다 알고 "아, 나는 저거 다 아는데, 지겨워! 이것을 가르치러 온 거야? 저거 다 알고 있는데." 이런 분도 계실까 봐 제가 미리부터 말씀을 드리는 것입니다.

우리가 사주팔자를 가지고 인간의 운명을 다룰 때 대부분 다 처음 배우는 게 陰陽五行이죠, 그렇죠? 사실은 陰陽이나 五行에 대한 오해도 사실은 처음부터 많아요. 陰이냐? 陽이냐? 남자, 여자, 하늘, 땅, 이게 아니고 결국 운(運)하고 동(動)하는 것이라는 겁니다. 그러니까 콧구멍 하나에서 숨이 밖으로 던져진다면 이게 陽운동. 거두어들인다면 陰운동이라는 것입니다. 그래서 사실은 陽운동, 陰운동 밖에 없거든요. 천지 만물이 살아 움직이는 것은 즉 생명이 있는 것은 무엇입니까? 運하고 動하거든요.

살아 있는 것. 죽은 사람 팔자 안보죠. 그렇죠? 물론 자손의 사후의 흐름을 보기 위해서 우리가 죽은 사람도 팔자를 뽑기는 하지만 생명이 있는 것을 일단 대상으로 하는데 생명이 있는 것은 결국 運하고 動한다는 것이죠.

 운동하는 것은 결국은 들어오거나 튀어 나가거나, 튀어 나가거나 도로 들어오거나 하는 이런 陰운동 陽운동의 세계에 놓여 있는 것이라는 겁니다. 그러므로 뭐가요? 陰陽 消長盛衰가 있고 운명의 부귀 빈천이 순환하는 것이죠, 그렇죠? 그래서 처음 이 공부를 하시는 분들한테 질문도 드려보고 질문도 받아보면 陰陽에 대한 기본적인 술어에 대한 이해, 五行에 대한 이해, 이런 것들이 처음부터 많이 이렇게 왜곡되어 있어요.

 그래서 이런 부분은 시간을 할애해서 설명해드리면 좋긴 하겠는데 오늘도 여기에 너무 시간을 쓰면 힘드니까 "아! 五行이란 결국 운동이다."라고 하는 정도의 개념 정도로 일단 해 두시고, 여러분이 陰陽 五行을 배우고 나서 사실은 저는 五行을 안 가르칩니다. 아예 五行을 모르는 게 더 좋아요.

 사주팔자 배울 때 五行을 안 배우는 게 더 좋은데, 五行을 안 한다고 하면 '서서 야바우나.' 하는 것이죠. '저거 완전 이상한데 가서 공부한 거다.' 하게 되는 것이죠.

 五行이라고 하는 것은 포괄적이고 보편적으로 자연의 운동이 이루어지는 것을 다섯 가지 단계로 분류했을 때 五行으로 쪼갤 수 있다는 것이고, 우리는 이미 干支術에서는 뭘 쓰고 있어요?

 天干 몇 개? 天干이 이미 10개로 되어있죠. 그렇죠? 그다음에 地支는? 12地支. 그러니까 이미 天干 10단계, 地支 12단계를 다 쪼개어놨잖아요. 자연이 변해나가는 운동의 단계를 10개, 12개로 나누어서 이걸 조합해서 60干支를 만들어 놓았죠. 60단계로 이미 나누어 놓았고 60단계가 뭐냐면 60行이라는 것입니다. 여러분들 일진을 매일 보잖아요. 60개를 주기로 반복

한다면서요? 그게 60行으로 이미 가르쳐 준 것입니다.

이미 干支的으로 충분히 쪼개어줬는데 도로 회귀를 하고 있다는 것이죠. 그러니까 甲, 乙, 寅, 卯가 木이다. 이렇게 배우죠, 그렇죠? '甲은 陽에 속하고, 甲, 乙은 天干이다.' 이런 식으로 배우죠? 틀린 이야기 아니에요. 그런데 이걸 木으로 한꺼번에 포괄해서 자꾸 개념 이해를 하면서 문제가 발생한다는 거죠.

그러니까 이 甲, 乙, 寅, 卯가 글자와 의미가 같을 거 같아요, 다를 거 같아요? 예? 다르다고요? 왜 다를까요? 다 木에 속한다고 해 놨는데 왜 다르다고 생각하세요? 일단 글자가 다르죠, 그렇죠?

옛날 사람들이 문자를 만들 때 의미가 같다면 甲, 乙, 寅, 卯를 쪼개놓을 이유가 없잖아요. 다 木이라면 쪼갤 필요가 없는데 왜 쪼개놓았을까? 의미가 다르기 때문에 그래요. 의미와 작용과 기운이 전부 다르다 이것입니다.

그런데 고전의 명리서에 보면 '겨울에 水가 태어나서 食傷을 반기는데 동남 木운을, 동방 木운을 만나서 대발하였다.' 해놓고 죽으면 죽었다고 대충 또 설명해 놓고 '假傷官이 아니라 眞傷官이라 죽었다.' 이런 식으로 매번 말장난이에요.

그게 뭐냐면 이 甲, 乙, 寅, 卯를 하나의 五行으로 묶어버림으로써 생기는 큰 곡해라는 것입니다. 그러니까 운을 해석해 나갈 때 여러분이 그 甲운을 만났을 때와 寅운을 만났을 때가 다르다 이것입니다. 乙을 만났을 때와 卯를 만났을 때가 다르다는 것입니다. 그게 전부 다르다는 것입니다. 실제 다르다니까요.

제가 손님들하고 멱살은 안 잡았지만, 많이 싸웠어요. "木운에 좋다고 분명히 책에 나오지 않느냐? 봐라! 겨울에 壬水가 木

을 기뻐하는데 木운이 와서 대발한다. 책에 나와 있지 않느냐?" 그러니까 "선생님 아닙니다. 나 진짜 거짓말이 아니고 진짜 아닙니다." 이것은 뭐냐 이거죠. 도대체 뭐냐?

여러분들이 고전 명리에 관한 책을 읽다 보면 그런 것에 관해서 계속 의구심이 생겨나올 수밖에 없는 거죠. 제가 오죽하면 불 다 질러 버렸겠어요. 불 지르는 것도 시간이 많이 걸렸어요. 그때 책이 많아서 태우는데도 한 참 걸렸는데 결국은 뒤에 다시 샀어요.

제가 말씀드린 내용들이 소화돼서 활용되려고 하면 생각의 틀을 많이 소프트 하게 바꿔 주셔야 되기 때문에 제가 이런 이야기를 대전제로 해드리는 것입니다. 그냥 결론만 이렇게 말씀드리면, "정말? 한번 해 볼까?" 이렇게 하다가 뒤에는 "에이~ 그런 설도 있겠지." 또 자기 습성대로 간다는 것입니다. 그런 걸 많이 봤어요. 사실은 저는 아쉬울 거 없죠.

기왕 역학을 시작해서 命理學으로 내가 사람들에게 보림된 일을 하고 싶고 또 그 사람들에게 정말 능력을 인정받고 내 나름의 어떤 목적을 이루려고 한다면 생각의 틀을 많이 바꿔 주셔야 됩니다.

프로가 손님이 없다는 건 말이 안 됩니다. 프로라고 하는 것은 직업이라는 말이잖아요, 그렇죠? 직업이라는 것은 그것으로서 무엇을 충족하고 있다는 것입니까? 적어도 기본적 경제적인 문제를 해결하고 있다는 것입니다. 프로라면 당연히 손님이 많아야죠.

제가 나이 20살 때부터 너무너무 잘나가니까 주변에서 "저놈은 운이 좋아서 손님 많은 거야." 이렇게 이야기를 하는 것입니다. 그러면 그 사이에 그때부터 제가 업(業)을 한 지가 25년인데 25년 동안 그러면 운이 木운도 있었을 것이고, 火운도 있었을 것이고, 水운도 있었을 것이고, 여러 가지 운 다 지나갔잖아요. 그렇죠?

일 년에만 해도 木, 火, 土, 金, 水가 돌고 도는데 어느 달에는 손님이 많고 어느 달에는 손님이 없고 하는 이런 것은 프로가 아니에요. 그런데 사람들은 "저 친구는 운이 좋아서 손님 많은 거야!", "그래 맞다, 맞다." 하는데 제가 모임 가면 할 말이 없어서 이렇게 이야기합니다. "저는 이상하게도 손님이 많이 와요. 운이 좋은가 봐요."하는 것이죠.

고객들은 바보가 아니에요. 고객들이 더 잘 알아요. 그리고 우리가 아무리 프로라고 해도 미스테이크 mistake가 없느냐? 당연히 mistake가 있죠. 그러나 그 mistake를 최소화하는 정도의 어떤 자기 역량 발휘를 해 주고 있으면 손님이 없어서 고민해서는 안 된다는 것입니다. 어떻게 프로가 손님이 없느냐 이 말이에요. 프로가 재수가 없다거나 운이 없다는 말은 무슨 말이냐 하면, 하고 있는 업(業)은 무조건 잘되고 있는데 그만 사촌 형님이 돈을 빌려달라고 해서 돈을 빌려 줬더니 결국은 劫財의 해로움을 당하더라는 것 이것이 프로가 운이 없을 때에 일어나는 모양이고 손님 자체가 없다는 건 말이 안 되는 것입니다. 프로가 아니고 아마추어라는 것입니다.

프로로서 가기 위해서 또 현대사회에 걸맞은 수많은 다양한 상담요구, 거기에 부응할 수 있도록 여러분들이 준비해 두어야 되는 것이죠. 사실은 옛날 학문을 리메이크 remake를 해야 되는데, 자유가 없으니 remake가 안 되는 거죠. 왜? 베이식

(basic) 자체가 출발부터 왜곡된 이해를 많이 하고 있기 때문에 그런 것입니다.

제2강

甲己 土, 乙庚 金, 丙辛 水… 이거 처음에 배우죠? 무조건 일단 외우죠? 왜 甲己가 土가 되요? 乙庚이 왜 金이 되냐? 丙辛은 왜 水가 되냐? 물론 여기에 뭐 우리가 상수적으로 연결해 설명하는 것도 있지만 제가 관찰한 모양은 그게 아닙니다.

자연의 운동 속에 보편적으로 이루어지는 운동인데 여러분들의 이해를 돕기 위해서 아시는 분도 있겠지만 제가 예를 하나 들어 볼세요.

乙庚이 서로 만나 金이 된다고 나오죠, 그렇죠? 그러면 이 乙이라고 하는 것이 뭐예요? 陰에 속하고 木에 속한다고 이렇게 나오죠? 그런데 제가 가르칠 때는 그렇게 안 가르치고 甲과 乙은 계절로 무슨 계절이에요? 봄이고 甲이 빠른 봄이에요? 乙이 빠른 봄이에요? 甲이죠? 그러면 乙은 무슨 봄입니까? 늦은 봄이죠? 晩春이라는 것이죠.

甲은 갑목맹아(甲木萌芽) 배우시죠? 陰이 약한 틈을 타서 쭉 올라와 있는 것입니다. 고개를 쭉 내밀고 있는 거란 말이에요. 거기서 陽氣가 보태져서 흐드러지게 펼쳐지는 것이 乙이 되는 거죠. 그래서 乙을 이야기하면 그냥 晩春 즉 늦은 봄으로 보시면 된다는 것입니다. 그 가냘픈 싹이 딱딱한 나무껍질을 뚫고 나왔잖아요. 누가 그랬어요? 그 부드러운 풀이 나무껍질을 찢고 나오도록 누가 그랬죠? 누가 그랬어요? 사람이 그런 것입니까? 자연이 그런 것이에요?

 자연이에요. 그래서 자연의 운동이라고 하는 것이 결국은 陰壓 즉 陰이 더 이상 에워싸지 못하고 해체되는 틈을 주자 陽이 발산해 나와서 유연성을 얻기 시작하는 것 즉, 직류가 아니고 유연성을 얻기 시작하는 것. 이것이 乙이잖아요. 그렇죠?

 나뭇가지에 싹이 나서 살랑살랑 흔들리는 가지에 싹이 나고 그 싹 옆에 무엇이 피어납니까? 꽃이 피죠, 그렇죠? 이렇게 꽃이 벌어져 있는 모양이 乙의 운기적인 어떤 표현이라는 것입니다. 庚은 무엇입니까? 시간적으로 봄, 여름, 가을, 겨울 어디에 속합니까? 가을이라면 늦은 가을입니까? 이른 가을입니까? 이른 가을이 와서 이 자리에 가을바람이 살랑살랑 부니까 꽃핀 자리에 뭐가 맺힙니까? 열매가 맺히죠? 열매가 단단해요? 몰랑몰랑해요? 삐져나갑니까? 굳어지니까 단단해지죠? 객관식으로 해 드릴까요? 1번 몰랑몰랑하다? 2번 단단하다?

 어떤 것이 맞아요? 단단하고 굳어지는 기운이 되죠. 그 가냘픈 가지에 감나무 가지를 보세요. 찰랑찰랑 흔들리는 가지에 무엇이 맺힙니까? 단단하고 굳은 것이 생겨나죠?

 벼농사 구경해보면 벼가 어떻게 됩니까? 찰랑찰랑한 벼 줄기 끝에 무엇이 매달립니까? 벼의 열매는? 볍씨죠. 정확한 표현은 볍씨죠, 쌀도 되고 그렇죠? 쌀이 단단합니까? 무릅니까? 단단하죠. 그렇죠? 그 단단하고 견강함이 생겨나는 것을 옛날 사람들이 乙庚 金이라 했다는 것이죠.

자연의 운동을 보고 옛날 사람들이 이렇게 밖으로 흐트러지려는 놈하고 밖에서 에워싸서 단단하게 굳으려고 하는 기운이 만나니까 무엇이 되더라는 것입니까? 金이라고 했다는 것입니다.

하나만 딱 더 합시다. 그럼 丙火는 계절적으로 초여름에 작렬하는 태양이라고 배우죠. 그렇죠? 그럼 그 태양의 기운하고 그다음에 辛은 계절적으로 언제입니까? 가을이죠, 그렇죠? 늦은 가을입니까, 초가을입니까? 늦은 가을에 내리는 것은 추상(秋霜) 즉 가을 서리가 내린다는 것입니다. 秋霜이 내려서 그 색은 무엇으로 변합니까? 그 색은 흰색을 주관하고 딱딱하고 굳어있는 즉 굳고 말라있는 모양이 되는 것이 辛인데, 태양의 陽光이 비치니까 그 서리가 무엇이 됩니까? 서리가 녹으면 뭐가 됩니까? 물이 되죠. 그러니까 물이 전체를 말하는 건 아니지만, 자연에서 사물의 운동을 비유하자면 이런 것을 보고 옛날 사람들은 그렇게 이야기를 했다는 것입니다.

명리 학원이 많이 있지 않습니까? 명리 학원 강사가 '태양하고 쇳덩어리가 만나니까 쇳물이 줄줄줄 되어 용광로가 돼서 흘러가는,' 식의 설명을 하는 경우도 있는데 물론 그것도 방편적으로 이해는 할 수는 있겠지만 옛날 사람들이 말한 것과는 다르다는 것입니다.

여러분들이 자연운동으로서 자연에 대한 내용을 옛날 사람들이 글로 정리해 놓았던 것을 지금 후학들이 단순화하려는 오류에서 甲, 乙, 寅, 卯가 다 木에 속하므로 身弱이다, 身旺이다 이런 식으로 분류해서 거기에 喜忌仇閑을 정해서 무슨 運이 오면 좋고 이런 식의 관법이 주로 格用論이라고 그러죠, 그렇죠?

결국, 저는 강의를 하면 格用論을 1시간 강의하고 끝냅니다. 여러분들은 格用論 안 배우면 미친놈이라고 생각을 하죠?

"야! 格用論 안 배우고 무슨 팔자를 보느냐?" 하는데 여러분들이 그런 생각에 사로잡혀 있기 때문에 결국은 현대사회에서 운명적으로 해석이 많이 요구되는 것을 충족시키기 어렵다는 것입니다. 格用論이라는 것의 배경에는 强弱論이죠? 强弱, 喜忌仇閑 거기에서 吉凶, 吉兆, 凶兆 이것을 운명의 해석을 자꾸 吉凶論的으로 하려고 하는 틀이 짜져 버리는 것입니다. 그런데 사실은 吉凶論의 결론을 자꾸 내려고 하는 이 경향성이 결국은 여러 사람들의 운명을 해석하는데 큰 도움이 되지 않는다는 것입니다.

현대사회에서는 질문들이 무엇입니까? 유학을 가는 게 좋아요? 안 가는 게 좋아요? 이런 것들이죠. 일반적으로 가는 게 무조건 시대적인 트렌드 trend이니까 가는 게 좋다고 할 수 있는데, 가서도 별 성과 없으면 그 유학비 물어낼 것입니까? 그러니까 현대의 선택은 吉凶論만 있는 것이 아니라는 것입니다.

吉凶論的으로 해석하는 것에서 옛날 고전 명리에서는 사람의 부귀빈천이 직업적 신분으로 쪼개보면 사농공상(士農工商)으로 단순했죠, 그렇죠? 그리고 士가 벼슬을 하면 사대부가 되는 것인데 즉 공경대부(公卿大夫)가 되는 것인데 즉 벼슬을 하느냐, 못하느냐, 이것이 그 사람들의 가장 큰 관심사였다는 것입니다. 그리고 농, 공, 상(農 工 商)은 대충 '사람 아니다.' 이랬거든요.

공자님이 휴머니스트(humanist)처럼 보이죠? 공자님이 휴머니스트가 아니에요. 사람을 예(禮)로서 대하라고 했죠? 그건 글로서 많이 접하셨잖아요? 그다음 구절에 이렇게 나옵니다.

人과 民의 개념이 달랐던 것입니다.

'人은 예로써 대하고 民은 형벌로서 대하라.' 했습니다. 民은 무엇으로 대하라? '형벌로 다스리라!' 그 구절은 쏙 빼버리고 우리 윤리책에는 '사람은 예의로써 대한다.' 이렇게 설명해 놓아서 일종의 曲學이죠. 이렇게 과거 사회에 사람이라 할 것들은 여기에 있는 民은 뭐냐면 잡것들이었단 말이에요. 전라도 말에 있지 않습니까? "오매! 이 잡것들"

잡것들은 부귀 빈천의 순환이라는 것이 의미가 없다는 것입니다. 지가 신분의 한계를 넘을 수가 없는데 자기가 좋은 運을 만나면 뭐할 것입니까? 그렇다고 자기가 뭐 양반 되나, 사람 되나? 그냥 잡것으로 사는 것입니다.

그 시절에 이 사람들(農, 工, 商)에게는 부귀 빈천의 순환이라는 게 별 의미가 없었고, 士의 계층에 속하는 즉 지배계층에 속하는 사람들이 벼슬에 임관하느냐, 못하느냐? 여기서 녹봉을 받느냐, 못 받느냐? 하는 것이 결정되고, 잘 먹고 잘사느냐, 못사느냐? 하는 것은 글을 읽는 사람들이 결국 벼슬하고 못하고에 따라서 결국은 삶이 정해졌기 때문에 吉凶論的인 접근만 가지고도 충분하다는 것입니다. 사람이라 할 것들이 운이 좋다함은 마땅히 벼슬길에 나서는 것이고 그 벼슬이 높다 하면 더욱 좋을 것이고, 그다음 破官 즉 벼슬이 깨지면 나쁜 것이란 말이에요.

그 당시의 사회구조는 吉凶論으로 충분히 접근이 가능했고, 그것이 운명해석의 하나의 트렌드(trend)가 된 것입니다.

현대사회는 그런 것이 아닙니다. 士農工商에서 오히려 商이 더 잘나가고, 工이 더 잘나가고 하는 시대적인 프레임(frame)

이 완전히 바뀐 것입니다. 여기에서 길흉 즉 '좋으냐? 나쁘냐? 아니면 말고' 식의 해석이나 접근이 계속 한계에 부딪힐 수밖에 없다는 것입니다.

이 格用論을 버리라는 게 아니라 格用論은 저런 시대적인 환경 속에서 나온 것이고 비교적 팔자를 단순화시켜서 사진으로 딱 한 컷 찍으면 비교적 그 사물의 속성이 잘 드러나잖아요. 그래서 하나의 사물을 이해하는 '하나의 측면, 접근 방식' 이런 것이지 사물의 뒷부분을 설명하거나 사물의 바닥을 다 드러나 보이게 하는 어떤 방법이 아니라는 것입니다.

그럼 어떻게 하느냐? 다양한 접근 방식이 필요한데 그 다양한 접근 방식을 위해서 우리가 따로 공부해야 될 것들이 너무 많다는 것입니다. 그런 필요에 의해서 제가 그 수많은 논리를 정리하기도 하고 했던 것입니다.

"너만 알아라.", "너에게만 가르쳐줄게.", "너만 써먹고 말아라.", "비인부전(非人不傳)이라! 사람 아니면 가르쳐주지 마라.", " 인간 같지 않은 놈 칼 잘못 쥐어주면 강도 된다."

옛날 사람들이 다 이러면서 전수했는데, 이런 동양학적인 문화 때문에 '비전(秘傳)'이라는 말이 그런데서 나오는 것이죠. 그런 식으로 자기네들끼리 정리했던 것들이 통일되지 못하고, 표준화되지 못하고 이렇게 가전 철학이 내려오고 복잡하게 내려오잖아요.

처음에 저도 갈증이 생기니까 그런 곳을 기웃거리다가 다 엎어 버린 거죠. 엎어버리고 "차라리 새로 쓰자!" 이르게 된 것입니다.

格用論的인 이해가 틀렸다는 게 아니라 전체를 설명할 수 없다면 다른 어떤 이해나 접근이 또 필요하다는 것입니다. 그런 것에 대한 여러 가지 이해나 논리를 제가 정리를 해서 91년도에 나름대로 정리를 마쳤던 것입니다.

제가 정리한 '春夏秋冬 新四柱學'은 명리를 10년 이상 공부했던 사람들을 상대로 강의했던 강의록을 조금 더 쉽게 할 부분은 쉽게, 또 어렵게 할 부분은 어렵게 제가 다듬은 것입니다.

십몇 년 전 이야기입니다. 부산에 동의대 한의대란 곳이 있습니다. 그 한의대에 명리를 연구하는 모임이 있습니다. 다 한의사들이죠. 한의사들이 10년 동안 명리 공부를 하고 나서, 이제 새로 선생을 모시자 해서 두 선생이 후보로 들어간 것입니다.

제가 가서 그분들 앞에 서자마자 "여러분이 명리를 10년 하셨다고요? 그렇다면 헛공부한 겁니다. 무슨 무슨 책 봤습니까? 그럼 다 헛공부한 것입니다." 하니까 그분들 입장에서는 완전히 황당하잖아요.

"이거 말이야? 빵구야? 지가 뭔데?"

저보다 대부분 다 연배가 높으신 분들이 많이 있죠. 대부분 다 연배가 높았는데 자기들이 그 똑똑한 머리로 10년을 공부했는데 새파란 놈이 나타나서 다 헛공부했다고 하니까 속으로 지랄한다고 했겠죠?

그 자리에서 제가 무엇이라고 했느냐 하면 "앞으로 20분 이내에 여러분이 헛공부 한 것을 증명을 해드리겠습니다." 하고 이야기를 20분 동안 설명을 해 드린 것입니다. 설명해드리고 나서 "저는 이 강의 안 와도 되고, 저 바쁘거든요." 하고 말았습니다.

모임을 주재하신 분이 강의시간이나 여러 가지 조건을 맞추어 주셔서 약 6개월 동안 강의를 하고 마치려고 했는데, 강의를 더 해 달라는 요청을 해 주셔서 연장하게 되면서 결국은 1년 반을 하게 된 것이 '春夏秋冬 新四柱學'입니다. 1년 반을 하면서 '春夏秋冬 新四柱學'에 정리된 글들은 6개월에서 8개월 정도 했던 것들을 정리해서 책이 되었는데, 여러분들에게는 워낙 개념의 전환이 많이 필요하기 때문에 오늘은 질문시간을 많이 늘려서 여러분들이 궁금해하거나 그동안 잘 해결하지 못했던 것들을 같이 공유해 보는 데 시간을 많이 할애하는 것이 더 의미가 있을 것 같습니다.

제가 앞부분에서 설명해드린 내용 중에 여러분들이 실관을 하실 때 생각을 바꿔야 되는 것 한두 가지만 제가 정리를 해드려 보겠습니다.

보통 格用論이나 强弱論을 가지고 접근해 나가시는 분들은 대부분 팔자가 펼쳐지자마자 月令보고, 旺相休囚死보고, 계절의 得令 보고, 그다음에 官殺여부 보고, 食傷의 여부 보고 "어! 이건 身强이다." 하게 되죠?

身强이면 뭐예요? 官을 用하고 官을 돕는 財를 用하고 그것도 없으면 食傷을 用하는 식으로 해서 결국 吉凶論으로 몰고 나가죠. 그렇죠? 이런 吉凶論的인 논법을 버리시라는 게 아니라 그건 그대로 한 번 주욱 보고 정리해 두시라는 것이죠. 정리해 두고 팔자를 하나의 라이프스타일(Life Style)로, 라이프스타일로 그걸 그대로 읽어나가는 방식으로 팔자 해석을 하는 습관을 한번 만들어 보시라는 거죠.

그러니까 '좋다! 나쁘다!'라는 결론을 자꾸 끌고 나가기 위해서 이게 強이냐, 弱이냐? 하는 습관에서 벗어나야 된다는 것입니다.

제가 기억나는 것이 96년도인가 97년도에 모 대학 교수님이 은퇴하고 찾아왔습니다. 그때 당시에는 좌식으로 앉아서 상담하는 구조였습니다. 칠순이 넘은 분이 저한테 큰절하는 것입니다.

"아유 영감님 왜 이러십니까?" 이러니까 "제가 오늘 한 수 좀 지도를 받으러 왔습니다. 제 팔자에 用神은 무엇입니까?"

이 말이 첫마디에요. 그래서 "책에서 요구하는 用神을 제가 정확하게 잡아드릴 수는 있는데 거기에 대한 답은 선생님의 삶의 내용을 먼저 설명하고 제가 그 답을 가르쳐 드리겠습니다."

그래서 그분의 삶의 특성을 정리해놓고 "여기에 더 이상 질문이 필요하냐?" 사식을 두더라도 반드시 無德하여 둥거 번영할 수 없고, 이러이러한 삶의 역정을 자식들하고 거치게 될 것이다. 즉 자식들하고 사이가 나쁘게 되는 것을 연출하게 되고, 그것이 당신의 말년의 삶과 그대로 맞물려서 선택이라 할 게 별로 없다고 설명을 하니까 "그게 좋단 말입니까? 안 좋단 말입니까?" 되묻는 것입니다.

좋다, 안 좋다 따지면 안 좋은 거죠. 그런데 안 좋은 것도 수십 종이요. 좋은 것도 수십 종이라는 것입니다.

"이러한 삶에 해당하느냐? 안 하느냐? 그것부터 답하세요." 하니까 "맞기는 맞는데 이상하게 당한 기분이다. 그러면 用神은 뭡니까?" 또 물어봐요.

用神의 투출여부 이런 것을 제가 설명을 하면서 정확하게 고전명리식의 用神의 취용은 요렇게 취하면 된다고 설명해 드리면서, 用神운이 온다고 해서 당신이 유별나게 좋을 것도 없다. 用神운 온다고 다 좋은 것도 아니죠? 그러면 用神운 안 오면 다 죽나요? 아니잖아요? 겨울나무가 죽었습니까, 살았습니까? 겨울나무가 자랍니까, 안 자랍니까?

아주 조금 자라죠. 그것이 나이테가 되죠. 그렇죠? 그런데 밖으로 외부적인 대사를 크게 펼쳐내지 않는다고 해서 그것이 나쁜 모양이긴 하지만 겨울나무가 죽은 것이 아니라는 것입니다.

팔자가 복잡하다면 나무 木 한 字만 우선 보자 이것입니다. 이놈의 用神이 뭐예요? 그냥 일주도 복잡하니까 일주도 보지 말고 한 글자만 보자니까요. 木의 用神이 무엇입니까? 用神 모르겠으면 喜神이라도 답해보세요?

用神이 뭐예요? "분명히 水일거야, 水일거야!" 이러면서 계시죠? 나무가 물로 사나요? 물에 의해서 기본적인 대사를 하는 건 사실이지만 물만 있어서 사는 건 아니죠. 그렇죠. 태양이 있어야 되요, 없어야 되요? 태양도 있어야 되고 그다음에 오랫동안 여러 가지 水火의 들고남을 조절할 땅도 있어야 되고, 그렇다면 金도 뭐가 있을 거 같은데 그렇죠?

金이 있어야 뭘 해요? 결실하죠. 결실해서 종자번식을 한다는 것입니다. 즉 나무가 가을을 만나야 열매를 맺고 종자 번식을 해나가죠 "어, 그러면 金도 필요하네." 그다음에 똑같은 木도 나무가 봄을 만나야 되요, 안 돼요? 木은 春風으로 이해해도 좋다 이거에요. 춘풍을 만나야 지엽을 펼치잖아요, 고유의 木운동을 통해 싹을 틔워서 대사할 수 있는 문을 열죠, 그렇죠?
 그러니까 다 필요하다는 말이잖아요. 그래야 나무 한 그루가 무엇이 되고? 가을의 열매 맺음을 통해서 숲이 되고, 숲이 산림이 되고, 그렇죠? 그럼 다 필요하다는 말이잖아요.
 그래서 다 필요한데 그럼 강약과 기울어짐이 있지 않냐? 格用論의 입장에 서 있는 사람들은 "木이 많으면 말이야 木이 태왕해서 나쁘다." 이야기하는데, 실제로 수많은 사람을 실관을 해 보세요. 木이 많다고 나쁘고, 그렇다고 좋다는 말도 아니에요. 좋은 놈도 있고 안 좋은 놈도 있고 별의별종이 다 있다니까요.
 그럼 새로운 방법이 필요한데 별의별 인간들을 어떻게 해석하고 그 사람에게 운명적인 소스를 줄 거냐? 하는 것이 문제가 됩니다. 그 수순이 사실은 어느 것 다 매길 수 없어서 그렇기는 한데 크게 정리하면 이겁니다.
 分! 分이라고 하는 것이 두 가지죠. 그릇의 分, 그다음에 세월의 分인데 보통 분수라고 보통 이야기 하죠. 그릇의 分이 뭐냐면, 타잔이 어느 날 배를 타고 가다가 무인도에 간 것입니다. 무인도에는 야자도 있고 먹을 게 많이 있는데 보통 무엇을 때려잡아야 폼이 납니까? 사자를 때려잡아야 폼이 나죠. 그렇죠? 그런데 그 무인도에는 사자가 없어요. 그래서 타잔이 막 고민하다가 결국 뭘 잡으러 가요? 타잔이 결국은 뭘 잡을까요? 타잔이 배고픔을 달래기 위해서 뭘 잡을 것 같아요?
 섬이니까 당연히 물고기를 잡겠죠. 그렇죠? 그래서 타잔의 신분이 天干 甲, 乙 이런 것에 의해서 부여되는 게 아니라는 것입니다. 자기가 가지고 있는 기질이나 성향은 부여되지만, 그 사람의 신분이나 위치, 역할 이런 것들이 환경 또는 조건에 의해서라는 것이죠.

환경이나 조건이 무엇을 규정한다? 그 사람의 삶의 형식을 규정한다는 것입니다.

밭에서 기른 나물하고 산에서 기른 나물하고 그 나물의 물성 차이를 무엇으로 둡니까? 산에서 자란 나물은 전부 산나물, 밭에서 자란 나물은 밭 나물이죠. 산과 밭이라는 게 중요한 것입니다.

이게 무인도가 아니고 섬이라고 합시다. 섬에서 어떤 사람은 그물을 짜고 어떤 사람은 고기를 잡고, 어떤 사람은 고기를 말리고, 물고기를 가공하고, 어떤 사람은 섬에서도 산에 가서 나물을 캔다고 합시다. 그러면 하고 있는 일들이 다 다르죠? 다 다른데 여기에 모여 사는 사람들을 모두 다 무슨 사람이라고 합니까? 섬에 모여 사는 사람을 무슨 사람이라 그래요? 섬사람. 촌에 모여 사는 사람은? 촌사람. 서울에 모여 사는 사람은? 서울사람.

그 사람의 삶의 특질을 규정짓는 것이 결국은 '환경적인 틀!'이라는 것입니다.

　여러분들이 어지간한 곳에서 다 볼 수 있는 거지만, 밭두렁 이런 곳에 낙락장송처럼 길게 늘어진 소나무가 있죠? 그다음에 비탈진 산에 막 빽빽하게 서 있는 소나무가 있죠? 그다음에 기암절벽 위에 막 휘어져 나온 이런 소나무도 있죠?

　이 세 나무에 값을 매긴다는 것은 조금 그렇긴 하지만, 그 값을 차이 나게 하는 것은 무엇입니까? 솔이라고 하는 씨앗 때문입니까? 무엇 때문입니까? 물론 소나무도 종류가 여러가지이니까 비싼 거, 가치가 덜 한 거 있겠지만 똑같은 종자라고 했을 때 어느 소나무가 제일 값이 나갈 거 같아요?

　조경용으로 빼서 팔아먹는다면 기암절벽이라는 것이죠. 이 소나무는 소나무가 잘난 것입니까? 바위가 잘난 것입니다? 바위 때문에 소나무가 비틀어졌겠지만, 바위라고 하는 큰 틀이 결국은 자기의 새로운 삶의 패턴을 조성했다는 것입니다. 그런데 이 소나무와 바위가 생육조건이 좋습니까, 나쁩니까? 생육 조건이 나쁘죠.

　그다음에 생육조건이 좋은 곳에서 자란 소나무들은 가지를 휘영청 하게 뻗어서 똑바로도 안 자라요. 나무도 아름드리죠.

그렇죠? 주변에 경쟁자들이 없으니까 아름드리죠. 이렇게 죽 뻗은 놈, 이것도 이제 목재로 쓰면 쓸 만하겠죠.

비탈진 산에 빽빽하게 서 있는 소나무들은 거의 대나무 수준이죠. 햇빛을 보려고 서로 막 올라가려고 하다 보니까 대나무 수준으로 서 있는 건데, 이런 것들의 값어치와 의미를 부여하는 것이 결국은 환경이고 그 환경과 어떻게 조화를 이루어내느냐가 결국은 그 사람의 삶의 어떤 형식, 그다음에 보상이나 이런 것들을 크게 결정한다는 거죠.

뒤에 공부하시던 것을 吉凶論的으로 따지다 보면 나무한테 기암절벽이 凶神이냐, 吉神이냐? 생각해 보면 凶이에요, 吉이에요? 단순하게 놓고 보면 凶이잖아요. 그 흉을 자기가 극복했기 때문에 최고의 값어치 있는 존재로 다시 태어났잖아요. 그것을 옛날 고전 명리에서는 '四柱有病에 方爲貴' 그런 내용이 있죠, 그렇죠?

옛날 책에도 다 있다니까요. 있긴 있는데 현대와 매칭(matching)을 못 하는 것입니다. 뒷날에 공부해 보시고 그러면 암석! 도대체 이것이 도대체 喜神이냐, 忌神이냐 이것입니다.

군인은 어디서 죽습니까? 그 전쟁터는 군인에게 喜神입니까, 忌神입니까? 忌神? 죽었으니까 그렇죠? 고전 명리는 전부 다 죽으면 일단 무조건 나쁜 것이거든요. 그런데 전쟁터가 없으면 군인은 월급을 타 먹을 수 있어요, 없어요? 전쟁터가 있기 때문에 자기는 계속 국가로부터 녹봉을 받았잖아요. 그러니 喜神이죠. 그렇죠? 거기서 죽었으니 忌神이고 그럼 뭐야? 喜忌라는 게 도대체 뭐냐는 것이죠.

이제 여러분들이 喜忌同所의 원리를 크게 꿰뚫고 이해를 하고 계셔야 된다는 것입니다. 어부는 어디에서 죽는다? 산에서 죽는다, 바다에서 죽는다? 바다에서 죽으므로 '바다에 가면 안 된다.'이게 이제 吉凶論이라는 것입니다. 아시겠죠? 이것이 吉凶論이라는 것입니다.

 "바다에 가면 안 된다." 이러니까 "선생님! 제가 그걸 안 하려는데 자꾸 거기로 가게 된다." 하는 것입니다. 난 그게 정말 싫은데 선생님 말씀 듣고 안 하려고 하는데 거기로 가게 되더라는 것입니다. 喜忌同所의 원리를 여러분들이 먼저 대전제로 해야 된다는 것입니다.

 노랫말에도 있죠? 패티김 노래인데 '사랑은 나의 천국, 사랑은 나의 지옥'. 사랑했기 때문에 천국도 갔다가 사랑했기 때문에 지옥도 간다는 것입니다. 喜忌란 同所에서 일어나고 사라지는 것입니다. 그런데 運하고 動한다는 것입니다.

 그것 때문에 덕을 봤다가 그깃 때문에 눈탱이 맞는다는 것입니다. 그래서 그런 주기성을 밝히는데 이런 强弱論을 써서는 안 된다는 것입니다. 무엇이? '벼락이 쳐서 암벽이 무너지니 깨진 것은 官인데 나 또한 사라지니….'가 되죠? 사고의 확장이 됩니까? 죽은 건 서방인데 괴로운 건 내가 더 괴로운 것입니다.

제3강

　거기에서 또 強弱 집어넣죠. '殺重用印格!' 물론 그런 접근이 전체를 이해하는 하나의 도구가 아니라는 것은 아니라 전체를 설명해나가는데 한계점이 자꾸 온다는 것입니다.
　그래서 이제 그릇의 分을 알면 가을바람이 불어서 金이 用神인 데 가을바람이 불면 잘 될 것이라 했는데, 코스모스가 국화가 됩니까, 안 됩니까? 코스모스는 국화가 되지 않는다는 것입니다. 그것이 바로 뭐냐면 그릇을 관찰하는 연습이나 훈련을 사실은 많이 안 하고 吉凶論이나 強弱論에 의해 자꾸 빨리빨리 답을 찾으려 하는 것입니다. 열쇠를 자꾸 찾으려 하는 것이라서 뭔가 이 열쇠만 따면 즉 用神만 잡으면 끝나는 식의 접근으로 자꾸 가버리니까, 길흉의 결과를 빨리 찾는 것에서만 시간적으로 매몰되어 있는 것입니다.
　결국, 전체를 설명하는데 자꾸 한계가 오게 되더라고 하는 것이죠. 그래서 그릇의 分, 그릇 자체를 관찰하는데 많은 시간을 할애하시라는 것입니다.
　여러분들 四柱捷徑 보셨죠? 四柱捷徑 속에 있는 논리들이 그릇의 특성을 잘 연구할 수 있도록 해 놓았는데, 그릇의 특성을 많이 관찰해 두면 그 그릇의 속성을 운이 와도 그다지 크게 벗어나지 않는다고 하는 것이고, 그다음에 더 나아가서 여러분들이 논리가 좀 더 확장되면 팔자를 보는 순간에 이미 이 팔자가 갈 수 있는 길, 폭, 운이 다 나옵니다.

이게 해바라기 씨앗이라는 것을 알았다면 이 해바라기 씨앗은 봄을 만나면 싹을 틔우고 흙을 만나서 착근하고 다 튀어나오잖아요. 그렇죠? 그리고 열매 맺는 모양이 이러저러하게 되고 하는 것을 알게 되잖아요? 그것이 팔자 안의 그릇 속에 이미 다 부여되어 있다는 것이죠. 그래서 현대사회에서 명리는 이런 그릇의 차이, 그 사람이 가진 운명적인 특질, 이런 것을 많이 분류하는데 시간을 좀 더 써야 된다는 것입니다.

그게 잘 분류되는 단계에 오면 팔자를 보는 순간에, 아까 1초가 까부는 모양이 아니라고 했죠? 어지간하면 10초 안에 됩니다. 그러니까 제가 하드트레이닝을 시키는 사람들은 어떻게 훈련을 시키느냐하면 地支만 딱 보여줍니다.

時	日	月	年	命
酉	寅	丑	丑	

地支만 가지고 '이 사람의 삶의 특성은 어떠할 것이다.' 이걸 말하라면 "선생님, 말도 안 됩니다. 일간도 없는데 어떻게 팔자를 봅니까?" 합니다.

일간도 없이 어떻게 이 사람이 팔자에 갈 수 있는 길을 말할 수 있느냐? 이것입니다. 그래서 이걸 사실 트레이닝을 많이 시켜요.

그러니까 섬에 태어난 사람이 아무리 그물을 짜고, 산에 산나물을 캐러 다녀도 결국 섬사람이라는 것이죠. 그렇죠? 丑年에 태어난 사람은 무슨 띠예요? 죽으나 사나 소띠입니다. 살아

있는 동안은 소띠. 죽고 난 뒤에도 소띠죠? 이 바뀌지 않는 틀과 환경 이것을 가져다가 여러분들이 잘 관찰하는 훈련을 하시라는 것입니다.

여러분이 천재반인지 아닌지 한번 해 봅시다. 아마 천재반 같아요. 시간적으로 丑은 밝습니까? 어둡습니까? 그다음에 활동력이 강합니까? 약합니까? 약하죠. 그렇죠?

그다음에 寅은 뭐냐면 子, 丑, 寅… 陽의 단계가 3陽의 단계에 이르러서 陽氣가 곧 陰氣를 밀고 나오려고 하는 동작이 있지만 그래도 활동성이 아주 강합니까, 약합니까? 약하죠? 기본적으로 陽의 단계가 진척했지만, 巳나 午에 비해서 활동성이 약하다는 것이죠. 활동성이 강한 것은 아니라는 것입니다.

정신적입니까, 행동적입니까? 이게 寅에 이르면 물론 순식간에 행동하는 거죠. 그렇죠? 호랑이가 내도록 뛰어다녀요, 말처럼 뛰어요? 아니면 먹이에게 접근해서 바닥에 엎드려 붙어 있다가 팍 뛰는 것입니까? 그렇죠. 陽이 튀어 나가는 형식이 행동적이긴 한데 소극적인 행동 끝에 행동하는 거죠. 그래서 평상시에 행동은 무엇입니까? 뛰어다닙니까? 아니면 어슬렁거리면서 걷습니까? 그렇죠. 평상시에는 걷는다는 것이죠.

그런 어떤 운동의 단계가 丑의 인자와 무리 지어 있다면 이 사람은 행동적으로 사람들 눈에 많이 띄는 공간을 이용할 것이다? 아니면 음성적이고 정신적인 공간을 이용할 것이다? 음성적이고 정신적인 공간을 이용하겠죠.

이 사람이 활동을 많이 삼는 영역은 단순한 장사를 한다면 낮일 것이다, 밤일 것이다? 밤일 것이다. 그렇죠? '섬마을' 이것을 잘 기억하세요.

酉寅丑丑. 이 사람이 기본적으로 삼고 있는 공간이 그러하다면 시에 있는 酉는 자기가 말년에 나이가 들어서 영향을 많이 받는 공간으로 보고 년, 월, 일이 기본적으로 자신에게 기본적으로 영향을 많이 주는 인자로 본다고 합시다. 이 사람이 장사를 한다면 햇빛 잘 드는 사거리에서 책을 판다고 합시다. 책을 판다면, 햇빛 잘 드는 사거리에서 책을 팔 것이다, 아니면 지하실 만화가게일 것이다?

역시 천재반은 다릅니다. 이 사람이 먹는 것을 판다고 한다면 술을 팔겠습니까, 밥을 팔겠습니까? 역시 천재반이네요. 그 다음에 이 양반이 글을 읽어서 학문을 좇는다면 대낮에 출근해서 대낮에 손님들을 많이 접객 서비스하는 의료인일 것이다, 교수님일 것이다? 그렇죠. 교수직이죠.

그 사람이 가기 쉬운 편향성이 이미 地支 속에 부여되어 있다는 것이죠. 地支 속에 의미를 부여해 놓고 일간을 보면 바로 보인다니까요. 그러니까 그 사람의 식업석 분야의 폭을 한눈에 꿰고 있어야 된다는 것입니다.

뛰어봤자 뭐다? 벼룩이다. 그게 뭐냐면 "그래 봤자 너는 이 안에 있는 거야" 할 수 있는 것이죠. 이미 그 사람에게 부여된 운명적인 틀 속에 부여되어 있기 때문에 이런 것을 여러분들이 분류하는 훈련을 자꾸 해둬야 되는 거죠. 그러면 格用을 떠나서 이미 그 사람이 가야 될 삶의 형식이 그대로 짜져 있잖아요. 그러면 그게 좋으나 싫으나 어떻게 해요?

섬마을에서 타잔이 계속 성질 부리고 "사자를 찾아줘! 나는 사자를 잡아야 해!" 이렇게 고함지르면 뭐가 돼요? 건달이 되죠. 건달이 나쁜 뜻이 아니에요. 하늘 乾 자에 그렇죠? 이를 達

자죠.

그 뜻은 하늘에 다다랐으나 세상에 할 일이 별로 없어서 어슬렁어슬렁 세월을 보내는 것이다. 건달(乾達) 그게 나쁜 뜻은 아니에요. 원래는 자기를 건달이라고 부르고 다녔다 이거죠. 내 꿈과 포부가 본시 너무 커서 세상에 별로 할 일이 없어서 세월을 보내는 것이 건달이거든요.

그리고 실질적으로 내가 쥔 것도 없으면 백수잖아요. 흰 白 자라는 것이 상실 즉 없다는 것이죠. 쥔 것도 별로 없고 뜻은 높은데 현실이 못 받쳐주는 흰백 자(白)에 손수 자(手) 백수. 백수건달이라는 것입니다.

건달을 벗어나려면 이 세상에 어울려서 결국은 자신이 활동으로 삼아야 되는데, 그 틀이 자신에게 부여된 운명적 재료 이것이 丑丑寅酉라는 것입니다. 그럼 이 사람이 활동할 수 있는 분야는 어느 정도 이미 제한되어 있다는 거죠.

이런 것들을 여러분들이 天干의 글자를 다 가려놓고 보는 연습을 자꾸 하시면 어느 날 그 글자만 봐도 바로 보입니다. 2초도 사실은 길죠.

이 글자는 무엇 안에 이 사람이 놀고 있다. 그러니까 어항 사이즈가 그 사람이 놀고 있는 물높이 사이즈라는 것입니다. 물고기가 아무리 노랑 빛깔이다, 빨간 빛깔이다, 까불어도 어항이 깊은 놈은 위아래로 많이 왔다 갔다 할 것이고, 어항이 얕은 놈은 결국 접영만 하게 되는 것이죠.

그런 식으로 이미 부여된 干支 자체의 틀 속에서 답을 찾는 훈련을 자꾸 하세요. 그러니까 干支에 의한 이해를 하라는 것입니다. 사주 명리에서 五行은 배울 필요가 없다니까요. 너무 비약한 것처럼 되는데, "에이 정말?" 이러는데, 정말입니다. 五行을 아예 안 가르치고 싶습니다.

아니, 10行, 12行, 60行을 이미 가르쳐 줬는데, 왜 다시 五行을 배워요? 보편적으로 자연의 운동성을 크게 포괄할 때는 五行으로 설명할 수 있는 건데 그건 비교적 단순화한 것이고, 干支라고 하는 것은 이미 철두철미하게 사물의 운동 속성을 전부 다 가려 놓은 것입니다. 이렇게 정밀한 것을 이미 선배들이 물려줬는데 거꾸로 그걸 '甲, 乙, 寅, 卯는 모두 다 木!' 해서 해석을 하고 있다니까요.

그런 식으로 포괄해서 공부하니까, 정밀한 기계를 시침 떼고 분침 떼고 해서 뭐, 분침 떼고 초침 떼고 그냥 시침만 남겨 놓은 것입니다. 그런 수단 가지고 모든 걸 해결할 수 있으면 좋은데 해결이 안 된다는 거죠.

그릇의 분(分)을 따져 나가면서 干支 자체에 대한 이해를 좀 깊이 연구해 보시라는 것입니다. 그러니까 똑같이 格用論이라고 하는 것에서 우리가 많이 부딪히는 것들이 예를 들어서 丙이 子월을 만나서 이루고 있는 正官格이 있을 것이죠?

命

時	日	月	年
	丙		
		子	

命

時	日	月	年
	己		
		寅	

물론 透干의 요소에 따라서 成格의 여부 이런 걸 따지긴 하지만 그걸 조금 무시하고, 일단 寅월 己土하고 子월 丙火하고 이 두 사람이 왔을 때 그냥 이걸 正官格 으로 처리해서 官運이 또는 印綬가 와서 官印소통이 되면 벼슬에 임관하고 官이 흐트러지지 않으면 '대충 잘 먹고 잘산다.' 이렇게 해석을 해주면 틀린 해석은 아니죠.

그런데 子월 丙일주 이 양반은 권력성 조직에 있을 거 같습니까? 寅월 己일주가 권력성 조직에 있을 거 같습니까? 어느 사람이 더 권력성 있는 조직에 가 있을 것 같습니까? 寅월 己土일주죠.

정말로요? 왜? 활동력이 더 강하니까? 뜻을 생각해 보세요. 쥐보다는 범이 그렇죠? 힘도 있고 사람을 물어 죽일 수 있는 에너지가 있지 않습니까.

寅巳申戌이예요. 파워풀이라고 하는 것이 寅巳申戌(辰)이거든요. 辰은 왜냐면 가장 '현실 세계에는 관여하지 않는 정신적으로 뜻이 대단한' 이런 것을 의미하기 때문에 辰을 우리가 초능력 인자로는 쓰지는 않는데, 寅巳申戌이 있으면 사람을 물어 죽일 수 있는 에너지와 파워가 모여 있는 글자가 되죠.

이것을 官으로 쓰고 있다면 이 사람이 속해있는 조직은 권력성 조직이라는 것입니다. 속해 있다는 것이 얼마나 중요하냐면 우리가 格用論的인 직업분류법이라는 것은 이 사람이 官格이니까 그냥 조직에 인연한다는 것이죠.

예를 들어서 官運이 아주 미약한데, 미약한 모양의 官運에서 이 양반이 아마 아파트 수위쯤 될 것이다. 그런데 수위도 급수가 있다는 것입니다. 중앙청 수위 들어보셨어요? 중앙청 건물에 수위 없나요? 있죠, 그렇죠?

중앙청 수위와 저 촌동네 작은 아파트 수위하고 계급장이 같습니까, 다릅니까?

제법 된 사건인데 옛날에 청와대 청소하는 분이 돈 많이 받은 것, 들어 보셨죠? 마당을 쓸어도 청와대를 쓰는 사람하고 저 촌동네 아파트 논길을 쓰는 사람하고 그 삶의 내용이 같습니까, 다릅니까?

그런데 格用論的인 이해는 뭐냐? "이 사람은 수위다!", "박수! 맞았습니다." 이런 식으로 자기가 만족해 버린다니까요. 그러면 안 돼요. 이 양반은 수위인데 권력성이 있는 조직의 수위이기 때문에 저 촌동네 벼슬하고도 바꾸지 않는다는 것입니다. 그렇겠죠?

여러분들이 干支 자체에 대한 이해를 크게 확장시켜 놓지 않으면 고객에게 고객감동을 줄 수가 없습니다. 우리 조직의 모토가 뭣이 아십니까? '고객 감동에서 고객 졸도까지.' 졸도하도록 해야 된다는 것입니다. 영어로 하면 킬링필드(killing fields), 서든데스(sudden death).

그 정도 해도 요새 손님들이 워낙 들은 것이 많고 아는 게 많으니까 '당신이 뭐 아냐?' 고객의 입맛이 자꾸자꾸 까다로워지고 있다면 거기에 걸맞은 테크니션(technician)이 됐든 휴먼 파워(human power)가 됐든 뭐가 필요하다는 것입니다.

그렇게 하려면 여러분들이 많은 이론적인 힘을 쌓아 나가셔야 된다는 것입니다. 물론 자체를 개발하셔도 되지만 그런 시간을 가능하면 서로 줄이는 것이 좋다는 거죠. 그런 취지에서 제가 강의 같은 것도 사실은 마다치 않고 하는 것이니까 여러분들이 가능하면 시간을 줄이기 위한 채널을 하나씩 보신다고 생각하시면 됩니다.

여러분들 공부를 다양하게 하다 보면 공부도 자꾸 단계가 만들어지는데 대부분 명리 공부를 하고 있으면 자꾸 칼잡이가 됩니다.

이 칼잡이가 뭐냐면 이 집 문파에 가서 이거 공부해보고 "이거다!" 하면서 처음에는 미친 듯이 공부합니다. 뒤에 가서 보면 "글쎄~ 왜 안 맞는 것도 있고 이렇지?" 하는 것이죠. 그렇다고 또 스승에게 반항도 할 수 없고 해서 옆집 기웃거리다가 또 다른 문턱에 가서 미친 듯이 공부를 합니다. 또 결론 없고 하니까 남의 집에 가서 또 공부하고, 이렇게 해서 완전히 화려한 칼만 준비해놓고 있는 것입니다. 손님들한테 우리가 이론을 말하면 안 되거든요.

저는 "당신은 무슨 格이다." 이런 말도 안 해요. 그건 고객에게 중요한 게 아니라는 것입니다. 내가 무슨 格이든 내가 이러이러한 일을 진행하는데 잘 되느냐? 안 되느냐? 얻을 수 있느냐? 없느냐? 이걸 말해주는 게 중요하지 "선생님은 木으로 태어났기 때문에 성질이 어쩌고저쩌고…." 이거 필요 없거든요. 그래서 저는 아예 성격 같은 거 말 안 해요.

"제 성격은 어떻게 나옵니까?" 이러면 "다른 데 가서 봐라." 그건 어차피 인간의 심리라는 것은 심리학만 공부하면 돼요. 우리가 심리학의 영역을 우리 부분에 너무 많이 가져와서는 안 됩니다. 물론 상담영역도 있고 종교적 기능도 있지만 그건 우리 본연의 고유 업무는 아니라는 거죠. 운명적인 여러 가지 특질들을 가지고 그 사람에게 유용성을 주기 위한 것인데 거기에 우리가 "순 설레발이다." 이렇게 이야기하거든요. 경상도에서는요.

노련한 무당이 철학관보다 낫습니다. 손님이 찾아오면 "아이고~ 그동안 고생 많았제?" 이러면 "아이고 선생님" 하면서 발목을 붙드는 것이죠.

그게 뭐냐면 인간이 정서적이기 때문에 자기가 "힘든 거 어떻게 알았지?", "힘드니까 왔지."

노련한 무당 손끝에 그 사람들이 "선생님 고마워요." 이러면서 오히려 더 행복감을 느낀다는 것입니다. 그런데 우리가 해야 될 건 아니라는 거죠.

학문하는 사람들은 그런 부분은 어느 정도 이제 휴먼파워를 발휘해서 정서적으로 극복하도록 도와줘야 되겠지만, 이론적으로 우리가 제대로 학문을 정리해 놔야 된다는 거죠. 그걸 하려고 공부하다 보니까 이집저집 막 칼 배우러 다니는 거죠. 한 번씩 전화가 옵니다. 전화가 와서 "박 선생.", "예.", "나 이번에 갈 바꿨다. 나는 누구 학파 떠나가지고 이제 이 힉피로 긴다." 그래서 조금 있으면 한 2년 지나면 "아이 씨, 도저히~ 이번에 아무래도 바꿔야 될 것 같다."

이런 식으로 칼잡이만 전전하면서 결국은 세월은 녹고, 손님은 오락가락하고 계속해야 할까? 말아야 될까? 이런 망설임 속에 세월 보내는 사람이 많더라는 것입니다.

여기에 칼이 종류가 많으면 어떤 문제가 발생했을 때 이 칼로 한번 때려보고 "아닌가?" 이러면서 저 칼로 때려보고 "이것도 아니네." 또 다른 칼로 또 때려보고 "아! 그럼 이 칼이 맞는 것 같다." 이 칼만 매일 쓰면 또 안 들어가니 또 다른 칼 빼고. 그래서 어쨌든 칼이라도 요란하게 빼서 손님을 혼란스럽게 만들어 대충 해결된 것처럼 하면 그래도 일단 프로는 된다는 것이죠.

그런 것도 칼 여러 개 빼기 싫으면 입구에다 여러 개 붙여놓죠. 수료증, 수료패, 무슨 학회 해서 쫙 붙여놓고 내가 칼 많이 공부했으니까 말 시키지 마라. 이거죠.

물론 이렇게 해서 그걸 극복하고 프로가 되더라도 그 길이 아주 잘못된 길은 아닙니다. 그런데 이거 하는데 시간이 너무 걸린다는 거죠.

소위 대가라고 하는 사람들은 두 가지 특성이 있어요. 이 사람들이 칼잡이로서 칼을 쓴다면 대가들은 해머 hammer를 씁니다. 그러니까 A가 와도 똑같은 말, B가 와도 똑같은 말, C가 와도 똑같은 말.

그러니까 이런 것입니다. 아주 유명한 용한 한의사가 있다. 어느 한의사가 개업해서 환자를 기다려도 환자는 없고 옆집 유명한 한의원에는 줄을 선대요. 도대체 어떤 처방을 하기에 그런가? 가서 본 것입니다. 가서 커닝 cunning을 한 것입니다.

유명한 한의사가 한참 환자가 하는 이야기를 듣더니 "음 알았어, 알았어. 처방! 에~ 술 끊고, 담배 끊고, 운동하세요." 상당히 좋은 처방이잖아요. "야, 진짜 훌륭한 처방이다." 이러면서 자기도 커닝을 해요. "그다음 환자!" 환자 이야기를 듣고 있더니 "음, 알았어, 알았어. 처방~ 술 끊고, 담배 끊고, 운동하세요." 그다음 사람도 똑같아요. "술 끊고, 담배 끊고, 운동하세요."

그게 뭐냐면 해머 hammer라는 것이죠. 그럼에도 불구하고 "아이고 선생님 그걸 몰랐네요, 제가 술을 안 끊었네요."

예를 들어 벽돌을 하나 깬다고 합시다. 그때 칼잡이들은 제일 믿을만한 칼 한 번 더! 이것도 아니면 단검에 죽었다! 이런 식으로 여러 가지 논리나 논법을 가지고 문제 해결하려고 하는데, 그러다가 어느 칼에 죽었는지 모르게 벽돌이 깨지긴 깨져요. 그렇죠?

그런데 대가들은 뭐냐? 이렇게 해머(hammer)를 쳐서, 빨간 벽돌이 와도 해머(hammer), 노란 벽돌이 와도 해머(hammer), 하얀 벽돌이 와도 해머(hammer)라는 것입니다. 해머는 동작이 빠르지도 않습니다. 칼은 정신 집중해서 제자리 맞춰야 되잖아요.

대가들은 그게 아니라 해머(hammer)를 치더라는 것입니다. 대가들도 칼잡이를 거쳐 온 사람들이 대부분이에요. 자기가 가장 근간으로 쓰고 있는 논법들이 있죠. 그걸 가지고 하나로 쫙 꿰뚫어 내는 일이관지(一以貫之)가 되는 것이죠.

하나의 이치로서 뭔가 자유를 얻는 것인데, 이런 어떤 해머(hammer)의 단계에 들어간 사람 그다음에 이거보다 더 낫다고 할 수도 있는데 우열을 가릴 수 없는 단계가 있는데 그게 뭐냐면 스피드(speed)예요.

벽돌을 깨는데 손만 탁 들어갔다 나오는 거죠. 그 손에는 무기도 없다. 무기도 없고 해머도 없고 칼도 없다. 그런데도 벽돌은 예쁘게 부서져 있다는 것입니다. 그게 이제 나름대로 이 바닥에서 자유를 얻은 사람들인데 해머하고 스피드는 서로 안 싸우죠, 그렇죠? 왜냐하면, 서로 소위 치명상을 가할 수 있으니까 해머나 스피드는 서로 죽일 이유도 없고 한 대 맞으면 서로 죽잖아요.

여러분들이 여러분 스스로의 해머나 이런 스피드가 필요하다는 게 2초라는 것입니다. 2초. 이게 해머라는 것입니다.

물론 이 칼잡이 끝에서 아직도 연구 중, 개발 중, 아직도 수강생 모집 중. 그래도 손님은 오기는 와요. 손님은 오기는 오는데 결국은 앞으로 정말 자유를 갖고 싶다면 다양한 칼은 당연히 준비해야 되고 다양한 칼 중에서 자기한테 가장 잘 맞는 칼이 있다면 그게 이제 해머가 되겠죠. 해머 이후에 그것도 필요 없는 단계가 되죠.

칼 안 빼고도 "나는 한팔 접고 너하고 한게임 하마." 하는 식으로 무림의 세계에도 그런 게 있죠. 강호동 아저씨가 그냥 자기가 왼팔 안 쓰기로 하고 힘 안 주기로 하고 씨름 할 수 있는 것처럼 그거하고 똑같은 것입니다. 이 학문도 마찬가지입니다. 그렇게 우리가 칼잡이를 좀 벗어나서, 새 칼 배웠다고 이거 답 아니라니까요.

오늘 내용 중에 줄탁동시(啐啄同時)라는 말이 나오죠? 학문이라고 하는 것이 안에서 쪼울 줄(啐)이죠. 밖에서 쪼울 탁(啄) 즉 병아리가 알에서 나올 때 안에서 톡톡톡 노크해야, 두드리면 열리는 것이죠. 그렇죠? 그런데 밖에서 다시 쪼아주어서 자기가 가지고 있는 여러 가지 생각의 틀을 뛰어넘는 뭔가 새로운 세계, 능력, 영역 이런 것이 만들어진다는 것입니다. 그런 어떤 생각의 소프트를 여러분들이 열어놓으셔야 자기 발전이 된다는 것입니다.

저는 제가 뛰쳐나와서 봤던 몇 가지 이론들이라든지 이런 것을 하나의 자료로 드리는 것이고, 여러분들이 새로 이론이든지 이런 것을 만드셔야 되는 것이죠. 그래야 사실은 학문 발전이 있는 것이죠.

맨 마지막 부분에 보시면 '역학의 사회적 책임'이 나올 겁니다. 역학의 사회적 책임이라고 하는 것이, 우리의 사회적인 역할, 사회적 책임, 이런 것을 항상 좀 염두에 두셔야 되고, 그다음에 원래 제목으로 해두었던 그림이 '스타를 위하여···.'입니다. 우리가 스타플레이어를 만드는데 너무 인색하거든요.

저도 사실 저 혼자 대충 그냥 옹야옹야 하면서 폼 잡고 살아도 아무 상관 없다는 이기적인 생각도 있었어요. 그런데 이제 너무 젊은 나이에 빨리 노출이 되고 하면서 이런 자리를 많이 가졌는데, 우리가 스타를 길러내려면 자기가 가진 학문을 아껴서 조절하는 게 아니라 재료로써 자꾸 내놔야 되는 것입니다. 그래야 학문이 발전하고 어느 날 슈퍼스타가 나오면 더욱 발전하고 하게 되는 것이죠. 그러니까 씨름판에 이만기. 그렇죠?

그다음에 축구에서 차범근 이 양반 때문에 하다못해 촌동네 운동기구 대리섬이나 문방구에 공이라도 하나 더 필린다는 것입니다. 역학이 사실은 말 없는 부처님보다 일을 더 많이 하잖아요. 그럼에도 불구하고 우리가 사회적인 지위라든지 우리 스스로 "뭐 하십니까?" 이러면 "그 뭐 그냥 그런저런 일을 합니다." 하게 되는 것이죠. 그렇죠? 우리 직업을 밝힐 수 없어요.

자기 자신이 자기를 업신여기는 그런 문화 속에 우리가 극복을 못 하고 있잖아요. 그래서 그런 것을 위해서 아무튼 여러분들이 생각의 소스 sauce를 열고 부지런히 연구하셔서 후학을 위해서 많이 넘겨주자는 거죠. 사설이 너무 길어서 테마를 하나 밀고 나가기는 시간이 빡빡한데 조금 쉬었다가 하나하고, 질문 받고 그렇게 하겠습니다.

제4강

 도움이 좀 되십니까? 이론적으로 좀 정리를 해두실 필요가 여러 가지가 있는데 그중에 오늘 그냥 干支 자체에 대해서 여러분들이 생각에 대한 가능성을 조금 열어두는 정도의 내용을 한 번 해보기로 하죠.

■陰陽표

	子	丑	寅	卯	辰	巳	午	未	申	酉	戌	亥
차서	+	-	+	-	+	-	+	-	+	-	+	-
방향성	+	+	+	+	+	+	-	-	-	-	-	-
계절	-	-	+	+	+	+	+	+	-	-	-	-
六親운용	-	-	+	-	+	-	-	-	+	-	+	+
三合	-	-	+	+	-	-	+	+	-	-	+	+
金水/木火	-	-△	+	+	+△	+	+	+△	-	-	+△	-

 干支에 대한 이해를 여러 가지로 하고 있습니다만 제가 역학 강의를 할 때는 子水 이런 말 못쓰게 합니다. 물론 五行的으로 배속하면 '子가 水에 속하고' 이렇게 이해를 하는데 子라고 하는 것이 五行的으로 水에 속하기는 하지만 거기에 대해 어떤 감각이나 의미를 자꾸 五行에 함몰시켜버리기 때문에 그냥 子는

子다. 亥는 亥라는 식으로 가르칩니다.

기준이나 분류법이 여러 가지가 있습니다만, 陰陽 속성을 가지고 한번 地支가 갖는 여러 가지 양적(量的)인 부분, 기질적인 부분 이런 차이를 한번 정리를 해보기로 하죠. 기존에는 이런 정리를 한 책들이 별로 없기 때문에 제가 정리를 해드려 보겠습니다.

■ 차서에 의해 부여된 陰陽속성

	子	丑	寅	卯	辰	巳	午	未	申	酉	戌	亥
차서	+	−	+	−	+	−	+	−	+	−	+	−

子가, 陰陽 속성에서 차서, 순서에 의해서 차서를 매기면 子丑寅卯가 이렇게 陰, 陽, 陰, 陽 이렇게 배우죠? 제일 첫 페이지 보면 나오죠. 모든 책의 첫 페이지 보면 子丑寅卯辰巳午未가 陽의 운동이이나 자연의 운동에 의해서 순서가 매겨지면서

陽, 陰, 陽, 陰이 배열된다. 이렇게 보죠. 이건 이제 차서에 의한 陰陽的인 속성이라 봅시다.

■ 방향성에 의해 부여된 陰陽속성

	子	丑	寅	卯	辰	巳	午	未	申	酉	戌	亥
방향성	+	+	+	+	+	+	−	−	−	−	−	−

그다음에 陽의 운동량, 陽陽의 운동량 또는 방향성 이런 걸 따져서 한다면 子부터 됩니까? 방향성 즉 子에 이르러서 陽이 일어서기 시작을 하죠. 6陰 亥水의 陰의 단계가 맨 마지막이죠. 그렇죠? 그래서 이제 亥는 六陰之處가 되고 陰운동을 마친 다음에 子부터는 해가 뜨기 시작하죠. 그렇죠? 一陽始生하죠.

방향성을 가지고 본다면 子丑寅卯辰巳까지가 陽운동을, 운동성은 陽운동을 하고 있죠? 陽이 점증하고 있다는 거죠. 그다음에 午에 이르러서 뭐예요? 해가 정오를 넘어서면서 陰운동이 시작되죠. 그래서 午未申酉戌亥가 다 陰운동으로 운동성입니다.

■ 계절에 의해 부여된 陰陽속성

	子	丑	寅	卯	辰	巳	午	未	申	酉	戌	亥
계절	−	−	+	+	+	+	+	+	−	−	−	−

그다음에 이제 계절에 의해서 부여된 요소를 따져보면, 계절을 크게 陰陽요소로 따진다면 지상에 陽이 펼쳐져서 陽운동이 본격적으로 시작되는 게 寅월부터죠 그렇죠? 寅월부터니까, 亥, 子, 丑은 겨울에 속해서 陰에 속하고 그렇죠? 그다음에 寅卯辰巳午未까지가 지상의 陽운동이 펼쳐져 있는 상태가 됩니다.

寅부터 三陽이죠. 4陽(卯) 5陽(辰) 6陽(巳) 그다음에 1陰(午) 2陰(未)… 陰이 아직은 미약해서 지상에서는 陽이 활개를 치고 있는 모양이 됩니다. 그렇죠?

그다음에 申부터는 3陰 즉 陰의 단계가 3단계 나가면서 3陰(申), 4陰(酉), 5陰(戌), 6陰(亥) 이렇게 해서 진행되어 가죠. 지상에서 陽운동이 펼쳐져 있는 계절적인 陰陽이죠.

■ 六親상에서 운용되어진 陰陽속성

	子	丑	寅	卯	辰	巳	午	未	申	酉	戌	亥
六親운용	−	−	+	−	+	+	−	−	+	−	+	+

자, 그다음에 六親 상에서 운행 운용되는 거죠. 六親운용에서의 陰陽은 어떻게 돼요? 六親운용에서 子는 壬水로 쳐요? 癸水로 쳐요? 癸水로 치죠. 그렇죠? 그래서 陰. 丑은 마찬가지로 陰에 속하는 걸로 놓고 그다음에 寅은 陽이 되고 卯는 陰, 辰은 陽, 巳가 陽이 되고 그다음에 午가 陰이 되죠.

그다음 未가 陰, 申이 陽, 그다음에 酉가 陰, 戌 陽, 亥 陰이죠. 이렇게 나가죠. 이건 뭐 지축이 기울어져 운행하면서부터 계절을 여는 동작 때문에 계절의 시작에(亥) 陽이 들어오고 陰(子)이 들어오고 그렇죠?

■ 三合에 의한 五行작용

	子	丑	寅	卯	辰	巳	午	未	申	酉	戌	亥
三合	−	−	+	+	−	−	+	+	−	−	+	+

그다음에 三合에 의한 것입니다. 三合을 했을 때에 申子辰, 巳酉丑은 이게 三合의 운용을 어느 것을 위주로 해요? 水와 金이죠? 그래서 金水를 크게 봐서 陰으로 보고, 그다음에 寅午戌, 亥卯未를 火와 木으로 봤을 때 木火를 陽으로 봤을 때 子는 陰에 속하고. 丑은 어디에 속해요? 陰에 속하죠? 그다음에 寅卯는 陽, 辰巳는 陰, 午는 陽, 未는 陽, 그다음에 申酉는 陰, 戌亥는 陽에 속하죠.

그다음에 陰陽의 속성을 여러 가지로 따오면 됩니다. 여러분들이 어디서 따와도 좋은데 三合에 의한 것, 六親에 의한 것, 계절에 의한 것, 방향성에 의한 것, 펼쳐진 것이 정도만 일단 한번 봅시다.

陰陽의 속성은 여러 가지로 따와서 이렇게 부여할 수도 있는데 이 정도만 보더라도 여러분들이 뭔가 플러스, 마이너스 양(量)의 차이가 발생한다는 것을 보실 수 있죠?

여러분들이 배울 때, 일반적인 五行 强弱論으로 볼 때는 寅이나 卯나 이게 큰 차이가 없는 陽에 속하는 木이고, 卯는 陰에 속하는 木이라고 이렇게 생각하지만 실제로는 변화량에 개입하는 것은 여기 있는 寅은 그 속성을 이모저모를 따져 봐도 운동방향도 陽이고, 펼쳐진 것도 陽이고, 글자 자체도 陽이고, 그렇죠? 이렇게 陽의 기운이 많이 쏠려있죠? 이렇게 많이 쏠려 있는 것은 어떤 속성을 가질 것 같습니까? 저런 운을 좋게 쓴다면 그 변화나 결과가 클 것이다, 작을 것이다? 寅을 굉장히 힘들게 쓴다면 변화량이 크게 쇠퇴하겠죠, 그렇죠?

이런 地支의 운행이라는 것이 사람이나 사물에 어떤 기운을 줘서 변화를 일으키는 量的차이가 존재한다는 거죠. 그런 量的

차이를 여러분이 이제 잘 고려를 하지 않고 그냥 거의 동일한 자격으로 해석을 갖다 붙이다 보면 해석에 많은 우를 범하게 됩니다. 예를 들어서 寅운에 변화된 量과 卯운에 변화된 量을 똑같이 생각하는 우(愚)를 범한다는 거죠.

	子	丑	寅	卯	辰	巳	午	未	申	酉	戌	亥
차서	+	−	+	−	+	−	+	−	+	−	+	−
방향성	+	+	+	+	+	+	−	−	−	−	−	−
계절	−	−	+	+	+	+	+	−	−	−	−	−
六親운용	−	−	+	+	+	+	−	+	−	−	+	+
三合	−	−	+	+	−	−	+	+	−	−	+	+
金水/木火	−	−△	+	+	+△	+	+	+△	−	−	+△	−

실제로는 운동량에서 卯는 봐 보세요. 陰이 들어와 있죠, 그렇죠? 陰이 들어와 있고 陽이 네 개니까 陰陽의 편중성을 따진다면 陽운동이 좀 더 많기는 하지만 그걸 또 잡아주는 무엇이 있습니까, 陰의 요소가 있죠?

그러니까, 寅운에 의해서 어려움을 겪었던 사람이 겪는 힘든 정도와 卯운에 겪는 사람이 힘든 정도하고 누가 더 심하게 돼요? 寅이 당연히 더 하겠죠, 그렇죠?

그럼 이런 卯운이 왔을 때에 '극단적으로 나쁠 것이다.' 이렇게 말을 하는 것보다 '살길이 있다.' 표현을 할 수 있는 것이죠. 죽을 만하면 살길이 열리는 것이죠, 陰이 채워져 있잖아요. 그렇죠?

하여튼 陽 아니면 陰을 쓰게 되어있으니까 그렇지 않습니까? 그래서 그런 변화량을 일으키는 폭을 봤을 때 寅운에 접속되어 나간다는 것은 '아, 이게 죽기 아니면 까무러치기구나!' 하는 것을 알 수 있는 것이죠. 이러한 것을 여러분들이 전제해 두고 해석을 해 나가야 된다는 거죠.

대부분 이런 논리들을 생각을 별로 안 하는 거죠. 생각을 별로 안 하고 결국은 寅과 卯를 거의 대등하게 해석을 갖다 붙이다 보니까 거기서 생기는 갭이 굉장히 크게 드러납니다. 그러니까 나머지를 보면 陰陽이 量的으로 뒤섞여 있는데 陰陽이라는 기준을 무엇으로 삼느냐에 따라서 陽이냐 陰이냐를 가릴 수가 있는 거니까 잘 정리해 보시기 바랍니다. 이걸 베껴서 쓰시라는 게 아니라 여러분들이 리스트를 작성해보시라는 거죠.

그런 기준을 五行的으로 그 자체에 金, 水나 木, 火를 또 하나의 陰陽으로 집어넣는다면 어떻게 됩니까?

金이나 水에 속하는 건, 子에 속하는 건 그 자체로 陰이죠. 丑도 뭐에 가까워요? 丑은 뭐 이렇게 土로서 뒤섞여 있는 모양이지만 陰이 조금 더 많은 모양이죠. 그렇죠?

그다음에 寅이나 卯는 陽에 속하고 그다음에 辰은 운동 자체가 물론 陰陽의 중간에 있지만, 辰하고 未는 陽운동 속에 있죠? 陽운동 속에 존재하는 거니까 펼쳐진 모양으로 봐서는 辰巳午未가 다 陽에 속하고, 물론 辰하고 未는 土의 운동이 섞여 있으니까 중화적 요소가 있지만, 그다음에 이 戌土도 애매하죠.

제가 강의할 때 사실은 戌이나 丑은 순수하게 五行的 의미의 土 작용이 별로 없다고 보시면 됩니다. 뒤에는 더 심하게 표현도 하는데 '戌, 丑은 土가 아니다.' 이렇게도 표현을 해서 강조를 해드리기도 하는데, 그 자체로 본다면 물론 土(戌)는 陽의 속성이 많이 남아있는 것으로 봐서 플러스를 줄 수도 있는데 戌도 세모에 속하죠.

이렇게 여러분들이 陰陽 속성을 자꾸 매겨보면 반드시 편중성이 발생한다는 것입니다. 편중성이 寅은 더 확장되죠? 그래서 寅과 같은 시기가 변화량이 크다는 것입니다.

그다음에 未같은 경우를 보세요. 陰의 量이 셋, 陽의 量이 셋이죠. 그렇죠?

그런데 이게 도대체 왜 필요하냐? 도대체 어디에 쓰는 물건인지 의심이 되겠지만, 예를 들어서 이 寅운에 어떤 사람이 어려움을 겪어서 송사와 시비가 발생해서 내가 잘못하면 옥중으로 갈 수도 있는데 그 결과가 어떠하겠느냐? 극단성을 가지겠죠? 끝까지 陽운동으로서 해로움을 주는 거죠.

그런데 未는 송사와 시비가 읽히더라도 이기는 놈도 생기고 지는 놈도 생기고 뒤섞이겠죠. 설사 내가 옥중으로 간다 하더라도 무엇이 발생합니까? 법적으로 도움을 줄 수 있는 존재를 만나서 그 어떤 희생을 가볍게 극복한다는 거죠.

그런 것을 가늠할 때 여러분들 매우 중요한 판가름의 기준이 되기 때문에 이런 편중성을 여러분들이 이해해 두셔야 된다는 거죠. 당연히 이 학문을 하는 목적이지만 우리가 운이 나쁘다. 吉하다, 凶하다 했을 때 길흉 자체를 논의하는 것은 吉도 여러 가지고 凶도 여러 가지라는 것입니다.

제일 기본적으로 쪼갤 때 네 가지 정도로 쪼갤 수 있는데, '성공을 했다.', '돈을 벌었다'를 吉이라고 봅시다. 돈을 벌어서 성공하는데 하나는 고생 끝에 돈을 벌었다는 것이 있고, 돈을 벌어도 좀 수월하게 돈을 벌었다는 것이 있고, 그다음에 망했는데 하나는 고생고생해서 다 털어먹었다가 있고, 하나는 그냥 편하게 있는 거 까먹고 편안하게 살았다는 것이 있습니다. 다르죠? 그것을 분류하고 있어야 된다는 것입니다.

吉凶論에서 잘됐느냐, 못 됐냐? 이런 吉凶論만 가지고 결론을 자꾸 끼워 맞추기보다는 이렇게 큰 다른 패턴이 또 있다는 거죠. 돈을 벌어도 편하게 벌고 쓰더라도 편하게 쓰는 구조나 환경이 있고, 돈을 벌기는 버는데 고생고생해서 버는 게 있고 편하게 버는 구조가 있다는 것입니다. 이런 큰 환경을 이런 대운 속성 속에서 여러분들이 분류를 해둬야 된다는 것이죠.

이제 물론 여기에 다른 개념이 조금 더 첨부되어야 됩니다만 남자가 寅대운을 지나간다 함은, 남자는 陽에 속해요, 陰에 속해요? 기본적으로 陽氣가 많이 부여되어 있잖아요. 陽氣가 많이 부여된 사람이 예를 들어서 寅을 財星으로 써서 뭔가 사업활동을 활발히 해서 경제적인 보상을 받는다고 했을 때 고생을 하면서 이루겠습니까? 편안하게 성공을 이루겠습니까? 고생하면서 이루겠죠.

천재반이니까 가능한 것입니다. 천재반 아니면 그거 대답 못하죠. 그렇죠?

그러니까 근본적으로 짝 지위지지 않는 환경 속에서 결국 '財星을 쓰고', '官星을 쓰고', '印星을 쓰고' 이렇게 봐야 되는 것입니다. 공부해도 고생고생해서 이루는 게 있고, 그냥 좋은 선생 만나서 편하고 쉽게 학문을 이루는 것도 있습니다. 그게 뭐냐면 사람들이 감동을 받고 고민하는 것은 소위 더 큰 환경에 자기가 심리적 영향을 받는다는 거죠.

예를 들어 寅대운 끝 부분에서 어느 사람이 점을 보러 왔다고 합시다.

"아이고 사장님, 앞으로 한 10년 동안 활동도 하고 부지런히 돈을 벌어야겠습니다." 그러면 버럭 성을 냅니다.

"뭐요? 내가 앞으로 10년을 더 죽을 고생을 하란 말이요?"

이게 똑똑한 사람의 대답이거든요. 춥고 가난하고 배고팠던 사람은 寅운의 말에 다시 돈 들어온다면 "와! 돈 더 벌어야지." 이렇게 하지만, 돈을 번다는 자체가 원래 어느 정도 고생이 필요한 것이지만 寅대운 이 경우에는 '천신만고의 고생을 겪으면서'라는 게 이미 전제되어 있는 것입니다. 그래서 일은 잘되는데 힘들어 죽겠다는 것이죠.

그런 큰 환경적인 틀을 여러분들이 먼저 전제해 둬야 됩니다. 그러니까 寅을 잘 쓴다면 寅대운에 왕창 陽운동이 쏠려 있으니까, 寅내운에 이 사람이 빌어들인 것이 많을 것이다, 卯대운에 이 사람이 벌어들인 것이 많을 것이다?

오뉴월 하루 뙤약볕이 무섭다고 더우려면 확실히 炎天으로 가야 陽의 기운을 당겨쓰잖아요. 그러니까 寅대운 이때 벌어들이는 것과 卯대운 이때 벌어들이는 것과는 엄연한 量的인 차이가 있다는 거죠. 그리고 寅대운을 잘 쓴다면 寅대운에 많이 벌어들이고, 卯대운은 그때보다 덜한 이런 변화량을 가지게 된다는 것은 눈치 빠르면 다 알 수 있는 거죠.

이런 干支에 대한 어떤 근본적인 접근 그리고 이것이 干支 표현은 디지털(digital)이죠? 사실은 살아 있는 생명이 있는 것은 아날로그(analog) 하다는 거죠. 아날로그 한 사물의 세계를 구간을 부여해서 글자로 따놓은 거잖아요. 그런데 여러분들이 응용해보시면 아시겠지만 '子나 丑대운에 팔자에 어쩌고저쩌고 해서 戊土가 身旺하여 財星을 크게 기뻐하여 子나 丑대운에 크게 대발한다.' 하는 식으로 책에 설명되어 있는데 子나 丑이라는 것을 읽어나갈 때 여러분들이 이것을 대전제로 해둘 필요가 있는데 사주 干支가 적용되는 범위라든지 모양새를 보면 아래 그림을 보면 이해하실 수 있을 것입니다.

아래의 그림을 한번 보세요. 삼각형 그림이 있죠? 삼각형 그림이 있는데 사주 干支를 적용하는 범위에서 보통 年月日時에 일주가 자기 자신이 되고 그것이 다른 地支와 관계를 맺음으로써 결국은 강약이 발생하고 이런 것을 따져서 우리가 분석을 해 나가는데, 그것을 보기 전에 그 중간 두 번째 칸에 뭐라 되어 있어요?

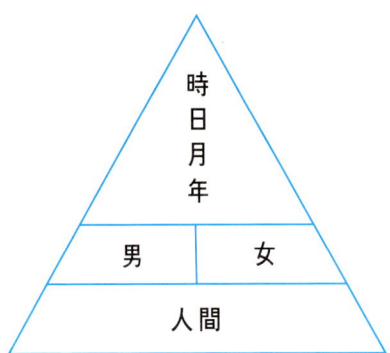

남자나 여자이기 때문에 우리가 태어나면서부터 이미 결정 지워지는 것들이 있다는 거죠. 사주팔자 전에 남자의 운명, 여자의 운명이 이미 큰 틀이 지워져 있잖아요. 그전에 인간이기 때문에 누구나 다 같이 겪어야 되는 것도 있다는 것입니다.

그걸 여러분들이 먼저 전제를 해 두고 年月日時를 분류를 해 나가야 된다는 거죠.

그래서 우리가 대운을 보더라도 子나 丑대운에 이르면 밝다, 어둡다? 시간적으로 사람들이 많이 다닌다? 안 다닌다? 많이 안 다니는 거죠. 저런 시기에 뭔가 목적을 이룬다는 것은 지연되는 요소가 많다, 제때 바로 됩니까?

子나 丑이라고 하는 것은 그 변화량 자체가 크지 않다고 해도 되고, 크게 되더라도 결국 지연되는 과정을 만나면서 이루어진다고 하는 것이 전제되어야 된다는 거죠.

그다음 마찬가지로, 午나 未도 마찬가지죠. 오월 염천이나 오뉴월 염천에 이런 계절에 그 변화량은 어떻습니까?

陽의 운동으로서의 변화량은 크지만, 인간끼리 여러 가지 사람들이 교류하고 사회적인 목적을 이루는 것에는 오히려 속도가 더디어 진다는 것입니다. 여름에 사람들이 많이 다녀요, 안 다녀요? 한참 너우면 안 다니죠. 이때도 마찬가지로 양적(量的)인 변화는 있다 하더라도 사람들 사이에서 일을 봐나가고 진행해 나가는 속도가 더디다는 것이죠.

모든 인간은 子, 丑이나 午, 未운에 역동적인 변화를 이룩하기에 방해를 받게 되어 있다는 것입니다. 이해되시죠? 그러면 여기서 남자, 여자가 쓰는 어떤 모양이 조금 다를 것인데, 午나 未라는 運에는 기본적으로 陽의 기운이 많이 펼쳐져 있죠? 그럼 여자가 편리하겠습니까, 남자가 더 편리하겠습니까? 여자가 더 편리하게 쓰게 되겠죠?

환경이나 틀 자체가 남자, 여자이기 때문에 이미 좀 차이가 나고, 인간이기 때문에 이미 차이가 난다는 것입니다. 그래서 그것을 대전제로 해두고 팔자해석을 해 나가야 되는데 陰陽의 양(量)도 표에 보면 편중성이 뚜렷하게 발생되어 있죠?

　丑이나 寅대운 그다음에 辰도 편중성이 많이 발생해 있죠. 그렇죠? 그다음에 午같은 경우에는 두 가지 속성이 섞여 있고, 酉같은 경우는 아무리 따져도 陰陽의 속성이 陰으로 쏠려 있죠. 그래서 이런 酉대운에 들어오거나 빠져나갈 때 그 변화량이 크겠습니까, 작을 것 같습니까?

　예, 변화량이 클 수밖에 없죠. 酉대운이 우물이라고 하면 우물이 깊다는 것이죠. 그래서 구간별로 사실은 이런 量的인 차이가 엄연히 존재하는데도 그런 것을 무시해버리고 '寅木이오니 大吉'이라고 이야기하는데 大吉이라는 것이 자연에 있을 수가 없는 것입니다. 사투리로 '대끼리(大吉)'라고 하는데, 만사형통이라고 하는 것은 사실은 자연에 존재하지 않는다는 것입니다.

　그러니까 强弱論的인 이해에서 만사형통이라고 하는 것은 五行的 소통을 위한 중화적인 조건을 가지고 있기 때문에 대체로 전체적으로 그 뜻을 이루기에 편리한 환경이 만들어져 있다고 하는 것이지 그 글자 자체에서 만사형통을 말하는 것은 아니에요. 그런데 옛날에는 부귀 빈천 신분이 간단하다고 했잖아요. 벼슬하면 그냥 만사형통한 거잖아요. 그런데 지금은 그렇지 않다는 것입니다.

　여름에 겨울바람 부는 것을 봤습니까? 봄에 부는 바람은 무슨 바람입니까? 봄바람이죠. 그렇죠? 봄에는 가을바람이 불지 않는다는 것입니다.

　자연에서 편중성이 하나 발생해 있다는 말은 다른 건 반드시 뭔가 허결함이 있다는 것입니다. 그 허결함은 항상 좋은 환경이나 자기가 어떤 목적을 이루는 속에서도 결국은 바꾸기 어려운 결점으로서 그대로 작용한다는 거죠. 그래서 이런 환경 따라서 계속 量的인 차이가 엄연히 존재하는 것입니다. 그러니까 卯운에 卯 이 글자를 잘 못 쓰고 있는 사람이 사업을 접고자 한다고 합시다. 사업을 접고자 하는 사람이 상담하러 왔다면 사업이 잘 접히겠습니까, 접히지 않겠습니까? 잘 안 접히죠. 그러면 확 대발 하겠습니까, 그렇지 않겠습니까?

그러니까 "사주도 없이 그걸 떠들어도 되나?" 이렇게 생각하겠지만, 여러분들이 그걸 그대로 상담해보라 이것입니다. 틀리면 따지러 오세요. 왜 그렇습니까? 그렇지 않다면 자연의 법칙이 없다는 것이거든요.

그런데 이런 내용이 책에 없어요. 이게 환장하는 것이지요. 우리가 이런 卯운에 좋을 것이라고 생각을 했는데 크게 발달하지도 못하고, 잘 쇠퇴하지도 못하고, 잘 망하지도 못하고, 잘 흥하시도 못할까요?

이런 자연의 운동 자체가 가지고 있는 陰陽의 운동성, 자체의 비율 때문에 결국 큰 변화를 이루지 못한다는 거죠. 그리고 이제 여러분들이 사주 干支를 적용시켜 나갈 때 아까 신통력 동물 했죠, 그렇죠? 신통력 동물이 寅이 되고, 물론 辰은 신통력 동물이긴 한데 지상의 일에 많이 관여하지 않는 것으로 보고 巳, 申, 戌 이런 구간을 지나갈 때 어떤 일이 다발합니까?

寅, 巳, 申, 戌을 지나갈 때는 뭔가 사람들이 이루지 못하는 기운을 이루어 나가는 기운도 오지만 순식간에 그것이 털려 나가거나, 희생이 생기거나 하는 그런 일이 다발할 것이고, 그게 팔자 안에 있는 사람은 어떠한 삶의 환경을 가지게 됩니까? 크게 장악하기도 하고 그다음에 크게 희생을 당하기도 한다는 거죠. 그러니까 干支 구성의 인자가 무엇으로 이루어져 있느냐에 따라서 변화성이 다르다는 것입니다.

예를 들어서 地支 구성이 子, 丑, 卯, 酉 이렇게 되어있는 사람은 살아가면서 역동적인 삶의 변화량이 발생하겠습니까? 발생하지 않겠습니까? 발생하지 않는다는 것입니다.

왜냐하면, 동물원에 갔는데 호랑이도 구경 못 했고, 원숭이도 구경 못 했고, 뱀도 구경 못 한 것입니다. 사람이란 것은 자기가 본 것대로 또 본 것을 흉을 보더라도 결국은 자기가 그 능력을 빌려 쓰게 되어 있어요. 그러니까 막말하는 동네에 가면 자기도 막말하게 되는 것입니다. 제 말이 맞는 거 같습니까?

그다음에 호랑이가 자꾸 뭘 물어뜯는 걸 보게 되면 어느 날 자기도 호랑이 꼬리 물고 있다는 것입니다. 그래서 기국의 크고 작음을 보아 나갈 때 어떻게 봐 나가느냐? 하는 것입니다.

제5강

여러분 노무현 대통령 팔자 명식 혹시 알고 있습니까? 丙戌생 개띠인지는 아시죠? 그다음에 달이 무슨 달이죠? 丙申월, 戊寅일 이렇죠? 그다음에 태어난 시가 丁巳시 아니면 丙辰시로 알고 있습니다.

時	日	月	年	命
丙	戊	丙	丙	
辰	寅	申	戌	

時는 제가 기억을 다시 더듬어 봐야 될 거 같고, 이 명식에서 戊寅 일주의 자체를 보면 申酉 空亡이 되죠, 그렇죠? 月에 이렇게 空亡되어 있는 팔자면서도 삶의 역동적인 변화를 일으킬 수 있는 에너지는 무엇이 됩니까? 팔자의 구성 자체가 무엇으로 되어 있습니까? 개 출현, 원숭이 출현, 범 출현. 이분이 놀고 있는 골목은 어떤 골목입니까? 무대로 치면 올스타전이라는 것입니다.

時	日	月	年	命
戊	庚	辛	丁	
寅	申	亥	巳	

박정희 대통령 명조 알아요? 丁巳에 辛亥에 그다음에 庚申에 戊寅이죠. 해석이 돼야지 이거 외우면 뭐합니까? 신통력 동물 출현, 뱀 출현, 원숭이 출현, 범 출현이지 않습니까?

食神格, 이게 보여야 되는 게 아니고. 물론 亥에 있는 戊土가 透干 해서 偏印格인데, 어쩌고저쩌고해서 말은 만들어져서 그 사람의 하나의 운명적인 특질을 규정하는 것이 되지만, 그런 亥水에서 戊土가 출현하여 偏印格이 된 것이 한두 개이겠어요? 그럼에도 불구하고 큰일들을 많이 엮어나갈 수 있는 에너지는 무엇입니까?

　바로 이런 뱀, 원숭이, 범 이런 신통력 동물들의 출현이라는 것입니다. 그러니까 간단하게 보는 방법이 이런 것입니다.

　여러분들이 어떤 팔자를 볼 때, 이 글자 중에 하나만 출현해도 그냥 프로라고 보면 됩니다. 어느 분야에서는 유능한 사람이다. 도둑질을 배웠다 하더라도 잘하는 사람이라는 것입니다. 왜? 무서운 동물이 물어버리니까 그렇죠. 이해가 됩니까? 제가 보니 여러분들이 아직은 이해가 안 되는 것 같아 보이네요.

　"설마, 저렇게 해서 말이야 팔자를 보면 아무나 다 하겠다!" 하겠지만, 여러분들이 뒷날에 어떤 팔자가 이해가 안 된다. "이 사람이 어떻게 말이야, 이 정도 格에 그 정도까지 갈 수 있나?" 의심스러울 것입니다.

　자세히 보세요. 자세히 보시면 이렇게 신통력을 이룩할 수 있는 인자를 가지고 있는 것이 그 사람 팔자에 중요한 인자로 작용하고 있다는 것입니다. 그래서 그걸 한눈에 보면 해석을 해야 되는 것이죠. 만약에 寅巳申戌이 없다면 나머지는 무엇입니까? 그 동네에서 좀 시끄럽고 어쩌고 해도 파란만장이 있다는 것입니까, 없다는 것입니까? 파란만장이 없다는 것입니다.

　그 동물원에 철창 안에 범도 없고, 뱀도 없고, 원숭이도 없고, 개도 없으니 그 동물원은 어린이 동물원이 된다는 것입니다. 그렇죠? 그래서 그 동물들이 한 번씩 철창을 뚫고 나와도 토끼가 철창 뚫고 나와 봐야 대형사고 납니까? 안 납니까? 그런 동물원은 찾지도 않습니다. 그러니까 파란만장한 것은 없단 말입니다. 파란만장이 발생하지 않는 이유가 '에너지가 많이 몰려있는 동물' 이런 것들의 출현이 없기 때문이라는 것입니다.

그다음에 우리가 여러 가지 神殺的으로도 따져 들어가는 것도 있지만, 여러분들에게 제가 이걸 왜 해드리느냐 하면 干支에 대한 이해를 좀 새로 해 보시라는 것입니다. 寅을 보는 순간에 '寅木' 이렇게 생각하지 마세요. 寅木이 맞긴 맞는데 범이 출현해 있다 함은 이게 분명히 대형 사고의 인자가 있다는 것입니다. 이것을 올라타는 놈은 반드시 권력성을 가진 어떤 집단에 갈 것이라는 겁니다.

四柱捷徑에 보면 이런 게 나오죠, 그렇죠? '命 중에 寅, 巳가 출현하면 또는 寅, 巳를 地殺 驛馬로 쓰는 자는 항공업계에 인연하고' 이런 내용이 나오죠. 보신 적이 있습니까?

항공업계에 나가는 에너지가 뭐예요? 범처럼 뛰고, 코브라처럼 고개 빳빳하게 쳐드는 에너지가 팔자 안에 있으니 그것을 官으로 쓰던, 財로 쓰던, 食神으로 쓰든 상관없이 들고 뛰는 어떤 무대에 인연하게 되더라는 것입니다. 아시겠죠?

格을 가리냄에 있어서도 마찬가지로 앞 시간에 했지만, 子를 官星으로 쓰는 사람하고, 寅을 官星으로 쓰는 사람하고, 卯를 官星으로 쓰는 사람은 사회적인 능력이나 파괴력에 있어서 엄연한 차이가 발생한다는 것입니다. 그래서 그런 것들을 여러분들이 사고(思考)나 팔자의 이해에 있어서의 확장으로 여러분들이 엮어나갈 수 있어야 된다는 거죠.

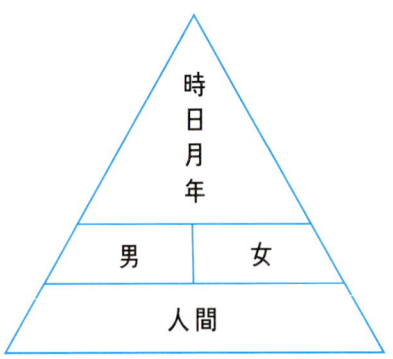

그래서 干支를 자세하게 들여다보면 여러분들이 이제 팔자를 보지 않고 삼각형 그림을 보다 보면 인간을 봐나가는 단계까지도 여러분이 사고의 확장이 발생할 수 있습니다. 왜냐하면, 午나 未 이런 것들이 걸려들면, 여름에 애들은 학교 가요, 방학해요? 방학하면 학교에서의 일상이라는 것이 없어져 버리고 방학이라는 일상으로서 그냥 변화 없는 환경이 짜져버리죠.

그럼 어떤 사람이 관직에 이르러서 午대운에 진입을 했다면, 그럼 그 사람이 관직의 틀을 크게 벗어나서 자기사업을 할 수 있겠습니까, 아니면 그냥 시계추처럼 똑딱똑딱 하면서 관직에 머물러있겠습니까? 이런 운에 역동적인 변화를 이루기 어려운 환경 속으로 들어가 버렸으니까, 午의 중간 부분에 자기가 그걸 힘들게 쓴다고 해서 "선생님 이거 도저히 힘들어서 못 하겠습니다. 때려치우고 싶습니다." 했을 때 그때 상담을 뭐라 하겠습니까? "그래 때려치워!" 이렇게 할 것이냐? 아니면 "끝까지 참고 가봐라!" 할 것이냐? 하는 것이죠. 그런데 그 사람이 때려치워지지 않더라는 것입니다. 왜 안 때려치워질까?

그게 뭐냐면 이런 큰 역동적인 변화를 이룩하기 어려운 틀로서 묶어 놓으면 자기가 아무리 변화를 크게 주려고 해도 변화가 잘 안 되더라는 거죠. 그러면 그때 상담은 그것을 우리가 凶訟 論으로 볼 수도 있고 여러 가지 六親的 환경으로 볼 수도 있고, 대운의 변화 六親도 볼 수 있기도 하겠지만, 대가 논법은 "글 쎄, 때려치워질까?"

우리가 쓰는 이론이 워낙 많으니까 듣는 사람의 입장에서는 이 집에 가니까 이렇게 이야기하고, 저 집에 가니까 이렇게 이 야기하고, 그렇죠? 어느 집에 가니까 "때려치워질까? 글쎄올시 다." 이런 말 하는데 이 집이 제일 복채가 아깝다고 하는 것이 죠. 그렇죠?

나는 지금 때려치울까 말까 하는 그거 물으러 왔는데 때려치 우려면 때려치우라고 하던지, 안 그러면 계속하라고 하던지, 이 것도 저것도 아닌 답을 주면서 "집에 가!" 이렇게 이야기하니까 제일 실력 없고 형편없는 사람이라고 생각을 했는데, 세월이 지 나 보니까 이상하게 때려치우려고 했는데, 열심히 돈 벌던 마누 라가 몸이 아파서 거기에 매달리다 보니까 사표는 주머니에 넣 고 5년을 더 다녔다 하는 것이 이런 것입니다.

사람이 바꾸기 어려운 그 틀, 기운의 어떤 속성, 이런 것들을 여러분들이 항상 전제해 두셔야 된다는 거죠. 그것을 전제를 해 두면 표현이 좀 이상한데 사실 거저먹는 상담이 너무너무 많습 니다. 그러니까 아는 게 힘이라는 거죠. 모르면 약이 되는 것이 고.

아무튼, 기왕 알려고 하는 목적으로 이걸 공부를 해보는 거 니까, 저런 생각의 소스 sauce를 좀 열어서 팔자 해석을 할 때 이 사람이 파워가 있다, 없다, 변화량이 많다, 적다. 이 運에 변 화가 많을 것이라는 것을 파악해 두어야 합니다.

그다음에 소위 일반적인 텍스트에 접목運 이런 게 나오죠? 丑에서 寅으로 빠져나온다든지 하는 것을 소위 접목運으로 해석하는데, 그 이유가 뭐냐 이것입니다? 量的인 것 즉 辰에서 巳로 빠져나올 때 변화량과, 丑에서 寅으로 빠져나올 때에 변화량하고 완전 다르죠? 그렇죠? 그리고 운동 자체가 어떻게 됩니까? 丑運, 반대 기운이 몰려 있잖아요. 丑운을 잘 써먹은 놈은 寅運에 어떻게 할 것 같습니까? 골병 들것이고 逆 대운으로 들어가서 寅운 잘 써먹은 놈은, 丑운에 골병들 것이라는 것이죠. 그래서 이제 논리적으로 접목 運을 확장해놓으면 辰巳, 未申 이렇게 확장해서 쓰는데 그 量的인 변화의 차이가 다른 접목 운보다는 丑寅에 변화가 훨씬 더 크다는 것을 눈으로 볼 수 있죠?

그런 것들을 여러분들이 먼저 전제해야 되는데 훈련이 안 되어 있으니까 결국 자꾸 옛날에 쓰던 칼을 쓰게 되는데, 일단 많이 빼봤기 때문에 옛날에 쓰던 칼이 편하거든요. 옛날에 쓰던 칼은 버릴 때 시간 걸리고, 옛날에 쓰던 칼 두고 새 칼 장만할 때가 시간이 또 걸립니다. 그래서 이런 소스 souce를 다 열어놓고 정리를 한번 해 보세요. 여러분이 어느 정도 공부하셨으면 제가 힌트만 드려도 무슨 뜻인지 금방금방 됩니다. "무슨 뜻인지 알았다." 하게 되는 것이죠.

예를 들어 남자가 子대운을 지나가고 있다면 이 子운이라고 하는 것은 그 운의 모양이나 기운만 알아도 충분히 해석되거든요. 子는 어둡다? 밝다? 어둡잖아요. 子운은 글자 자체가 자식을 만드는 동작이나 행위가 되죠, 그렇죠?

子 자체가 무엇입니까? 오미자, 구기자, 결명자... 처럼 씨앗 상태로 들어가 있는 거니까 그 씨앗 상태의 동작이나 운기가 강

하다는 것은 번식 행위와 관련된 일들이 다발할 것이라는 것이죠. 그러면 애정사가 다발하겠습니까, 다발하지 않겠습니까? 다발하게 되고 남자는 陰의 기운이 좀 더 많이 있음으로써 애정사가 다발하더라도 덕 볼 일이 많겠습니까, 적겠습니까? 그러면 여자는 사랑의 멍이 든다, 안 든다? 그렇죠. 바로 그냥 사랑의 멍이 든다는 것을 알 수가 있잖아요.

그걸 더 대전제로 해놓으셔야 된다니까요. 水가 와서가 아니고 子水가 와서 어쩌고저쩌고 正官, 偏官 이게 아니라, 여자라면 子운에는 애정사의 왜곡이 다발하고 그로 인한 피해가 수시로 따르게 되고 또 남자라면 번거로움이 생기겠죠.

덕을 보는 거니까 자기가 버릴 이유는 없잖아요. 그런 식으로 이제 그 運자체의 속성을 여러분들이 전제해 놓고 감정을 하셔야 된다는 것입니다. 누구나 토끼 運에 토끼는 걸어 다녀요, 뛰어다녀요? 첫발에 다 뛰는 거잖아요. 그렇죠? 그래서 주거라든지 활동처가 안정이 될 것이냐, 안 될 것이냐? 이런 것들이 이미 다 전제되어 있잖아요.

그런 것들이 텍스트에 따라서 있는 것도 있고 없는 것도 있습니다만, 그런 것들을 보고 "무슨 말장난이냐?" 이렇게 하고 그냥 넘어가 버린다니까요.

"오직 五行!" 여기에 여러분들이 너무 생각이 사로잡혀 있으면 실제로 수많은 상담을 해 나갈 때, 예를 들어서 卯대운의 초입 부분에 어느 사람이 "내가 이제 오랫동안 살집을 장만하고자 합니다." 이런 질문을 했을 때 대답은 "글쎄올시다."가 바로 되는 거죠. 옮기더라도 조금만 조건이 부여되면 또 뛰어야 되는 환경이 만들어진다는 거죠. 그래서 주거변동뿐만 아니라 직업의 전변, 이런 것들도 자연스럽게 많이 만들어진다는 것입니다.

　子운이나 丑운에 부동산의 변동을 상담하려 한다면 이때 잘 팔려요, 안 팔려요? 잘 안 팔리죠. 왜 그렇습니까? 어두우니까, 사람이 안 다니니까 그렇죠? 그러나 대신에 거기서 임대료는 꾸준히 나오는데 그것을 역동적으로 뒤집고 바꾸는 데는 세운에서 큰 동요가 있어야만 이루어지더라는 거죠.

　그런 대전제를 여러분들이 놓치고 실관을 하게 되면 이런 큰 틀을 던져 버리는 것이죠. 그래서 심지어 이제 陰陽的인 확장을 해 나갈 수 있다면 제일 간단한 환경을 여러분들이 쪼갤 수 있는데, 巳酉丑 申子辰이라고 하는 대운이나 그것의 속성이 기본적으로 陰陽的인 속성이죠. 그렇죠? 金, 水니까 陰으로 쪼갤 수 있죠.

　그다음에 亥卯未, 寅午戌 이걸 쪼개 놨을 때 큰 운동성을 陽 운동으로 틈만 나면 조성한다는 뜻이거든요. 亥대운에 대운 자체가 조성되어 있으면, 그 조건만 부여되어 있으면 亥卯未 木운동을 만들어내려고 한다는 거죠. 그러면 남자가 巳酉丑, 申子辰 대운을 지나간다면 무엇의 보조를 얻고 있는 것입니다? 陰의 보조를 기본적으로 얻고 있죠?

　내가 교도소를 갈 일이 생겼다고 합시다. 그런데 변호사를 살 돈이 있겠다, 없겠다? 내 호주머니에는 돈이 없는데 누님이 돈을 대 주겠습니까, 주지 않겠습니까? '대 주겠다.' 되겠죠? 그러니까 큰 陰의 보조가 이루어져 있는 환경 속에 있는 것과 보조가 이루어져 있지 않은 환경에는 차이가 있겠죠?

　그다음에 여인이 巳酉丑, 申子辰의 대운을 접해서 간다면 陽 氣의 덕을 보겠습니까? 못 보겠습니까? 즉, 남자에 속하는 사람들의 덕을 제대로 보겠다, 못 보겠다? 여인이 몸이 陰에 속하고 陽의 운동성을 얻어야 사회적으로 뭔가 덕을 볼일이 많이 발생하는데 陰의 환경에 이미 들어와 버렸잖아요. 그러면 남자 덕을 잘 본다, 못 본다? 서방 덕이 편안하다, 편안하지 않다? 내용상 과부다, 아니다? 과부라는 것입니다. 아무리 서방이 있다고 우길지라도 그 모양이 온전치 않고 내용상 과부와 진배없는 삶의 양상이 베이식(Basic)이 된다는 것입니다.

너무 간단하니까 "야! 정말?" 하시는데 정말이에요. 그래서 이제 운의 진입이나 퇴출의 강약에 따라서 어느 시기 즈음에 가장 강하게 온다, 약하게 온다 하는 것은 있어도 기본 틀 자체가 그런 陰陽的인 배경 속에서 결국은 자기 목적이나 일을 이루어 나가고 있다는 것입니다.

그러니까 남자가 亥卯未, 寅午戌, 대운에 걸려 있다는 말은 마누라가 온전하게 집을 지키고 있겠습니까? 집을 지키지 못하겠습니까? '못 한다'가 되는 거죠. 마누라가 그 대운에는 아프든지, 불화하든지 아니면 떨어져 살든지 그런 식으로 陰의 기운이 제대로 채워지지 않는 여러 가지 환경 속에서 자기 삶이 연출되고 있다는 것입니다.

사람들은 현실적으로 그게 더 자기 삶의 중요한 내용이라는 것입니다. 그래서 그런 어떤 陰陽的인 뜻을 통해서 여러분들이 干支에 대한 새로운 이해를 통해서 정리해 두시면 사실은 팔자만 봐도 되고 팔자 안 보고 그냥 "음. 남자! 寅대운부터 시작이야." 寅卯辰 巳午未 대운으로 흘러간다고 합시다. 그러면 이 남자가 일주도 모르겠고 格도 모르겠는데 寅과 卯대운에는 어떻게 됩니까?

물론 寅과 卯라고 하는 것이 소년 시절 즉 靑雲이죠. 청년이죠. 청년의 운동성 즉, 신체발달이라든지 학습에 좀 도움을 주는 인자이긴 하지만 짝을 잘 짓습니까? 못 짓겠습니까? 짝을 못 지으니 이룩하더라도 쉽게 이룩하겠습니까? 아니면 어렵게 이룩하겠습니까? 어렵게 이룩한다는 거죠. 어렵게 힘들게 이룩하게 된다는 게 전제되어 있잖아요. 그럼 어느 대운쯤 가면 좀 안정이 되고 좋아지겠습니까? 辰대운이나 巳대운 가서 陰운동을 수시로 만들어 주죠.

辰巳대운 이 시기쯤에는, 보통 대운수가 1에서 10까지 있겠지만, 20대의 중반 정도 되겠죠. 寅대운이 5라고 칩시다. 寅대운 5, 卯대운15, 辰대운 25,,,

어느 정도 더하기 빼기 어느 정도 숫자는 움직이겠지만 20대 중반을 전후로 해서 陰의 기운이 보조되죠? 그러니까 비록 학교에 갈 때 여러 가지 어려움이나 번거로움을 겪었다 하더라도 사회참여나 직업적 안정은 비교적 수월하게 이룩할 것이라는 겁니다. 그다음에 40대 들어가면 陽대운(午대운)으로 꺾여 버리죠. 그럼 40대 중반에 어떤 작용이 이루어져요?

직장이나 사회참여에 가다라도 직업전변, 즉 직업을 옮기던지 새로운 일에 가담하여 여러 가지 정신적, 현실적 고충을 겪거나, 부부간에 좋고 나쁨이 발생해서, 즉 처 궁이 안정되지 못해서 여러 가지 현실적 어려움을 겪을 것이다가 되는 것이죠. 즉 가정적 애로를 겪거나 경제적으로 여러 가지 고충이 동반할 것이라는 겁니다.

팔자 干支도 안 보고 일간도 안보고 그 사람이 몇 월 달이다, 몇 월 달, 무슨 띠 이러면 順운, 逆운 나오잖아요. 그렇죠?

섣달에 甲丙戊庚壬 일에 태어났다면 남자는 대운이 寅卯辰巳午未로 흘러가잖아요. 그러면 "이 사람이 20대 중반부터 안정되고 40대 중반부에 여러 가지 고충을 겪고 만년에 다시 자식이라도 좀 좋아져서 안정되겠구나!" 이런 것을 팔자를 적지 않아도 된다니까요. 사실은 어느 날 陰陽의 뜻만 얻어버리면 팔자를 전혀 적을 필요가 없다는 단계가 오게 되는 것입니다.

오늘 일진이 丙寅일입니다. 우리가 이거 따져보지도 않지만 丙寅날에 일어나는 운세변화라는 것이 '天干에는 陽은 丙이 가장 제일이고' 滴天髓에 나오죠?

癸水가 陰으로서 가장 陰의 기운이 강하게 작용한다고 해서, 이 丙이 陽의 기운이 많이 몰려있고 그다음에 寅이죠? 寅이 줄 수 있는 변화량이 어때요? 강하게 몰려있죠. 그렇죠?

그럼 이런 날, 꼭 이 자리 이 테이블이 아니고 어떤 사람에게든 자기 삶에서 의미가 있는 일들이나 중요한 일들이나 내가 앞으로 무엇을 결정해 나갈 때 중요한 세기, 힘 이런 것이 발생할 것이다, 안 할 것이다? 그다음에 여인은 寅午戌을 조금 더 잘 쓰죠, 그렇죠? 그래서 여인은 그 만족도가 클 것이다, 작을 것이다?

그다음에 남자는 거꾸로 "말도 안 된다." 하는 것이죠. 陽에 몰린 놈이 와서 뭔가 운기적으로 자꾸 작용하게 되고 그런 현상이 눈에 펼쳐지고 있다는 말이죠. 그런 것을 우리는 훈련이 많이 되어 있어서 보지도 않지만, 당연히 그러한 의미를 가지는 것입니다.

사실은 제가 오늘 안 오려고 그랬어요. 바쁜 스케줄도 있고, 4월 초나 중순에 하려고 했었는데 왜 이날 와지게 되느냐? 이 범 날에 주동하여 움직이는 띠는 원숭이, 쥐, 용, 범, 말, 개 중에서 무슨 띠일 것 같습니까?

학생 – 申, 원숭이

그게 驛馬殺을 배워서 그렇게 대답하게 된다는 말이에요. 12神殺을 배워서 그런 건데, 그게 틀린 이야기 아니에요. 申子辰은 쭈그려 앉는 것이거든요. 물론 튕겨서 쭈그려 앉는 거지만 申子辰은 쭈그려 앉을 일이 생기는 것입니다. 아이들 학교 앞에 가면 두더지 잡기 있죠? 범, 말, 개가 어디에? 寅午戌날 무엇이 튀어 오릅니까? 범 날 범이 뛰어요? 쥐가 뛰어요? 범이 뛰잖아요. 寅午戌날 범, 말, 개가 뛰어서 활동량을 늘이게 되어 있단 말이에요.

참고로 말씀드리면 제가 말띠(午)입니다. 말이 범을 보면 12神殺로 地殺이 되죠. 그러니까 남의 땅을 밟을 일이 생긴단 말이에요. 그리고 설치기 싫은데 밖에서 설치고 있잖아요.

여러분들이 그날 일진만 보고도 그날 감명 자체를 할 수 있어야 됩니다.

지난주 수요일인가? 하여튼 토끼날이 있었어요. 乙卯일이 있었습니다. 이 새 乙자라고 하는 것이 뭡니까? 晩春之氣가 오면 어떻게 됩니까? 乙庚할 때 아까 배우셨죠? 庚이 에워싸 주지 않으면 乙은 어떻게 합니까? 乙이 가만있어요? 파마해 놓은 것처럼 번져나가요? 번져나가니까 뭉쳐집니까? 찢어져 흩어집니까?

찢어지지 않습니까, 그렇죠? 토끼는 가만히 있습니까, 뛰어

다닙니까? 그러니까 하루에 열 명을 봤다면 여섯 명이 이혼상담이에요. 그 결론은 "다 찢어져라." 하는 것이죠. 남자가 물으러 오면 "필시 찢어져라."하는 것이고, 이미 찢어졌는데 재판에 걸린 것입니다. 그래서 마누라가 자기 재산에다가 압류를 걸어놔서 자기가 재산권 행사를 2~3년 못하니까 미치겠다는 것입니다. 그러한 자연의 보편적인 운동성이 그 날 강화되어있는 것을 읽어주는 것이죠. 우리가 해주는 것이 거울 역할이에요.

여러분이 오늘 丙寅을 보러 왔잖아요, 이 丙이 陽의 기운이 크게 펼쳐지면서 잃어버린 물건을 찾을 정도로 환해지는 것이 丙이에요.

丁은 촛불입니다. 완전히 구석에 있는 것을 다 뒤지는 것이 丁이죠, 그렇죠? 그러니까 丙이 펼쳐지죠. 그래서 우리가 丙일이나 丁일에는 잃어버린 물건을 찾거나 내가 보지 못한 것을 되찾는 작업이나 기운이 발동하게 되어있는 것이고 그다음에 乙자가 뭐냐면 새 乙사죠? 丙이 새가 밖으로 陽의 기운을 펼쳐놓는 것과 똑같아요. 소리, 빛, 이런 것이라는 말이죠. 陽光! 그러니까 덮여 있던 것을 여는 동작이 발생하는 것입니다. 그리고 그것이 현실적으로 변화에 좋은 작용이든 흉한 작용이든 변화의 양이 크겠습니까, 작겠습니까?

상당히 많은 부분에 대해서 어떤 계기를 부여하게 되고 그것을 서로 주고받게 된다는 것입니다. 그래서 아무리 피해 다녀도 그런 운동성 속에 갇혀 있는 것을 알게 됩니다. 그러니까 간단하게 이야기해서 범, 말, 개의 날에 자기가 알고 있는 원숭이, 쥐, 용띠 사장이 연락이 와서 "오늘 선생님 급히 좀 찾아뵙겠습니다." 이랬을 때 그 사람이 올 것이다, 안 올 것이다? 불래(不

來) 즉 오지 않는다는 것입니다. 어떤 일이 생겨서라도 오지 않게 되어 있다는 것이죠. 그것이 결국은 범, 말, 개는 주인공 역할을 하는 놈이 어딘가 출현해서 깃발을 흔들게 되어 있다는 것입니다.

"그게 무슨 구름 잡는 소리냐?" 하고 생각할 수도 있는데 결국 큰 뜻은 陰陽의 뜻을 알아야 한다는 것입니다. 陰陽의 뜻을 어느 날 터득해버리면 사실은 干支를 적지 않아도 '오늘 오는 놈이 거지인 줄을 알겠노라.' 하게 되는 것입니다.

그다음에 "내가 잘 아는 저 양반 잘나가는 사장인데 오늘 왜 와?" 할 수 있는 것은 범날 원숭이가 올 수가 없거든요. 아니면 자기가 크게 낭패나 곤란을 겪거나 아니면 잘나가다 엎어진 상황이 아니면 만나질 수 없게 자연의 인력 작용이 이루어지게 되어 있다는 거죠.

寅午戌은 火가 펼쳐지고 닫히는 것이죠? 우리가 약속을 정할 때 범날, 말날 또는 개날의 운동성은 무엇이 열고 닫히는 것입니다. 火라고 하는 것은 밝은 곳이다? 어두운 곳이다? 밝은 곳에서 사인(sign)하면 약속을 지켜야 해요, 안 지켜도 돼요?

사회적인 합의 이런 것을 이끌어낼 때 범, 말, 개띠 날에 약속하는 것은 유용하고 '범 앞에서'라는 것은 무슨 뜻입니까? 범 앞에서 또는 산신령 앞에서 하는 약속은 어기면 어떻게 됩니까? 잘못하면 죽는다는 것이죠. 어기기 어렵다는 뜻이에요

그렇게 하루하루의 일진 작용이 아무것도 아닌 것처럼 흘러가는 것 같아도 여러분들이 陰陽이라는 축을 가지고 그날의 속성을 따져보신다면 크게는 陰陽의 뜻을 아는 것입니다. 그러니까 '사람 살아 움직이는 것이 숨 내쉬고 숨 마시는 이 陰陽 작용

외에 다른 게 없구나!' 하는 것을 알게 됩니다.

그 陰陽의 축을 내가 무엇으로 삼느냐? 이것입니다. 그것만 여러분들이 잘 엮어내면 干支뿐만 아니라 우리가 사람들에게 여러 가지 삶의 방향을 제시하는데 있어서 자유가 생긴다는 거죠.

전 시간에 말씀드렸지만, 칼잡이를 할 때 칼은 자주 바꿔보라는 것입니다. 바꿔 보는데 정말로 칼 많은 사람 있어요. 이렇게 외투 벗으면 칼, 누구 칼, 누구 칼, 도마까지 달고 다니는 사람 있죠?

그게 이상적인 건 아니지 않습니까? 자신에게 잘 맞는 칼 하나라도 여러분에게 유용한데, 그 칼은 결국 소스를 많이 들으면 되는 게 아니고 자기 자신이 공부해야 해요. 자기 공부가 돼야 되고 여러분들이 산을 다니면서 자연공부를 해보시라는 거죠.

자연공부를 해보시면 "아! 옛날 사람이 남긴 말이 이 운동을 보고 이렇게 글을 옮겨 놨구나!" 하는 과정들을 여러분들이 진체적으로 엮게 되고 엮은 다음에 오는 게 陰陽에 대한 陰陽觀이 생긴다는 거죠.

陰陽觀만 여러분들이 뚜렷하게 얻어버리면 사실은 점사의 결과라든지 큰 방향의 제시, 여기에 크게 구애되지 않고도 이 業을 할 수 있고, 사실 사주 干支만 가지고 보는 것 같지만, 사주 干支를 보지 말고 먼저 남자인가 여자인가를 먼저 보라는 것이죠.

남자는 마땅히 배우자를 여자를 얻을 것이요 여자는 남자를 짝으로 찾을 것이잖아요? 그럼 그 짝과 조화가 어떻게 주어졌느냐? 이런 것들을 우리가 체크하는 이유가 결국 남녀라고 하는 삶의 더 큰 형식이 있다는 것입니다. 무슨 소띠든 뭐 범띠든 띠와 상관없이 그 이전에 乾命, 坤命이 있지 않습니까?

그다음에 남자든 여자든 인간을 먼저 보라 이거죠. 인간이기 때문에 보편적으로 맞이하면서 당해야 되는 어떤 과정이 있다는 것입니다. 그리고 그 사람에게 고유로 작용하는 대운도 인간은 타고날 때부터 이미 대운이 고정되어 있다는 거죠.

제6강

젊은 사람이 木이 없어도 이미 木氣의 유연함이나 성장성이 부여되어 있다는 거죠. 그런데 '젊은 놈이 金대운을 쓰고 있다.' 이러면 어떻게 돼요? 일단 기운적인 삭감입니다. 젊은 놈이 벌써 가을바람을 쐬고 있다는 것은 木氣의 木운동을 그대로 못하고 있다는 말이잖아요, 그렇죠?

그래서 干支的인 표현으로는 金대운부터 시작할 수도 있고, 水 대운부터 시작할 수도 있는데, 木과 유비(類比) 즉 같은 木을 쓰거나 火가 되거나 水를 쓰는 사람들은 젊은 날이 비교적 순탄하게 성장성을 가질 수 있는 환경이 되느냐 하는 것이죠. 그때 돈 벌 이유는 없거든요. 그게 財냐, 官이냐? 하는 것은 필요 없다니까요.

그러니까 卯木이 어디에 심어졌는데 봄바람 부는 게 좋아요, 가을바람부터 맞는 게 좋습니까? 인간은 누구나 소년에 굴신성이 발생해 있는 木의 기운을 이미 고유로 신체상 받고 있는 것입니다.

그다음에 丁은 입영 장정(壯丁)할 때 丁字잖아요. 장정(壯丁)이잖아요. 우리가 나이가 들어서 더운 기운이 밖으로 터져 나오면 어깨가 벌어지기 시작하잖아요. 그렇죠? 어깨가 턱 벌어져서 자기 개성이 드러나기 시작하는 나이에 이르렀을 때, 그때 가만히 있어요? 20살 넘은 청년들은 모두 다 혈기방장(血氣方張) 하잖아요. 다 丁대운을 쓰고 있는 거라니까요.

그다음에 40초반이나 중반을 넘어서면서부터 세상을 별로 아름답게 안 보고 실리를 취하기 시작하고, 이상적인 것보다 현실을 자꾸 좇아서 자꾸 타협하고 자기 몸을 굽히는 기운이 발생하는 金의 기운이 발생하죠? 몸은 더운 기운을 한번 써버렸기 때문에 몸은 굳고 딱딱함이 오기 시작하죠? 맞습니까, 틀립니까? 천재 반은 맞는 것 같은데, 전부 다 대답은 "정말?" 하시는 보양이네요.

그다음에 癸는 다시 還 즉 어린 것으로 다시 돌아간다는 것이죠. 모든 게 다시 응축하고 응고하고 속내를 안 드러내고 자기중심적으로 좀 더 바뀌어 나가죠. 그래서 水운동의 영향을 신체상의 리듬에서 이미 乙, 丁, 辛, 癸의 대운을 타고 가는 것이라는 겁니다.

그럼 그 사람의 干支的인 대운이 서로 상보적, 相生에 의해서 보조가 잘되고 있다면 그 목적이 하나의 목적이 된다는 거죠. 누구나 젊은 친구들은 木氣가 이미 많이 부여된 것입니다. 그래서 청년이라는 것이죠. '청운! 푸른 기운이, 몸이 푸르러서' 그런 게 아니잖아요. '木氣가 많이 부여된' 이런 뜻이잖아요.

인간이기 때문에 이미 밟아나가는 요소, 남녀이기 때문에 밟아나가야만 되는 요소, 그다음에 年月日時가 있다는 것이죠. 그런 것들을 여러분들이 생각의 소스 source를 열어 놓고 정리해 두실 필요가 있습니다.

그러니까 "내가 팔자를 봐 드릴까요?" 또는 "인생을 봐 드릴까요?"에서 인생을 봐주려면 어떻게 해야 되느냐 하면 '인간, 남녀'라는 걸 전제해야 됩니다. 인생을 봐 줘야 그 사람이 선생으로서 오래도록 따르게 되는 것이고 팔자만 봐주면 영원히 '쟁이'가 되는 것입니다. 내가 하는 일이 '쟁이'로 갈 것이냐? 내가 상담자로서 좋은 선생이 될 것이냐? 여러분이 포지션을 정하라는 것입니다. '쟁이'가 못 돼서 안달하는 어떤 학문적인 과정도 필요하지만 먼저 사람부터 보라 이것입니다.

사람이 겪어야 되는 보편적인 삶의 틀이 있습니다. 그 틀이 어떻게 왜곡되어 있느냐? 하는 것을 잘 보면 인간의 삶을 알 수 있습니다. 물론 干支에 대한 이해는 있어야 되겠지만 여러분이 꼭 干支 없이도 얼마든지 할 수 있는 것입니다.

제가 나이 스무 살일 때 손님들이 막 줄을 서는 것입니다. 그런데 그때는 돈을 모르는 시기였으니까 사무실 나가면 하루에도 그냥 돈이 생기니까 저녁마다 친구들 술 사주고 그랬습니다. 그때는 카드도 없었어요. 카드도 없었고 전표를 끊었습니다. 그 당시도 룸살롱 가면 전표 끊어서 수금하러 오고 이랬는데, 그런 세월을 보내면서 도대체 무슨 힘으로 봤냐는 것입니다.

이게 뭐냐면 "운명적으로 뿌려진 큰 에너지 때문에 그런 어떤 현상이나 작용이 왔구나!"

학문적으로 보면 뒷날에 가만히 생각해보면 사실은 어이없는 것입니다. 어이없는데도 불구하고 그게 결국 사람을 봐 나갈 수 있는 능력이나 힘이 어느 정도 뿌려져 있었기 때문에 그게 가능했다는 거죠.

사주팔자 여기에만 치중하시라는 게 아니라 전체를 아우를 수 있는 여러 가지 능력을 여러분들이 터득하는데 신경을 써보시고 또 이론적으로 공부해나감에 있어서 누구누구 할 것 없이 자기한테 잘 가르쳐주는 사람이 선생이거든요.

제가 생각하는 제일 좋은 선생이 뭐냐? 자연이라는 것입니다. 金과 木이 둘이 아니요. 한 몸이잖아요. 그렇죠? 이 乙庚의 작용만 알아도 아시겠죠?

그러니까 가을이 와서 봄을 껴안으니 뭐냐면 결실 수렴하여 金의 작용이 이루어지는데 다시 木氣가 터져 나오면 어떻게 됩니까? 다시 깨져버리고 그렇죠? 껍질이 깨져버리고 木氣가 치솟아 올라와 버리잖아요.

그래서 그것이 두 몸이 아니라 운동이요, 방향이라는 것입니다. 그래서 물이 밑에 놓고 불이 위에 놓면 金氣가 발생하고, 그다음에 불이 밑에 놓고 물이 위에 있으면 木氣가 발생해서 결국은 金, 木은 펼쳐졌다가 들어오는 방향 차이에 있는 거지, 그 자체가 금덩어리, 나무가 아니라는 것입니다.

그럼 그걸 누가 가르쳐 줬느냐? 대자연에 그렇게 다 펼쳐져 있더라는 것입니다. 그런데 그걸 우리가 못 보는 거죠. 무엇에 빠져서 우리가 못 보는 것입니까? 글에 빠져서 그렇다는 것입니다.

제가 잔재주를 많이 가르쳐드리는 것보다는 여러분들이 이 공부를 해나가면서 어떤 큰 틀로 한번 소재로 삼거나 방향으로 삼을만한 것을 제시를 해드리는 거니까 여기서 더하려면 또 테마가 더 들어가야 되고 하니까 대강 이 정도로 갈무리하고 여러분들 질문받는 시간을 가졌다가 마감하기로 하죠.

  도움이 좀 되셨는지 모르겠네요. 아무래도 제가 일방적으로 해드리는 것보다, 여러분들이 이 공부를 하시면서 제일 의심나는 부분이든지 그게 방법론이 됐든, 이론이 됐든 극복하기 어려운 부분에 관한 질문이 있으면 제가 거기에 질문 몇 개 받고 시간이 허락하는 데까지 답을 해드리도록 그렇게 하겠습니다. 편안하게 질문하십시오.

  질문 − 선생님, 남자의 경우는 陰八通이 자기의 에너지를 훨씬 잘 쓸 수 있는 그런 구조가 되는 건가요?

  답변 − 그렇죠. 陰八通이 이제 陰의 기운을 많이 얻고 있는 거니까 오히려 실속 있는 형태가 되는 것이죠.
  陽八通은 특히 干支에서 년, 월, 일, 시 이렇게 있으면 年이나 日에 있는 기운이 보통 그 사람의 삶에 어떤 여러 가지 환경적인 요소로서 물론 月도 당연히 작용하겠지만, 年하고 日이라고 하는 것이 환경이고 그다음에 月하고 時하고는 조건, 이렇게 보면 되거든요. 환경이나 조건이나 거의 개념이 비슷비슷한데 고정성에 많이 관여하는 것은 月하고 時라고 보면 되고, 변화의 인자에 많이 관여하는 것을 年하고 日로 봤을 때 대체로 陽干 陽支즉 年과 日이 陽干 陽支로 이루어져 있는 경우고 이게 분리적 입장에서의 사주해석법을 여러분들이 아셔야 되는데 거기 보면 도표에도 있습니다. 대부분 다 여러분들이 공부해온 명리 해석의 어떤 입장이 年月日時가 있으면 여기에 일간이죠?

①

時	日	月	年

일간에 자기가 가지고 있는 어떤 기운, 입지, 이런 것들이 있다고 보고 여러분들이 해석을 해나가죠. 나하고 무엇하고 이렇게 五行的으로 生剋, 그다음에 六親, 이런 걸 쪼개서 하는 데 이런 어떤 입장의 이해만이 아니라 옆에 보면 干支 자체를 그대로 분리를 해놨죠.

②

時	日	月	年

이게 뭐냐면 한 개체에 영향을 줘서 결국 어떤 삶의 결과를 만든다고 본다면 일주만이 그 사람의 삶에 영향을 주는 게 아니라는 것입니다. 그러니까 年, 月에 있는 것이 전부 그 사람에게 보편적인 기운으로 작용한 다음에 결과가 이끌어 내어진다고 보는 이런 입장도 여러분이 생각하셔야 되는데, 그래서 陽干 陽

支, 陽八通, 이런 팔자들은 분리된 입장에서 본다면 이 사람이 남자라면 잘 짝짓지 못하는 거잖아요.

쉽게 짝짓지 못하는 인자들로 구성되어 있으니까 자기가 열심히 부지런히 살아야 되고 살면서 이것저것 다 겪어보게 되는 것입니다. 왜냐하면, 짝지어지지 않으니까 그렇다는 것입니다. 특히 年이나 日에 있는 경우에 이제 이 말을 바로 하면 됩니다. "할 거 다 해봤구만." 왜? 짝지어지지 않으므로 그렇다는 것입니다.

상대적으로 陰에 속한다는 것은 기본적으로 陰운동이 더 강화된 환경이라든지 직업적 특성 이런 것들이 부여되는데, 陰의 보상을 받을 수 있는 조건이 많이 부여되어 있는 거죠. 그래서 사회적인 활동성이나 역동성은 떨어져 보여도 어떤 형태로든 陰의 보상, 처덕, 여자 덕 등 하다못해 엄마 덕이라도 더 보는 식의 환경이 이미 부여되어 있는 것으로 그렇게 보면 되죠. 여기서 생기는 어떤 마찰적인 갈등, 고충, 이런 것들도 실제로는 상담 속에 들어와 있는 거죠.

그런 것들을 여러분들이 전제를 해두고 陽干 陽支를 보면 그 말 그냥 해 보세요.

"할 것 다 해봤다." 이러면 "네 맞습니다." 하게 되는 것이죠.

거꾸로 여자들이 年에 陰干, 陰支 日에 陰干, 陰支는 무엇입니까? 짝짓지 못하는 어떤 여러 가지 환경적인 요소를 잘 만나는 거죠. 그러면 사는 것에서 또 인간관계에서 여러 가지 고단함, 인간관계로 인한 희생 이런 것이 많았다는 것을 전제로 해두시고 보면 되는 거죠. 이게 활용하는 것이 잘 안 돼서 그렇죠. 그림1의 개념으로 이해하고 있는 것을 그림2의 개념으로 바꾸는 게 잘 안되죠. 이런 것도 이제 하나의 사주해석법의 논리라는 것을 생각해보시라는 거죠.

질문 – 선생님, 그게 空亡과는 상관없나요?

답변 – 空亡? 空亡이라고 하는 게 그렇죠. 기본적으로 空亡이라고 하는 것은 간단하게 정리하면 이렇습니다. '五行은 있되 기능은 없다.' 또 '기능을 채워도 용도를 다하지 못한다.' 이 정도로 정리해 두시면 되는 거죠.

그래서 이제 五行的요소가 있다는 말은 기본적으로 陰陽的으로 소속되는 것이 있으니까 짝짓고 짝짓지 못하는 건 그대로 작용하고, 그다음에 신체상에서의 건강, 장부의 어떤 활동성 이런 걸 따질 때는 그대로 五行的인 요소를 인정해 주되 '六親的 기능은 없다.' 또는 '억지로 그것을 메워 넣더라도 그 기능을 다 하시 못한다.' 이렇게 정리를 해 두시면 제일 해석을 단순화시킬 수 있죠.

질문 – 陽八通이나 陰八通이 아니라 사주에 金水기운 같은 것이 많이 있고 陽의 기운이 약할 경우에, 남자 같은 경우는 陽의 運이 왔을 때 번거로움이 있을 수 있다고 하시는데, 운이 陽운으로 갔을 때 陽의 기운이 발산된다고 보는 건지요?

답변 – 발산된다? 그림 2와 같은 형태로 분리된 입장에서 생각한다면 거기에 대한 이해가 크게 어려워지지 않는 거죠.

물론 자체 干支에 陰陽요소도 있을 것이고 五行的인 구성이

金水가 좀 더 무리 지어 있어서 陰의 요소가 더 많은 것과 그다음에 운에서 만나는 것은 물론 사주 자체에도 영향을 줘서 干支에 변화가 발생하지만, 본인한테 작용하는 것도 짝짓지 못하는 불편함이 끼어든다는 것입니다.

四柱捷徑에 나오는지 어디 나오는지 모르겠는데 공전 자전에 관한 이야기 나오죠? 원래 타고난 명조는 자전적인 작용, 그다음에 대운은 공전이라고 봐서 이해하시면 큰 무리가 없는데 자신이 활동하고 있는 여러 가지 직업적 환경, 활동 환경 이것은 팔자 자체로 보시고 運이라는 것은 시운(時運)에 의한 환경변화라고 보시면 되죠. 그러니까 시운에 의해서는 자기 자신과 짝짓지 못하는 걸로 계속 가는 거죠.

팔자 안에 있는 직업적인 특성을 그대로 유지하더라도 運이 짝짓지 못하는 운으로 가니까 피곤하게, 불편하게, 힘들게, 애쓰면서 이렇게 활동을 한다는 것입니다. 팔자에 있는 것은 있는 그대로 다 읽어주면 됩니다. 그러니까 여러분이 영표 아니면 곱표, 吉이 아니면 凶 이런데다가 자꾸 집어넣으려고 하니까 어려워지는 것이죠.

팔자가 복잡하다면 복잡한 그대로 봐 주시면 됩니다. "팔자가 복잡합니다!" 이렇게 이야기해주면 "네, 사는 것이 복잡합니다." 하는 것입니다. 그리고 팔자가 단순하다면 그 사람의 사는 패턴이 단순한 것입니다. 그래서 아까도 대전제를 하라고 했잖아요.

그 사람의 라이프스타일 즉 삶의 형식을 그대로 읽어주는 측면에서 팔자해석을 그대로 해석해 나가라는 거죠. 복잡한 것을 吉이냐 凶이냐 이쪽으로 자꾸 끌고 가지 마시라는 거죠. 복잡하면 복잡한 것이라는 겁니다. 그걸 그대로 읽어 주면 손님 스스로 "아! 맞아요. 복잡합니다." 그대로 그걸 받아들이게 되어 있다니까요.

질문 – 그렇게 복잡했던 사람이 時墓 運을 만나거나 時에 墓의 글자가 있을 때 그걸 극복할 수 있는 힘이 더 센가요?

답변 – 그게 아니고, 時墓라고 하는 것도 格用的인 이해인데 時墓는 당연히 時에 辰戌丑未가 있는 것이고 일주가 12運星的으로 墓에 해당하는 것을 時墓格이라고 해서 格用에서 따로 분류하는 건데 이게 丑이냐, 辰이냐, 未냐, 戌이냐 이게 다 다릅니다. 入墓를 한다는 것은 타인에게 자신의 행동환경이 잘 드러나지 않는 형태의 활동 환경을 가진다는 뜻이거든요. 墓地라는 것은 덮여서 자기의 활동성이 잘 드러나지 않는다. 이런 뜻을 의미하는데 이제 丑이라고 하는 것은 어디로 자빠지는 것입니까? 丑이 밝은 곳입니까? 어두운 곳입니까?

학생 – 어두운 곳.

선생님 – 사람들이 많이 모인 곳입니까, 한적한 곳입니까?

학생 – 한적한 곳.

선생님 – 한적한 곳으로 자빠져 있는 것은 활동환경이 도심이 아니라 외곽, 세속이 아니라 산중, 이런 식으로 자빠진다는 것입니다. 그다음에 도심이라면 지하잖아요. 그런 식으로 時墓의 이루어지는 형태도 다 다르다는 것입니다. 그런 것들을 전제해 두고 어쨌든 활동환경은 남들에게 잘 드러나지 않는다는 것입니다.

질문 – 생명력은 계속 유지되는지요?

답변 – 유지되는 거죠. 당연히 유지되는 거죠. 時墓라고 해서 그게 나쁜 게 아닙니다. 그러니까 시체처럼 있을 수 있다는 것은 주변 환경이 번잡스럽지 않게 짜져있다는 것입니다. 아니면 자기가 이제 五行的인 편중성이 심해서 건강이라든지 만성적으로 건강이 좋지 못하든지 해서 활동성을 줄일 수밖에 없는 환경이든지 이런 것을 의미하는 것입니다.

질문 – 陽의 기운이 많았던 사람이 그런 墓에 빠지면 그쪽 계통의 일을 하게 되면 좀 더 발전성이 있는 건지요?

답변 – 그런 질문이 제일 곤란한 질문이라고 하는 게 뭐냐면 물론 이제 時墓格이라고 하는 것도 하나의 格用으로 취해오지만, 제가 이제 분리하는 분리법들에는 丑時墓格, 辰時墓格, 이걸 다 다르게 본다는 것입니다.
　예를 들어서 甲木이 申을 봐서 이루는 偏官格하고 乙木이 酉를 보아 偏官格을 이루는 걸 다 다르게 본다는 것입니다. 이게 물론 투출에 의한 것도 필요하겠지만 寅申巳亥이니까 이걸 다 다르게 본다니까요.

여러분 수업하시면 아시잖아요. 申, 酉가 금융과 관련되어 있다고 한다면 누가 더 큰돈 다루는데 가서 일해요?

학생 – 申

이게 천재반이니까 가능한 것이죠. 時墓가 떨어지는 자리도 辰戌丑未가 다 다르다는 것입니다. 여러분 그걸 안 하고 한쪽에서 잡은 스냅 snap에다가 치중해서 "이게 時墓인데요, 년에 偏財가 있고 일지에 뭐가 있으면 어떻게 됩니까?" 이렇게 질문을 하시는데, 지금 제가 부산에서 하는 수업에서는 그런 질문을 하면 수업 끝낸다 했어요.

그러니까 甲이 申을 봐서 있는 偏官의 모양하고 乙이 酉를 봐서 있는 偏官의 모양하고는 완전 다르다는 것입니다. 그냥 다른 게 아니고 큰 차이가 발생해요. 그런데 단순하게 時墓格이기 때문에 가시는 동질성에 대해서는 언급해드릴 수 있지만 丑辰戌未가 떨어지는 모양에 따라서 삶의 모양이나 형식이 다 다르다는 것입니다.

시에 辰戌丑未에 걸렸다는 것은 華蓋든, 天殺이든, 攀鞍이든 神殺에 걸려드는데 神殺에 걸려드는 것에서 天殺 時墓格이냐? 이런 식으로 확장해 보는데, 天殺 時墓格은 뭐예요? 내가 하늘과 대적해서 가는 것이잖아요. 그러니까 이건 진짜로 종교인이 되거나 도 닦으러 가는 것입니다.

상담해서 그 사람의 삶의 방향성을 제시해주려고 하면 그러한 간섭자들에 의한 속성을 잘 분류해놔야 된다니까요. 그거 없이 어쨌든 간단하게 자꾸 묶어서 접근해버리려고 하니까, "뭐야? 이 팔자는 뭐야?" 하게 되는 거죠. 그래서 어쨌든 다 다르다고 이 정도로 정리해 두시고, 여러분들이 괜히 강의를 들어서 복잡해졌다고 생각하지 마시고 항상 간섭자를 잘 보셔야 됩니다. 간섭자에 의한 왜곡이 여러분이 중요합니다.

제7강

 수업 내용 중 목차를 보면 '格局, 用神, 神殺의 왜곡, 破格의 이해' 이렇게 해 놨죠. 그렇죠? 格用論的으로 사실은 成格이 되는 팔자들은 格이 이루어졌다. 이거죠. 成格된 팔자들은요 이미 자기 삶의 궤도가 대부분 다 미래예측이 가능합니다. 왜 그렇습니까? 신분이 명확하다는 것입니다. 成格했다는 것은 신분, 직업이 명확하다는 것입니다. 점칠 일이 별로 없다는 것입니다. 관직에서 언제 진급하나? 하는 것이죠.

 그런데 이런 사람들은 실제로 물으러 올 일도 별로 없고, 대부분 다 주변 사람이나 가족 때문에 와서 묻게 되는데 실제로 여러분들이 실제로 팔자 실관을 하다 보면 전부 다 破格들이예요.

■ 冲에 의한 破格   ■ 元嗔에 의한 破格

時	日	月	年	命
	戊			
		卯	酉	

時	日	月	年	命
	戊			
	申		卯	

샘플 한번 봐 보세요. 위에 보면 맨 왼쪽부터 있죠? 팔자 예문이 세 개가 있죠, 그렇죠? 卯에 戊土가 있어서 자동으로 正官格이 됐죠. 그렇죠? 子卯酉는 透干 없이도 바로 자동으로 成格 되죠? 그건 아시죠?

거기에 酉가 와서 冲을 해 놓은 破格 그다음에 元嗔 된 破格. 申이 와서 元嗔하고 있죠? 그다음에 일주에 戊申이 있음으로써 空亡, 寅, 卯가 空亡이죠, 空亡에 의한 破格이 되었죠.

■ 合에 의한 破格

時	日	月	年	命
	戊			
		卯	亥	

■ 地支중복에 의한 破格   ■ 官殺혼잡에 의한 破格

時	日	月	年	命
	戊			
		卯	卯	

時	日	月	年	命
	戊		甲	
		卯		

그다음에 合에 의한 破格, 그다음에 地支 중복에 의한 破格, 그다음에 官殺혼잡에 의한 破格 등 破格이 많겠어요, 成格이 많겠어요? 破格이 훨씬 많겠죠. 그렇죠?

그 사람의 삶의 특질을 분류해주려면 여러분들이 破格을 차라리 많이 연구하라는 거죠. 왜냐하면, 破格이 많이 오니까. 그렇죠? 그래야 "손님을 받아라!" 하는 것이지, 破格 손님을 보고 "당신은 正官格이니까 관직으로 가야 되는데.", "아닌데요." 이러면 "관직을 안 가니까 고생하는 거야." 이런 식의 논법으로 가서는 안 된다는 것입니다.

그럼 봐 보세요. 첫 번째 官은 冲에 의한 破格이 되어 있죠? 冲에 의한 破格은 충동에 의하여 움직인다는 말입니까, 가만히 있다는 말입니까?

학생 – 움직인다.

그러니까 움직인다는 말이에요. 토끼 자체도 물론 뛰고 움직이는 속성, 그다음에 가르치는 속성, 기획하는 속성, 꾸미는 속성을 의미하지만, 일반 토끼의 의미는 두고, 冲에 의해서 일단 제한받고 있잖아요.

冲에 의해 제한받고 있는데 토끼가 뛰면서 토끼운동을 한다는 말은, '들어 올리는 작용'이 토끼죠, 그렇죠?

陽이 유여해서 子丑寅卯 해서 四陽之處기 때문에 陽이 有餘해서 튀어 올라오는 작용이 되는 것이 卯가 되는 것입니다. 천지 만물이 올라오다가 벌어지기 시작하잖아요. 그러니까 이게 주로 건축행위, 장식행위란 말이에요. 그래서 건축은 한곳에 가

만히 앉아서 일하는 것입니까, 옮겨 다니면서 하는 것입니까?

일반적으로 驛馬殺에 관련된 조직사회에 가담하거나 그다음에 驛馬殺 중에서도 건축, 토목 이런 것에 관련된 조직사회에 가담하면 기본적으로 사회활동이 그대로 官格으로서 역할을 그대로 하고 있다니까요.

그다음에 옆에 있는 元嗔은 무엇입니까? 元嗔의 뜻은 '꼴이 온전하지 않다.'라는 거죠. 그래서 여러분들이 地藏干 이런 것들을 어떻게 응용해서 쓰는지 제가 잘 모르겠는데, 땅에 떨어져 있다는 것은 실(實)의 의미를 가집니다. 地支에 있다는 것은 實在하는 것이라는 겁니다.

天干에 있다는 것은 명목상 또는 명분상 있는 것입니다. 그럼 이 패턴에서 제일 첫 번째 卯酉의 패턴이나 그다음에 申卯의 패턴에서, 물론 透干 여부에 따라서 하지만 透干이 되면 名까지 얻는 것이죠?

乙木이 透干이 되면 有名이죠? 사타가 다 쳐나볼 수 있는 유명이니까 메이저(major)란 말이죠, 그다음에 땅에 떨어져 있으면 '실재적인' 또는 '현실적인' 규모도 있고 보상도 있는 것이지만 어디에 떨어져 있습니까? 땅에 떨어져 있죠? 그러니까 지방이라는 것입니다. 중앙이나 유명이 아니라 지방이 되는 것이죠.

지방에서 상당히 실질적인 힘이나 규모가 있는 조직인데, 거기에 元嗔까지 다시 붙어 있으니까 지방에서도 메이저가 되겠습니까, 안 되겠습니까? 메이저가 아니라는 것입니다. 그런 조직으로 가고 있느냐고 물었을 때 "네" 이러면 "열심히 해라." 그걸로 끝나는 것입니다. 이해되시죠? 破格에 대해 깊은 연구를 해나가다 보면 결국은 이런 논리를 이해하게 됩니다.

제가 格用論을 하루도 아닌, 한 시간만 할애한다고 했죠? 그렇게 긴 시간 중에 格用論을 겨우 한 시간 만에 다 끝낸다는 것입니다.

'이거 말도 아니다.'할 수 있는 것인데 格用論은 책보면 됩니다. 책을 보면 다 나와 있고 그것을 가장 손쉽게 정리, 마무리하시는 것에 제가 도움되도록 해 드리는 건데, 결국 格用論을 가지고 공부할 때는 신이 납니다. 손님이 오기만 오면 다 맞출 것이라고 하는데, 막상 손님이 오면 格도 아닌 것이 破格도 아닌 것이 팔자가 이상한 것이죠.

그러면 그것은 破格이 된 모양인데 이걸 어떻게 그 사람에게 풀이해 줄 것이냐 하는 것이죠. 이런 문제에 봉착하다 보면 결국은 유야무야가 되는 것입니다.

제가 강의노트를 만들어서 格用論을 설명하기 전에 해드리는 게 뭐냐 하면 비빔밥입니다. 비빔밥이 뭐냐면 破格의 정도가 복잡해서 이쪽에도 집어넣을 수 없고 저쪽에도 집어넣을 수 없는 그런 모양의 팔자를 어떻게 해석해 나갈 것이냐 하는 것이죠?

잘 생긴 팔자가 찾아오면 그냥 묻지도 않습니다. 글만 적어서 "집에 가서 봐라." 하는 것이죠. 이렇게 팔자가 반듯한 사람(成格된 팔자)은 문점하러 잘 오지도 않지만 왔을 때는 거저먹는 것입니다. 왜냐하면, 교과서에 나와 있는 거니까, 그렇지 않습니까?

문제는 대부분의 사람이 破格 비빔밥이라는 것입니다. 破格 비빔밥은 그 모양새대로 그 사람의 '그릇의 분(分)', '그릇의 모양새'를 따르고 있느냐를 반드시 체크해줘야 되는 거죠. 그래서 이런 팔자가 만약에 운의 흐름이 좋아서 官印소통이 잘 되어 대기업으로 갔다고 합시다. 그러면 이 사람은 그 조직에서 감투가 낮을 때에는 일정 기간 조직생활을 하지만 시간이 흐르면 그 조직과 인연이 계속되겠습니까, 안 되겠습니까? 안되게 되어있죠.

그것은 木, 火, 土, 金, 水 운이 바뀌는 것과는 아무 상관이 없다는 것입니다. 코스모스는 국화가 되지 않는다는 것입니다. 사자가 아무리 이빨이 다 빠져도 개한테 물려 죽는 법은 없다는 것입니다.

그것이 그 사람이 타고난 그릇에서 이룰 수 있는 폭이라는 것입니다. 그래서 官格이 잘생긴 사람이 중소기업에 취직했다고 합시다. 그러면 그 조직이 커지거나 아니면 본인이 결국은 다시 官이 동요될 때 다시 큰 조직으로 옮기게 되어 있다는 것입니다.

그런 현상들에 대해서 여러분들이 팔자 자체에 대한 분석을 현실적인 상황하고 내비를 해서 기준을 정해 놓고 있어야 된다는 것입니다. 그래서 破格 되어 있을 때 꼴이 온전하지 않다는 것은 예를 들어서 1등 그룹이 아니라 2등 그룹에 가 있다는 것입니다. 왜? 元嗔이니까 꼴이 온전하지 않다는 것이죠.

時	日	月	年	命
	戊			
	申	卯		

자, 이 경우는 뭐예요, 두 번째 예문 한번 봐보세요, 戊申일 주에 卯 官이 空亡이죠. 조직사회로 들어가면 그 조직사회가 나

에게 조직사회로서 역할을 제대로 계속 못 하죠? 결국, 무엇이 발생합니까? '직장이나 직업의 전전이 발생하고' 무엇을 따라 활동을 하게 됩니까? 결국, 일지에 있는 申을 따라서 독자적인 일을 하게 되거나 결국은 자기사업을 따르게 된다는 것입니다. 이해되시죠?

時	日	月	年	命
	戌			
	戌	卯		

그다음에 마찬가지로 보세요. 개 戌자가 형태상으로나마 比劫에 의해 에워싸여 있죠? 그래서 젊은 날에 자기가 직장참여를 구하려고 했을 때 무엇에 의한 희생이 발생하겠습니까? 比肩 劫財에 대한 희생이 발생하므로 취직이 빠르겠습니까, 느리겠습니까?

당연히 느리겠죠. 그렇죠? 그다음에 취직 이후에 그 조직사회에서 경쟁이나 경합이 많다는 말은 진급발전이 빠르겠습니까, 더디게 진급을 할 것 같습니까? 또한, 그 조직은 비교적 구성원수가 많을 것이다, 적을 것이다?

그런 성격의 조직 사회에 참여 가담한다는 것입니다. 그런데 결국 개 戌자가 金의 기운과 무리 짓기 시작하면 卯가 약화 되어버리죠. 조직사회 인연하는 것도 제한을 받는다는 것입니다. 보이시죠?

時	日	月	年	命
	戊			
		卯	卯	

그다음에 卯의 중복은 조직사회에 가담했다가도 다음 卯가 또 기다리고 있으니 일찍 직장에 들어가긴 들어갔는데 안정이 좀 부족해서 다시 새로운 조직에 들어간다는 것입니다. 그래서 젊은 날에 무엇이 발생하겠습니까? 직장이나 직업의 전전이 발생하겠죠, 그렇죠?

時	日	月	年	命
	戊		甲	
		卯		

마찬가지로 甲이 먼저 드러나고 卯가 드러났다. 이 경우는 무슨 말이냐 하면 직장의 전전이라는 것은 官星이 중복이 일어나 있으니까 똑같겠죠? 그런데 그 조직의 속성이 같습니까, 다릅니까? 다르겠죠. 그렇죠? 그래서 젊은 날에 일찍 인연이 되는 것은 甲木이 먼저 인연이 되니까 특수한 용도나 목적을 채우는 분야의 조직사회 중에 규모가 큰 국가 조직 또는 기업 중에서도 규모가 큰 조직사회에 참여가담을 했다가, 일정 세월 동안 활동을 하고 뒤에는 卯로 와서 결국 안정한다는 것입니다. 또는 지방으로 내려와서 자리 안정을 하거나 규모는 좀 작지만 결국 짝이 될 만한 곳으로 와서 직업전변이 발생한다는 것이 보이시

죠?

　이런 식으로 破格의 형태에 대한 연구를 여러분이 깊이 하다 보면 대운의 흐름 유무를 떠나서 이미 이 사람이 가야 할 길이라는 것이 이미 정해져 있다는 것입니다.
　어떤 식물의 씨앗도 마찬가지죠. 그 씨앗이 가지는 고유의 속성이 있잖아요. 씨앗이 무엇이냐 하는 속성을 여러분이 발견하게 되면 그 고유의 속성대로 결국은 나팔꽃 씨에는 나팔꽃이 피고 아침에 폈다가 저녁에 지고 그것까지 다 알 수 있지 않습니까?
　팔자에 부여된 기본적인 조건을 삶의 하나의 양식으로 계속 해석해 보는 훈련을 해 보시라는 것입니다. 훈련하시면 이미 그 틀 때문에 木이 와도 바뀔 것이요, 火가 와도 바뀔 것이라는 겁니다. 運이 어떤 運이 와도 결국 씨앗의 각본대로 간다는 것이죠. 그렇죠?
　콩 심은 데 콩 나고, 팥 심은 데 팥 나는 거죠. 콩, 팥만 가리면 된다는 것입니다. '콩이냐 팥이냐?' 그것을 가리는데 훈련을 하면서 시간을 할애해 보세요. 대운을 가려놓고 팔자만 보면서 훈련을 하다 보면 다 보입니다.

　四柱捷徑의 서술방식이 대운을 적어놓고 설명을 합니까, 대운을 안 적고 설명을 합니까? 여러분들은 四柱捷徑은 다 읽어 보셨죠? 四柱捷徑을 읽어보면 '거기에 무엇무엇 하여 본다.', '年月 地殺 하였으니 객지 타향 인연이다.'라고 설명하는 것 다 보셨죠? 그런 것들이 팔자 자체에 있는 내재적인 씨앗, 인자 이런 것들이 되는데 결국 빠르고 늦고의 차이만 있을 뿐이지 運의 木火土金水 무엇의 변화가 오더라도 결국은 그 씨앗의 뜻을 달성시킨다는 것이죠.

여러분들이 破格을 많이 연구하다가 보면 "破格 아닌 게 없네! 格用論은 참으로 어렵다." 이런 식으로 가게 되는 것이죠. 格 잡기도 어려운데 用은 어떻게 잡아요? 用은 더 머리 아프죠, 그렇죠?

여러분이 기왕 格用論을 공부해오셨으니까 破格으로 이해나 논리를 확장하는 것을 자꾸 훈련해보시면, 뒤에는 결국 제가 제시해 드리는 비빔밥 팔자를 이해하시게 될 것입니다. 이것을 백반이라 할 것이냐, 고추장 밥이라 할 것이냐, 콩나물밥이라 할 것이냐? 그렇게 할 때 어느 한 쪽에다 자꾸 분류해 넣으려고 하지 말라는 것입니다. 이 밥에는 고추장도 있고요, 참기름도 있고요, 콩나물도 있고요, 이것도 있습니다. 이런 것들 인자의 영향을 받으면서 살게 되어 있는데 "그랬나요?" 물어보면 대부분 다 "네"하고 대답을 합니다.

혼잡스러우면 "팔자가 혼잡스럽다."라고 그대로 설명을 해주면 됩니다. 그것을 格用論의 어느 한 부분에다가 자꾸 분류하려고 하니까 어려운 것이죠.

질문 – 선생님, 만약에 地支가 한 가지 글자로 되어 있을 때요, 그러면 그런 팔자는 어떻게 해석을 하는 것입니까? 운을 배제하고 만약에, 연습할 경우에 어떻게 되는 것입니까? 궁금한 것이, 그런 경우에 運에서 올 때 運의 적용을 많이 받는 건지?

답변 – 地支가 쏠려 있으니 쏠려있는 그 모양대로 설명하면 되죠. 地支가 토끼 卯로 거듭하여 있다면 대표성이 그냥 토끼이니까 이 토끼가 가지는 속성 그대로 설명하면 되는 것입니다. 토끼의 운동성이라는 것이 무엇입니까?

학생 – 뛰는 거

선생님 – 그렇죠. 가만히 가두어 있지 않고 뛰어서 움직이는 것이 되므로 뛰어서 움직이는 것에 관련된 직업분야, 활동 분야 그다음에 四陽이니까 안에 있는 것을 가두지 않고 끄집어내는 것입니다. 그러니까 교육, 기획, 광고, 상업예술, 장식, 패션, 디자인, 건축 그런 분야에 인연하여서 자기가 직장활동으로 삼든, 독자적인 일을 구하든, 그런 것이 기본적으로 그 사람의 삶의 형식이 된다고 설정해놓고 그것을 財로 쓰느냐, 官으로 쓰느냐? 체킹(checking)하면 되는 것이죠.

질문 – 그러면요, 어느 경우에는, 만약에 地支가 印星으로 되어 있잖아요. 그러면 어느 경우에는 그냥 공부만 하고 그런 어떤 결과라든가 이런 게 없다든가?

답변 – 그것은 印星만 있다고 해서 꼭 그런 건 아니죠. 그것은 印星을 해석하는 六親의 융통성인데, 印星 자체도 문서형태의 자산 즉 부동산이라든지 인허가권이라든지 라이선스(license)라든지 이런 문서형태의 자산을 의미하기 때문에 공부만 하고 일을 안 한다는 식의 개념이 아닙니다. 그 사람의 자산적인 보존행위가 주로 문서형태로 잘 이루어진다는 것입니다. 그게 뭐냐면 부동산이라든지 허가권이나 라이선스(license)라 든지 이런 식의 어떤 환경을 의미하는 거죠.

질문 – 그러면 과유불급으로 인한 이런 거는 안 읽어주나요? 과유불급이라는 것은 건강, 이런 쪽.

답변 – 건강 쪽으로요? 그렇죠. 五行의 편중성이 발생한다는 것은 五行論을 하지 말라는 게 아니라, 五行의 편중성이 발생해 있는 팔자는 결국은 악조건 속에서도 결국 그런 직업분야를 가지게 되는데 그것 때문에 결국은 물에 빠진다는 것입니다.

어부가 큰 배가 아니고 작은 배를 타고 간다면 결국 물하고 친한 거니까 결국 고기를 잡는데 결국 무엇이 발생합니까? 편중성이 발생해있기 때문에 큰 파도가 오면 거기서 떨어진다는 거죠. 그래서 五行의 편중성은 건강, 수명, 수요 상단 이런 것을 따질 때 편중성을 그대로 읽어줘야 되는 것입니다. 일은 잘 되는데 내도록 몸이 아픈 사람 있잖아요? 다 거기에 해당하는 거죠.

자기 활동분야하고는 그대로 부합되고 있는데 결국 그것이 五行의 편중성을 그대로 끌고 나간다는 것입니다. 그러니까 장사는 잘되는데 몸이 내도록 아파서 골골골 하는 패턴이 그런 것입니다.

질문 – 그러면 만약에 運에서, 팔자에 부족한 水운이 온 다던가 할 때? 그러면 건강은 좋아졌는데 장사는 손에서 놨다든지 하는 것을 이야기하는 것입니까?

답변 – 그렇죠, 예. 대부분 다 五行的인 抑扶論, 抑扶에 의한 중화 이런 것들은 실제로 건강 이런 쪽에서는 그대로 참작해 볼 만합니다. 건강에 대해서는 참조해볼 만한데, 직업론에는 그대로 맞물리지 않거든요. 직업적으로 바람직한 분야와 五行중화가 잘 맞는 경우는 약 오분의 일, 사 분의 일 정도입니다. 일을 오랫동안 하면 전부 다 몸에 탈이 나잖아요? 그래서 건강요소를 따질 때는 五行중화를 따져보시되 직업적인 환경이나 일이라고 하는 것은 그 사람에게서 바꾸기 어려운 틀, 이것 속에서 결국 부여되어있다는 뜻이죠.

질문 – 저, 선생님 방식으로 학문적으로 해서 이미 '원국상 정해져 나온다.' 그랬단 말입니다. 그럼 선생님께서 하시는 개운법, 그런 것이 가능합니까?

답변 – 개운적인 어떤 요소는 이런 효과를 주는 거죠. 그러니까 팔자에 각자가 어느 정도 그렇게 채워 쓸 수 있는 그릇은 어느 정도 정해져 있다고 볼 때, 개운 환경이 잘 짜진, 풍수적인 요소가 될 수 있고 여러 가지가 될 수 있겠죠. 그런데서 개운이 잘된 패턴은 이런 패턴이에요

운이 좋을 때는 a가 만약 천원 그릇이라고 합시다. 그러면 만원을 벌어서 9천원을 쓰는 것입니다. b의 사람은 그냥 열심히 해서 천원을 그냥 모으는 것이죠. 그다음에 이 두 사람이 운이 별로 좋지 않다고 합시다. 그러면 a의 사람은 계속 일은 잘되는데 누군가가 돈을 빌려 가서 떼먹어버리는 것이죠. 그게 운이 안 좋다는 거죠.

b 사람은 하는 일 자체가 잘 안돼요. 둘 다 運이 안 좋은 것은 맞죠?

運이 아주 극단적으로 안 좋을 때는 a는 남에게 돈을 빌려서 삽니다. 그런데 b의 형태는 빌릴 것도 없어서 저 서울역 앞에 가 있다니까요. 運 나쁜 건 그대로 똑같잖아요, 그렇죠? 그릇을 크게 개조하거나 바꾼 것이 아니라 들고남의 어떤 인자를 조절시키는 정도의 효과는 만들어낼 수 있다는 거죠.

질문 — 그러니까 제가 말하는 것은 그렇게 정해져 있는 사항을, 어떻게 상담을 하거나 아니면 술사로서 얘기하면 그 타고난 프레임을 가져다가 어드바이스를 준다 할 때 그 말을 듣는가, 이거죠.

답변 – 대체로 운 좋은 사람들이 잘 들어요. '대체로'라는 말은 완전히 그게 운 나쁘면 무조건 안 듣고 이건 아닙니다. 대체로 운이 좋을 때에 그런 조건도 자연스럽게 갖추게 되고 운이 안 좋을 때는 그런 조건도 쉽게 어긋나더라는 것이죠. 그러나 절대적인 것이 아니기 때문에 우리가 제시할 수 있는 데까지는 최대한 제시를 해야 되는 거죠. 듣고 안 듣고는 사실은 자기 개인적인 몫이죠.

이런 패턴에서 저런 패턴으로의 개선은 있는데 천 원짜리 그릇을 오천 원짜리 그릇으로 바꾸는 식의 형태는 제가 그 예를 그렇게 본적이 별로 없다는 것입니다. 예를 들어 주변에 가족이 그런 사람이 있어서 거기에 얹혀살아서 내용상 천 원짜리 그릇이 오천 원짜리 그릇으로 보여지는 것은 있어도, 자기 자신이 어떤 사회활동을 하는데 그릇을 크게 벗어나는 예를 별로 본 적은 없습니다.

질문 – 명식 하나 가지고 조금 전에 하신 거 한번 해봐 주시겠어요?

時	日	月	年	乾命
辛	庚	乙	庚	
巳	申	酉	寅	

답변 – 예. 불러 보세요. 시간이 너무 안 걸리려나 모르겠네요. 天干에 合이 있어서 合이 발생하기만 하면 우리가 종자(從)를 자꾸 붙이려고 하는데 化格은 종류가 여러 가지예요.

化格, 化氣格, 假化格 그다음에 假化格에 다시 化格 식으로 네 가지로 분류가 되는데 엄밀하게 이론적으로 따지자면, 제가 뭐 格用을 전혀 안 하니까 사람들이 박청화는 格用을 잘 모른다고 하는 분이 계시던데….

이런 경우에, 자기가 붙들어 잡든, 庚이 乙을 잡는 모양이죠? 상대방이 官으로써 잡고 있던 그 자체를 化格으로 처리하기 때문에 여러분들이 굉장히 힘들어하는데, 化格 자체를 생각 안 하시는 것이 좋습니다.

생각 안 하고 그냥 여기에 正財가 있다고만 생각하세요. 正格에서 형태상 十格으로 분류하죠. 그렇죠? 꼭 붙인다면 기본적으로 月 羊刃格이죠? 化格이 제대로 안 되고 있죠? 왜냐하면, 년지에 寅 봄이 와 있어서 그렇죠?

乙庚은 春秋之合이죠? 春秋의 合이라서 봄을 가을이 에워싸서 金의 기운을 만들려고 하는데, 열매를 맺으려고 하는데 봄이 와버리면 싹이 어떻게 됩니까? 터져 버리니 春秋의 合이 제대로 안 되죠? 일종의 假化가 된 모양인데 格用의 논법으로 할 때는 多重格이 되죠.

多重格은 대체로 格 자체가 다중이 되었으므로 삶의 형식이 다중적인 삶이 만들어질 수 있는 환경이 기본적으로 부여 된다고 보시면 됩니다.

이 팔자를 읽어 나갈 때는 사실은 五行的으로 뭐가 숨어 있습니까? 水가 부족하고 드러난 土가 약하죠. 水와 土의 부족에 의한 해로움부터 운명적으로 해석을 해나가는데, 꼭 強弱論으로 쓴다면 金이 天干에 셋, 그다음에 월지에 있어서 金이 강한 모양이죠, 그렇죠?

그래서 마땅히 財官을 喜用하는 모양인데 官星이 어디에 드러나 있습니까? 년, 월에 드러나 있지 않고 일과 시에 드러나 있으니 일찍 조직 사회 참여 안정이 되겠습니까, 안 되겠습니까? 잘 안 된다는 것입니다. 가담하더라도 그것이 한시적이겠습니까, 인연이 짧겠습니까? 한시적이라는 것입니다.

그다음에 년에 있는 寅 偏財의 요소를 수시로 쳐다보게 되죠? 그런데 그것이 무엇에 에워싸여 있습니까? 比劫에 에워싸여 있으므로 財氣의 밭이 되는 水가 없으면 財氣의 활동성이 좋아졌다가 꺾였다가 살아가면서 이렇게 주기성을 가지고 살아가게 된다는 것입니다. 돈이 될 때 좀 크게 됐다가 안 될 때 쫙 마르는 가뭄이 들죠, 그렇죠? 이런 삶의 과정을 구축하게 된다고 미리 보고 그다음에 대운을 읽어나가면서 食傷이 財를 돕는 과정이 어디에 놓여 있느냐?

질문 – 壬辰 대운 넣어서 설명 한번 해 봐 주십시오.

답변 – 壬辰대운 같으면 木根이 남아 있죠? 木根이 남아 있고 그다음에 辰이 뭐냐면 준 驛馬예요. 준 驛馬라는 뜻은 이게 좀 설명하자면 좀 복잡한데, 寅이 辰을 보면 驛馬에 준해서 쓰는 것이 되므로 활동 무대라든지 주거라든지 이런 것의 전변 과정이 발생하고, 남자는 이것을 비교적 食神 入庫 때문에 답답한 요소를 깔고 있죠. 팔자 내에 드러나 있지는 않지만, 壬이 食神이죠, 그렇죠?

壬이 辰에 入庫하고 있죠. 그래서 활동성이나 운신의 폭에는 답답함이 부여되어 있지만 申子辰 巳酉丑은 陰의 환경이 부여되어 있으므로 금전이라든지 의식주에 작은 보상을 꾸준히 이룩할 수 있는 환경 속에 놓여 있다는 것입니다. 그런데 그 분야는 食傷을 제대로 쓰고 있지 않죠, 그렇죠? 제조생산에 관련하겠습니까, 안 하겠습니까, 아니겠죠? 유통은 偏財가 隔角 되어 있으므로 제한적이죠. 偏印 자체의 속성을 써야 되는데 그게 바로 무엇입니까?

기술, 자격, 교육, 교육임대 그리고 한시적으로 경제적 보상을 이루는 건축이라든지 부동산이나 이런 것을 통해서 개인적인 보상이나 발전을 이루어나간다는 것입니다. 그러므로 그 운에 간섭하고 있는 인자를 그대로 속성적으로 운의 해석에다 갖다 붙이라는 것입니다.

그러니까 가을에는 쑥을 캐러 갑니까, 밤을 따러갑니까? 밤을 따러 가는 거죠. 巳대운도 吉작용, 凶작용 섞여 있는 모양이죠. 食神이 絕地에 떨어지고 寅이 巳 亡身을 만나고 그렇죠? 그래도 또 巳酉丑으로 陰의 보충은 있으니까 빈거로움 속에시 결국 개인적인 보상이나 발전을 이룩한다는 것입니다. 그런데 食神을 크게 활용하는 모양이 아니죠. 직업이나 활동분야의 속성은 官星을 더 위주로 쓰면 되죠. 접객, 부동산, 임대, 교육 이런 것들의 속성을 그대로 따라가야 되는 거죠

그릇 자체는 뭐예요? 偏財 드러나 있고 羊刃 드러나 있으니까 그릇 자체는 유능. 프로페셔널이라는 것입니다. 범 있고 뱀 있죠, 그렇죠? 羊刃 있죠? 주먹 있고 칼 있으면 유능하다는 것입니다.

유능한 인자를 가지고 있어야 왕창 당겨오기도 하고 그것 때문에 희생이 생기기도 하고, 그런데 이제 食傷이 木을 에워싸고

있지 못한 점이 이 팔자의 결점이 된다는 것입니다. 이렇게 보면 되겠죠. 이것과 관련해서 어떤 질문이나 논리상 의심나는 거 있으면 질문해보시죠.

질문 – 예 맞는 것 같습니다.

답변 – 맞고 틀리고가 아니라 해석의 접근방식을 보시라는 것입니다. 해석의 접근을 봐 나가는 것이, 이 辰 자체를 단순하게 六親으로 '偏印' 이렇게 하나로서 해석을 해서는 안 된다는 것입니다. 이것이 가지는 다양한 속성이 있기 때문에 그 다양한 속성을 그대로 연결해줘야 된다는 것이죠. 우리가 욕심을 내면 한정 없을 거 같고 다음에 좋은 기회가 닿을 때 한번 또 좋은 시간을 마련하기로 하고 오늘 이 정도로 욕심내겠습니다. 수고하셨습니다.

박청화의 실전 명리 강의 시리즈
무엇이든 물어보세요 6

초판인쇄 2021. 03. 06
초판발행 2021. 03. 06

강   의   박청화
편   저   홍익TV
펴 낸 곳   청화학술원
주   소   부산광역시 부산진구 양성로 93-1(양정동, 초암빌딩 3층)
전   화   051-866-6217 / 팩스 051-866-6218
출판등록   제329-2013-000014호

값 30,000원
ISBN 979-11-86483-21-3
ISBN 979-11-86483-15-2(전6권)

ⓒ 박청화, 2020
www.hongiktv.com

* 무단 복제 및 무단 전재를 금합니다.
* 잘못 만들어진 책은 구입처 및 본사에서 교환하여 드립니다.